JN027255

エッセンシャルズ心理学

【第2版】

心理学的素養の学び

二宮克美・山本ちか・太幡直也・松岡弥玲
菅さやか・塚本早織 著

福村出版

JCOPY 〈出版者著作権管理機構 委託出版物〉

本書の無断複写は著作権法上での例外を除き禁じられています。複写される場合は，そのつど事前に，出版者著作権管理機構（電話 03-5244-5088，FAX 03-5244-5089，e-mail: info@jcopy.or.jp）の許諾を得てください。

まえがき

　「心理学」に関するテキストは，これまで数多く出版されてきている。そこに屋上屋を重ねるごとく，「心理学」のテキストを上梓することにした。その主たる理由は，日本学術会議が大学教育の分野別質保証のための教育課程編成上の参照基準として，心理学分野の審議結果を公表した（2014（平成26）年9月30日）ことである。

　その報告によると，心理学の定義は次のようになされている。

　「心理学は，心とは何かを問い，心のはたらきを明らかにする学問領域である。そのために，人間が外界からの情報を取り入れ，理解し，最終的に適切な行動を取るにいたる過程を現象的に，機能的に，また，それを支える脳の機能にまで遡って明らかにすることを目的とする。」

　この定義は，従来の心理学ではあまりふれられなかった脳の機能を取り入れているところに新しさがある。

　同報告では，教養教育として心理学を学ぶ一般学生が獲得すべき基本的な素養として，次の4つをあげている。

　①心のはたらきとは何かを実証に基づいて理解する。

　②人間に共通する心的作用や行動パターンから，心と行動の普遍性を理解する。

　③心と行動の多様性と可塑性を理解する。

　④心理学の社会的役割を理解する。

　心理学専攻の学生にはこれら4つに加えて，次の2つを身につけるべき素養としてあげている。

　⑤心を生み出す仕組み（機構）と心理学の諸理論の正確な理解。

　⑥心理学的測定法と心理アセスメント，心理学実験の修得。

　心理学分野の学びを通して獲得すべき基本的な能力として，次の4つをあげている。（ア）人間を総体として客観的に理解する能力，（イ）心の多様性と普遍性を理解する能力，（ウ）人間と環境との交互作用を理解する能力，（エ）人間に関する専門職業人として社会貢献する能力。また，ジェネリックスキルとして，（ア）人間を複眼的に見る力，（イ）批判的実証的態度，（ウ）問題発見・解決能力，（エ）コミュニケーション能力，という4つがあげられている。

　このように今回の日本学術会議による公表によって，心理学の教育に大きな方向性が示された。こうした点を意識しながら，テキストでとりあげる内容を精査・吟味し，1年間の講義回数30回を考慮し，心理学のエッセンスを書くことにした。「心理学的素養の学び」と題して，全4部から構成した。

　Ⅰ部「こころの基本的な働きと行動の普遍性」では，脳の機能をはじめとして神経心理学の知識，感覚・知覚，行動・学習，認知・記憶，感情や動機づけなど，基本的な事項を解説した。

Ⅱ部「こころと行動の多様性と可塑性」では，比較・進化心理学，行動遺伝学などをはじめ，パーソナリティや知能，こころの発達的変化を記述した。

Ⅲ部「社会におけるこころの働き」では，対人認知，原因帰属，態度や集合現象，文化心理学などについて述べた。

Ⅳ部「心理学の社会的役割」では，産業・組織心理学，教育・学校心理学，災害心理学，臨床心理学，健康心理学，犯罪心理学など心理学の広がり，応用的な面に言及した。最後に，心理学におけるデータの収集法や分析法，引用文献の書き方などにふれた。

全30章のそれぞれの章には学習目標を掲げるとともに，1つの章を5ページで記述し，関連する事項を1ページのコラム（column）にまとめた。執筆にあたって，引用文献と注は学術書並みに整備し，重要な事項はもらさないようにした。2色刷りの良さを最大限出すよう，本文中の重要な用語は，赤字で示した。

執筆者5名はたまたま執筆時に同じ大学で「心理学」関連の講義を担当することになり，何度も編集会議を重ね，大学教育の分野別質保証のための教育課程編成上の参照基準にいち早く立脚したテキスト作りを心がけた。こうした試みが成功しているかは，今後このテキストを使用していく中でさらに検討を加えていくつもりである。この「心理学」のテキストによって，「心理学」を勉強する人・関心を深める人が増えることを切に願うものである。

末筆ではあるが，本書の企画を聞き届けていただき，本書ができあがるまで見守っていただいた福村出版のみなさんに深く感謝申しあげるしだいである。

2015（平成27）年10月

わずか5年の間に8刷を数えた。執筆者の異動などもあり，さらに充実した内容にすることにした。Ⅲ部に「家族心理学」，Ⅳ部に「消費者心理学」の2章を新たに加え，各章も最新の記述につとめた。初版の第1章「こころの学問」を序章に，第30章「こころの調べ方」を終章とした。こうすることで，第2版でも1章から30章立てで，1年間の講義回数に合わせた。

第2版作成にあたり，前回にも増して6名の執筆者の忌憚のない意見交換を行った。コロナ禍の中，より良いテキストになり，みなさんの学びに役立つことを願っている。

2021（令和3）年2月
執筆者一同

もくじ

Ⅳ部　心理学の社会的役割

執筆分担	
二宮克美	序・1・5・11・終章，column 序・1・5・11・終
山本ちか	2・3・6・7・26・28章，column 2・3・6・7・26・28
太幡直也	9・10・24・27・29・30章，column 8・9・10・22・25・27・29
松岡弥玲	4・8・12・13・14・15章，column12・13・14・15
菅さやか	16・17・18・19・20・21・23章，column 4・16・17・18・19・20・21・23
塚本早織	22・25章，column 24・30

イラスト　林幸

序 章

こころの学問――心理学

心理学は何を明らかにする学問か理解しよう。
心理学はいつから科学として成立したのか知ろう。
心理学を学んでいくうえで気をつけなければいけない点について知っておこう。

1. 心理学とはどんな学問か

1.1. 心理学とは

　心理学とはこころについて学問的探求をする科学である。英語Psychologyの語源であるPsykheはギリシャ語で「気質，魂，心」を意味し，logosは「理性，学」などを意味する。日本では西周が1875年頃に「心理学」と翻訳しその訳語が定着した[1]。

　心理学は，「心とは何かを問い，心のはたらきを明らかにする学問領域」である[2]。そのためには「人間が外界からの情報を取り入れ，理解し，最終的に適切な行動を取るにいたる過程を現象的に，機能的に，また，それを支える脳の機能にまで遡って明らかにすることを目的とする」。

　ボーリングが実験心理学の歴史の中で，「心理学の過去は長いが，歴史は短い」と述べている[3]。人の「こころ」についての関心は，人間の歴史とともにあったと考えられる。紀元前のギリシャの哲学者プラトンやアリストテレスにまでさかのぼることもできる。17世紀にはデカルトが物質と精神を異なる実体とする「心身二元論」を唱えた。18世紀にはカントが人間のもつ3つのこころの働きとして「知・情・意」をあげている。知とは知性，情とは感情，意とは意志のことであり，こころにはこの3つの要素があるとした。

1.2. 心理学の領域と役割

　2014年9月に，日本学術会議心理学・教育学委員会心理学分野の参照基準検討分科会は，「大学教育の分野別質保証のための教育課程編成上の参照基準（心理学分野）」を公表した。それによれば，心理学に固有の特性として，次の3つの視点をあげている。
　①人間の心について科学的に探究する視点
　②学問知とフィールド知を双方向的に探究する視点
　③心理学が直面する社会的諸課題に応える視点

1) Haven, J.の Mental philosophy including intellect, sensibilities, and will（1857）を訳した。

2) 2014年の日本学術会議心理学・教育学委員会心理学分野の参照基準検討分科会の審議結果による定義。

3) Boring, E.(1929). A history of experimental psychology. New York : Century.

また，心理学は他の諸科学とは異なる独自の方法を確立し，以下の3つの役割を担っていると述べている。

①学としての厳密性と人の幸福の両立を目指す諸学の要としての役割
②状況に対応するいろいろな行動の普遍的事実を見いだす研究法の開発を行う役割
③個々に異なる人の特性の複雑な面をとらえる役割

そして，学士課程で一般学生が学ぶべき最も基本的な素養として，4つあげている。①心のはたらきとは何かを実証に基づいて理解する。②人間に共通する心的作用や行動パターンから，心と行動の普遍性を理解する。③心と行動の多様性と可塑性を理解する。④心理学の社会的役割を理解する。

心理学専攻の学生は，さらに次の2つの素養を身につけるべきだとしている。①心を生み出す仕組み（機構）と心理学の諸理論の正確な理解。②心理学的測定法と心理アセスメント，心理学実験の修得。

2. 心理学はいつから科学として成立したのか

2.1. 心理学の源流

人のこころを理解しようとする心理学の出発点は，先述したように古い。しかし，19世紀以降の近代心理学の源流を5つからみてみよう（表序-1）。

（a）構成主義

1879年にヴント[4]がドイツのライプチヒ大学に実験心理学のための心理学研究室を開設したのが，近代心理学の出発点であるとされている。心理学を独立した経験科学とし，感覚や反応時間の実験を行った。実験を受けた当人の意識の内容を観察・報告させる**内観法**を用い，厳密に統制された実験の結果を分析した。

（b）行動主義

ワトソン[5]は，外から観察できない意識を研究しても観念的で役立たず，意識は行動にあらわれてはじめて観察できるとした。心理学は，外部から客観的に観察できる「行動」を研究対象にすべきだという行動主義の考え方は，1910年代から盛隆をきわめ，トールマンやハル，スキナー[6]に引き継がれた。

（c）ゲシュタルト心理学

ヴェルトハイマーを代表とする**ゲシュタルト[7]心理学**は，行動を理解するためには，環境を含めた1つのまとまりとして全体をそのまま研究するべきであると主張した。ゲシュタルト理論は，知覚研究の法則（例えば，プレグナンツ〔簡潔性〕の法則）の発見に大きく貢献しただけでなく，人間の行動の説明と理解に寄与した。レヴィン[8]は，「人の行動は，人と環境の関数である」という有名な説を展開した。B＝f（P・E）という公式を示し，環境の誘意性と個体

4）ヴント（Wundt, W., 1832-1920）：1856年ハイデルベルグ大学医学部を卒業した。感覚研究を介して次第に心理学や認識論の領域に入っていった。『生理学的心理学綱要』が代表作。

5）ワトソン（Watson, J.B., 1878-1958）：1903年シカゴ大学で心理学の博士学位取得。1908年からジョンズ・ホプキンズ大学で実験および比較心理学の教授をつとめた。1920年に大学を辞し，広告業界に転身した。

6）スキナー（Skinner, B.F., 1904-1990）：1946年にハーヴァード大学教授となり，徹底的な行動主義を主張した。スキナーの理論は，行動の修正を目的とする行動療法や教育場面の効率的な学習プログラムに応用されている。

7）ゲシュタルト（Gestalt）：ドイツ語で良い形態，1つのまとまりをさす。

の内的条件との関係から行動を具体的に示そうとした（B：Behavior＝行動，P：Person＝人，E：Environment＝環境）。生活空間の概念を用いて行動を理解しようとトポロジー心理学とよばれる力学的理論を提起した。さらには研究の範囲は集団力学（グループ・ダイナミックス）にも及んだ。

（d）**精神分析学**

フロイト[9]は，人間の無意識的な動機を重視し，意識を分析するだけでは，人間のこころを深く理解できないと考えた。自由連想や夢分析という方法を通

8）レヴィン（Lewin, K., 1890-1947）：1916年ベルリン大学で博士号を取得した。1934年，アメリカに移住し，マサチューセッツ工科大学などで教えた。レヴィンの場理論は，トポロジー心理学とよばれている。トポロジーとは，位相幾何学という意味である。

9）フロイト（Freud, S., 1856-1939）：フライベルグに生まれ，1881年にウィーン大学医学部を卒業した。1885年パリでシャルコーにヒステリー研究を学び，後に精神分析学を生み出した。

表序-1　心理学年表（略歴）

年号	人名など	主な出来事・著作など	備　考
1860	フェヒナー	『精神物理学要論』	
1873	ヴント	『生理学的心理学綱要』	1868年　明治に改元
1875	西 周	『奚般氏著心理学』翻訳	1877年　東京大学開設
1879	ヴント	ライプチヒ大学に心理学研究室を開設	
1888	元良勇次郎	日本で最初の精神物理学講義	
1889		第1回国際心理学会議開催（パリ）	
1892	初代会長：ホール	アメリカ心理学会設立	
1900	フロイト	『夢の解釈』	
1904	ホール	『青年期』（全2巻）	
1905	ビネーとシモン	知能検査の開発	
1913	ワトソン	『行動主義者のみた心理学』	1912年　『心理研究』創刊
	ソーンダイク	『教育心理学』（全3巻）	
1917	ケーラー	『類人猿の知能試験』	1918年　第1次世界大戦終戦
1921	ユング	『心理学的類型』	
	ロールシャッハ	『精神診断学』	
1923	フロイト	『自我とエス』	
1926	ウェルナー	『発達心理学入門』	
1927		第1回日本心理学会大会開催	（東京帝国大学）
1929	ボーリング	『実験心理学の歴史』	
1934	モレノ	ソシオメトリーの研究	
	マレーとモーガン	TATの作製	
	ヴィゴツキー	『思考と言語』	
1935	コフカ	『ゲシュタルト心理学の原理』	
	レヴィン	『パーソナリティの力学説』	
1936	アンナ・フロイト	『自我と防衛機制』	
	ピアジェ	『知能の誕生』	
1938	スキナー	『生体の行動』	
1943	ハル	『行動の原理』	
1946	アッシュ	印象形成の研究	1945年　第2次世界大戦終戦
1947	フランクル	『夜と霧』	
1951	ロジャーズ	『クライエント中心療法』	
1954	ハイダー	認知的バランス理論	
1957	フェスティンガー	『認知的不協和の理論』	1959年　日本教育心理学会設立
1960	アイゼンク（編）	『行動療法と神経症』	1960年　日本社会心理学会設立
1967	ナイサー	『認知心理学』	
1969	ボウルビィ	『愛着と喪失』	
1971	バンデューラ	『モデリングの心理学』	1972年　第20回国際心理学会開催（東京）
1988		臨床心理士資格制度を発足	
1994		日本心理学会が「認定心理士」の認定を開始	
			2016年　国際心理学会（ICP2016）開催（横浜）
2018		公認心理師第1回国家試験	

して，無意識の世界を探る**精神分析学**を創始した（第28章参照）。ユング[10]やフロム，エリクソンなどは，フロイトの生物学的な考え方に社会的心理的な要因を加えて「ひと」を理解する考え方を発展させた。

（e）**現象学的心理学**

ディルタイは，「こころは了解されるべきものである」という**了解心理学**の考え方を示した。個人の精神活動をよく観察し，分析し，他と比較して解釈し了解するものであるとした。この考え方は，**人間学的（ヒューマニスティック）心理学**のマズロー[11]やロジャーズ[12]に引き継がれている。心理現象をありのままとらえようとするアプローチは，**現象学的心理学**と総称される。

2.2. 心理学の広がり

心理学は学問領域の広がりとともに教育学，医学，統計学，社会学，経営学，法学など他の学問領域とも深いかかわりをもっている。世界の心理学をリードするアメリカ心理学会（American Psychological Association：APA）は，領域や課題ごとに部門制となっており，2020年12月現在で54の部門がある。

日本では，日本心理学諸学会連合（日心連）が1999年に結成され[13]，その集まりに参加している学術団体は2020年12月現在で56団体である（表序-2）。このほかにも，「日本スポーツ心理学会」や「法と心理学会」などの心理学に関連する団体がある。心理学の領域は多種多様に分かれており，他の学問領域の研究者も心理学に関心をもつことが多くなっている。人にかかわる領域は必ず「こころ」の問題がかかわっていることを考えれば，心理学の関連領域はますます広がりをみせると思われる。

3. 心理学を研究するうえで気をつけること（倫理規定）

心理学を学問的に研究していくうえで守らなければいけない規定がある。その代表として，「社団法人日本心理学会　会員倫理綱領及び行動規範」を引用しよう[14]。少し長いが，重要な事項なので書きとめておく。

前文として，「すべての人間の基本的人権を認め，これを侵さず，人間の自由と幸福追求の営みを尊重し，また，人間以外の動物についても，その福祉と保護に留意し，心理学の専門的職業人としての自らの行為に対する責任を持たなければならない。……」と述べており，以下の5つの条項を定めている。

（1）**責任の自覚と自己研鑽**：専門的職業人として，自ら心理学の研究・教育・実践活動が個人や社会に対して影響を及ぼしうることを自覚しなければならない。また，その活動は人間の幸福と福祉の向上をめざすものでなければならない。そのような社会貢献を行うため，常に品位の醸成と自己研鑽につとめ，資質と知識及び技能の向上を図らねばならない。（一部略，以下略）

10）ユング（Jung, C.G., 1875-1961）：スイスの精神科医。心を意識と無意識に分け，意識と無意識の相補性に関心を向ける分析心理学（ユング心理学）を体系化した。

11）マズロー（Maslow, A., 1908-1970）：アメリカ・ニューヨーク出身。ニューヨーク市立大学，ブランダイス大学教授。彼の欲求階層説，自己実現の考えは広く知られており，多方面に強い影響を与えた。人間性心理学の祖。

12）ロジャーズ（Rogers, C.R., 1902-1987）：アメリカの臨床心理学者。クライエント中心療法を創始した。

13）「心理学及びその関連分野の調和ある発展を期し，心理学諸学会の活動を尊重しそれを支援しつつ加入学会間の連携を強化して，国際的協力関係を深めるとともに，社会的諸問題の解決方策を総合的・持続的に立案・提言して，多面的な貢献をめざす」（連合会則第3条）ことを目的として結成された。

14）さらにくわしくは，社団法人日本心理学会（2009）．「社団法人日本心理学会倫理規程」を参照のこと。

表序-2　日本心理学諸学会連合（五十音順，2020年12月現在）

・産業・組織心理学会	・日本交通心理学会	・日本認知心理学会
・日本EMDR学会	・日本行動科学学会	・日本パーソナリティ心理学会
・日本イメージ心理学会	・日本行動分析学会	・日本バイオフィードバック学会
・日本LD学会	・日本コミュニティ心理学会	・日本箱庭療法学会
・日本応用教育心理学会	・日本コラージュ療法学会	・日本発達心理学会
・日本応用心理学会	・日本催眠医学心理学会	・日本犯罪心理学会
・日本カウンセリング学会	・日本質的心理学会	・日本福祉心理学会
・日本学生相談学会	・日本自閉症スペクトラム学会	・日本ブリーフサイコセラピー学会
・日本家族心理学会	・日本社会心理学会	・日本マイクロカウンセリング学会
・日本学校心理学会	・日本自律訓練学会	・日本森田療法学会
・日本感情心理学会	・日本心理学会	・日本遊戯療法学会
・日本基礎心理学会	・日本心理臨床学会	・日本リハビリテイション心理学会
・日本キャリア・カウンセリング学会	・日本ストレスマネジメント学会	・日本理論心理学会
・日本キャリア教育学会	・日本青年心理学会	・日本臨床心理学会
・日本教育カウンセリング学会	・日本生理心理学会	・日本臨床動作学会
・日本教育心理学会	・日本動物心理学会	・包括システムによる日本ロールシャッハ学会
・日本教授学習心理学会	・日本特殊教育学会	
・日本グループ・ダイナミックス学会	・日本乳幼児医学・心理学会	
・日本K-ABCアセスメント学会	・日本人間性心理学会	
・日本健康心理学会	・日本認知・行動療法学会	

(2) **法令の遵守と権利・福祉の尊重**：一市民として各種法令を遵守するにとどまらず，専門的職業人として所属する機関・団体等の諸規定に従い，研究及び実践活動の協力者の属する集団の規範や習慣・文化・価値観も尊重すべきである。また，個人の尊厳や動物の福祉を軽視してはならない。（一部略，以下略）

(3) **説明と同意**：心理学にかかわる活動を行うとき，協力者に対してその活動について十分な説明を行い，原則として文書で同意を得なければならない。（一部略，以下略）

(4) **守秘義務**：同意なく個人のプライバシーを侵す研究・教育・実践活動は行ってはならない。また，協力者等に心理的・身体的危害を加えてはならない。（中略）研究・教育・実践活動から得られた情報については，他者に漏らさないよう厳重に保管・管理しなければならないと同時に，原則として目的以外に使用してはならない。

(5) **公表に伴う責任**：研究・教育・実践活動で得られた情報の公表に際して，あらかじめ協力者等の同意を得なければならないと同時に，了解なしに協力者が特定されることがないよう配慮しなければならない。（一部略，以下略）

　以上のような「倫理綱領ならびに行動規範」が定められていることを知ったうえで，心理学を学んでほしい。

心理学関連の資格

こころの専門家として，心理学を学んだ人への期待が高まっている。心理学関連の資格の代表的なものを紹介する。

1．公認心理師（2017年9月15日施行）

人々が抱えるこころの健康の問題等をめぐる状況に鑑み，公認心理師の国家資格が定められた。業務の目的は，「国民の心の健康の保持増進に寄与すること」である。具体的な業務は，①心理状態の観察とその結果の分析，②心理に関する相談，助言，指導，その他の援助，③関係者との相談，助言，指導，その他の援助，④心の健康に関する知識の普及を図るための教育及び情報の提供である。受験資格を得るには，主として心理学系の大学院修士課程において，保健医療分野，福祉分野，教育分野，司法・犯罪分野，産業・労働分野等に関する理論と支援の展開に関する科目を履修することが必要である。一般社団法人日本心理研修センターによる国家試験がある。

2．臨床心理士（1988年設立）

日本臨床心理士資格認定協会が認定事業を行う資格である。臨床心理学の知識や技術を用いて心理的な問題を扱う専門家である。臨床心理士指定の大学院修士課程修了者（修士号取得者）または医師免許取得者が受験資格を与えられる。試験合格後，病院や学校などで幅広く活躍している。

3．学校心理士（1997年設立）

2011年からは日本教育心理学会を中心とした11の学会が共同で一般社団法人「学校心理士認定運営機構」となり，学校心理士を認定している。学校生活におけるさまざまな問題について，アセスメント・コンサルテーション・カウンセリングなどを通して，子ども自身，子どもを取り巻く保護者や教師，学校に対して，「学校心理学」の専門的知識と技能をもって，心理教育的援助サービスを行うことのできる者に対して認定する資格である。

4．臨床発達心理士（2001年設立）

発達の臨床に携わる幅広い専門家に開かれた資格であり，大学院修士課程修了者を基本とする資格である。児童相談所や福祉施設のような発達心理学の知識が特に必要とされる機関で活躍している。2009年度から日本発達心理学会を中心とした関連4学会の連合資格となった。

5．認定心理士

「心理学の専門家として仕事をするために必要な最小限の標準的基礎学力と技能を修得している」と日本心理学会が認定する資格である。資格取得に必要な単位は，基礎科目（心理学概論・心理学研究法・心理学実験演習）12単位以上と選択科目5領域（知覚・学習，生理・比較，教育・発達，臨床・人格，社会・産業）のうち3領域以上で各4単位以上，5領域で16単位以上，心理学領域の卒業論文などを含め合計36単位以上である。詳しくは，公益社団法人日本心理学会のホームページから，認定心理士の資格申請を参照のこと。

■この他，心理学関連の各学会認定の民間資格，日本学術会議には属していない団体認定の民間資格など多数ある。

Ⅰ部

こころの基本的な働きと
行動の普遍性

脳の働き――生理・神経心理学

学習
目標

生理心理学とはどんな学問か理解しよう。
神経細胞について理解を深めよう。
心理的活動と脳の関係について知ろう。

1. 生理心理学と神経心理学

　生理心理学は，生理機能と心理現象との関連について明らかにしようとする心理学の一領域である。基本的には生理指標による心の解明であり，従来は体温，血圧，脈拍，脳波などの生理学的な変化と心理学的変化の関係を明らかにしようとしてきた。最近では，生理機能としては，神経系，とりわけ脳の機能を対象とすることが多い。現在よく使われている脳科学ということばは，**神経科学**とほぼ同義となっている。

　神経心理学は，言語，思考，記憶，注意，判断，企画などの認知機能と脳との関係を明らかにしようとする学問分野である。そもそも脳損傷例による心的障害の研究にはじまる。現在では，脳構造の断層撮影技術の進歩により，脳機能と心理機能や行動の間には一定の関連があることを明らかにしている。認知面や行動面での機能が低下し，普通に行えていた活動が困難となった**認知症**[1]の研究にもつながる学問領域である。

2. 神経細胞

　人間の脳は，約1,000億個の**神経細胞**（ニューロン）と，その働きを支えるグリア（膠）細胞からなっている。さらに脳は，それらを生理学的に支える血液循環システム等から構成され，情報処理を行っている。神経細胞同士がつながった回路に活動電位（インパルス）によって興奮が伝導され，感覚や知覚，学習，記憶，思考や言語などの心理学的活動が行われる。

　神経細胞は，樹状突起と軸索などから構成され，他の神経細胞との間に**シナプス**を形成して情報を伝達する（図1-1）。細胞体（ソーマ）は，一般の細胞と同様に，核とそれを取り巻く細胞質からなる。遺伝情報を担うＤＮＡ[2]，タンパク質の合成を行うリボソーム[3]，エネルギーを作り出すミトコンドリア[4]などが含まれている。

　細胞体と樹状突起は，他の神経細胞の終末ボタンと接続している。この神経細胞間の接続部分をシナプスという。他の細胞に情報を伝える場合は，電気信

1) いったん獲得した知的機能が，脳の器質障害等の要因によって持続的に低下し，日常生活や社会生活が営めなくなっている状態。アルツハイマー病や脳血管疾患などがある。

2) デオキシリボ核酸。アデニン（Ａ），チミン（Ｔ），グアニン（Ｇ），シトシン（Ｃ）という4種類の塩基の配列の二重らせんからなり，遺伝情報を次世代に伝達する。

3) 含まれるＲＮＡ（リボ核酸）により，タンパク質の生合成が行われる。

4) 真核生物の細胞質中に多数分散して存在し，独自の遺伝子拡散をもち，自己増殖する。呼吸に関係する一連の酵素を含み，細胞のエネルギー生産の場である。

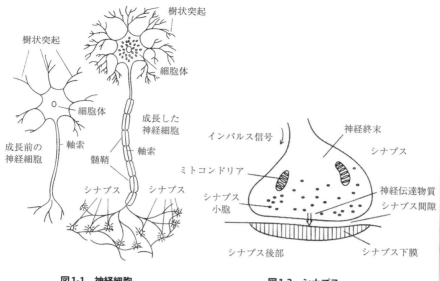

図1-1　神経細胞

図1-2　シナプス

号であるインパルス（活動電位）を軸索上に伝導させ，神経終末で神経伝達物質を放出する（図1-2）。軸索の終末ボタンには，シナプス小胞というカプセルが多数あり，このシナプス小胞内には次の神経細胞に情報を伝達するための化学物質[5]が含まれている。この化学物質が次の神経細胞側の細胞膜の受容体に到達するとシナプス後電位が生じる。こうして神経細胞間でインパルスが伝達されていく。

5) 代表的なものとしてアセチルコリン，ドーパミン，セロトニンがある。

3. 神経系の構造と働き

　人間の神経系は，大きく中枢神経系と末梢神経系に分けられる。**中枢神経系**は脳と脊髄からなり，**末梢神経系**は脳脊髄神経と自律神経（交感神経・副交感神経）からなる[6]（図1-3）。

6) 虫明元 (2014)．神経系の構造と機能 (2)　下山晴彦・大塚雄作・遠藤利彦・齋木潤・中村知靖 (編) 誠信　心理学辞典[新版]　誠信書房　p.464.

3.1. 中枢神経系

　脳は大脳，間脳，中脳，橋，小脳，延髄に分かれている。人間の場合は，大脳の発達が著しく，脳の大部分を占めている。中脳，橋および延髄をまとめて**脳幹**とよぶ。脳幹には自律神経の中枢（呼吸・咳・くしゃみ・心臓運動・血管運動・咀嚼中枢・嘔吐中枢など生命維持にかかわる重要な自律中枢）が集まっている。**間脳**（視床下部および視床）は，摂食・摂水・体温調節・体内時計・意識水準などに関与している。**小脳**は，運動や姿勢の制御に重要な役割を果たしており，不随意運動の統合に関与している。

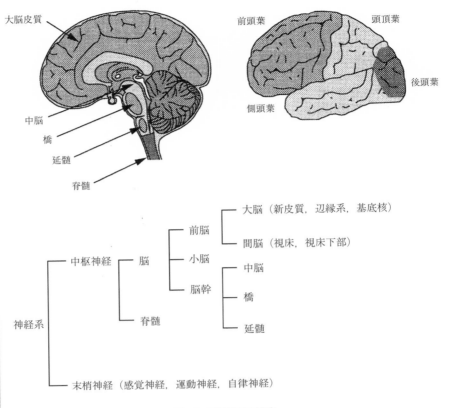

図1-3　脳神経系の構造

3.2. 大脳の働き

　大脳は，解剖学的に底部から大脳基底核，大脳辺縁系，大脳新皮質に大別される。大脳新皮質は前頭葉，頭頂葉，側頭葉，後頭葉に分けられる。

　脳の機能は，部位によって果たしている役割がある。大脳新皮質の機能地図をごく手短に紹介する（図1-4）。

　①運動野は，随意運動を制御している。

　②体性感覚野は，皮膚感覚や痛みの感覚，触覚などを司っている。

　③視覚野は，後頭葉に位置し，視覚情報を処理している。

　④聴覚野は，左右の半球の側頭葉に位置し，聴覚情報を処理している。

　⑤連合野は，大脳皮質の3分の2であり，部位によって機能の分化がある。

　前頭葉の前方に位置する前頭連合野は，思考や判断，問題解決などの高次の知的活動にかかわっている。

3.3. 末梢神経系

　末梢神経系は大別して，脳脊髄神経と自律神経に分けられる。

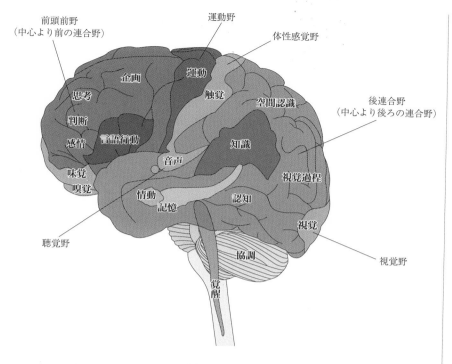

図1-4 脳の働き

　脳脊髄神経は，筋肉に命令を送り，また感覚器官からの刺激を脳に伝える働きをする。

　自律神経は，心臓，肺，胃，腸などの内臓器官の働きをモニターし調整を行い，**ホメオスタシス**[7]の維持にかかわっている。内臓諸器官の機能を調節する中枢神経から末梢神経へ向かう遠心性神経と，内臓からの情報を中枢神経系に伝える求心性神経からなっている。

　機能的には，自律神経系は交感神経系と副交感神経系という2つから構成されている。**交感神経**は，人が運動するときなどに働き，心臓や肺などの循環器系の働きを活発にする。また，唾液腺や消化器系の働きを抑制する。一方，**副交感神経**は循環器系の働きを抑制し，消化器系の働きを活性化する。

4. 内分泌システム

　自律神経系とともに体内のホメオスタシス（恒常性）を維持しようとする生物学的システムである。生体内の情報伝達系のうち，特に細胞外で化学物質を介して行われる。従来の**ホルモン**という概念は，血液を介した内分泌で使われる物質をさす。

　一般的に知られているのは，性ホルモンであり，男性ホルモンとして精巣から分泌されるテストステロン，女性ホルモンとして卵巣から分泌されるエスト

7) 外界の変化に対応して体の内部を一定の安定した状態に保とうとする機能である。

ラジオールがある。ともにコレステロールが原料であるため，ステロイドホルモンとよばれる。

副腎髄質からは，2種類のアミン系ホルモン，**アドレナリン**とノルアドレナリンが分泌される。いずれも，脳や交感神経に直接作用し，心拍や血圧の上昇などストレス反応にかかわる。ストレスに反応して増加するコレチゾールやストレス反応を緩衝する機能に関係すると考えられているオキシトシンが測定される。

こうした内分泌システムが人間の行動に影響を与えている。

5．脳機能の計測

脳の活動を画像化する**ニューロイメージング**の開発・発展にともない，情報処理パラダイムに基づいて，脳の機能が計測されるようになった。

8）ドイツの生理学者ベルガー（Berger, H.）により1929年に発見された。

脳波[8]（electroencephalogram：EEG）は，脳の神経細胞が同期して活動する際に生じる電気活動を頭皮上に置いた電極により観測する。律動の周波数帯により，δ 波（1〜3ヘルツ），θ 波（4〜7ヘルツ），α 波（8〜13ヘルツ），β 波（14ヘルツ以上）などに分類される。覚醒開眼時には低振幅速波である β 波を，目を閉じた安静時には α 波を示す。深い睡眠時には徐波（δ 波）よりも大きい振幅を示す。このように脳波は，脳の活動水準を反映している。

機能的核磁気共鳴装置（functional magnetic resonance imaging：fMRI）はMRIの原理を応用して，脳が機能しているときの血流の変化などを画像化する方法である。

9）私たちの目に見える光に近い赤外線の光。

近赤外分光法（near infrared spectroscopy：NIRS）は，酸素化ヘモグロビンを近赤外光[9]によりリアルタイムに計測して，脳の機能局在を解析する方法である。こうした非侵襲脳機能計測が登場し，脳機能と心理現象の関連が検討されるようになった。その他，放射性同位元素を静脈注射することで非侵襲性ではないが，神経伝達物質および受容体やチャンネルの機能を視覚化する陽電子放射断層撮影法（positron emission tomography：PET）もある。

こうした種々のニューロイメージング法の出現により，心理学と神経科学の境界領域である**認知神経科学**が発展している。

ミラーニューロン

・・・

　脳神経科学の発展において，ミラーニューロンの発見という画期的な出来事があった。

　1995年，イタリアのリツォラッティの研究グループは，食べ物をつかむといった到達運動をするマカクザルの脳活動を記録していた[1]。1人の研究員がサルの見ている前で，サルの動きをまねしてみた。そのときのサルの脳の神経活動が，サル自身がその行動をしたときにみられる神経活動と同一であることが見いだされた。サルが座って見ている間に研究員が食べ物をつかむと，サルが自分で食べ物をつかむと同じニューロンが発火したというわけである。

　ある個体が，ある特定の行為をみずから行うときに活動するニューロンが，別の個体が同じ行為をしているのを観察するときにも活動していることが明らかになった。このような特性をもつ神経細胞をミラーニューロンという。ミラーニューロンは，人間にも存在すると考えられている。fMRIを用いた研究では，前頭葉，頭頂葉，側頭葉の一部が活動することが示されている[2]。

　これは人が無意識的に他人の動きをまねており，経験をある程度共有していることを意味していると考えられている[3]。ミラーニューロンの働きによって，他人のこころの中で何が起こっているのかを知ることができるのである。この他人のこころや身体の動きを把握する能力が，まねという行為のもととなっていると考えられている。さらに他人がしていることを見て，自分のことのように感じる共感能力を司っているとも考えられている。

　この鏡映（ミラーリング）効果は，触覚，運動，情動，意図，言語能力などでもみられるという。ミラーニューロンの働きは，他人の心理状態をシミュレーションしているという考えから，「心の理論」（column 13参照）との関連も検討されはじめている。

まねをするマカクザル
ミラーニューロンは，見られている者の脳と同じ状態を見ている者の脳に作り出すことによって，自動的な模倣を引き起こす。

◎ **column 引用文献**・・・
① Gallese, V., Fadiga, L., Fogassi,L., & Rizzolatti, G. (1996). Action recognition in the premotor cortex. *Brain*, **119**, 593-609.
② Werner, J. M., Cermak, S. A., & Aziz-Zadeh, L. (2012). Neural correlates of developmental coordination disorder: The mirror neuron system hypothesis. *Journal of Behavioral and Brain Science*, **2**, 258-268.
③ Cater, R. (2009). *The brain book*. New York: Dorling Kindersley, 養老孟司（監訳）（2012）. ブレインブック──みえる脳　南江堂 p.11.

感じるこころ——感覚

学習
目標
**感覚とはどのようなものであるかを知ろう。
各感覚の特徴を理解しよう。**

1. 感覚とは

　私たちの身のまわりには，光，色，音，においなど，多くの刺激があふれている。しかし，脳はこれらの刺激を直接理解することはできない。こうした刺激を脳が解釈できる電気信号に変換するのが，眼や耳といった**感覚器官**である。私たちは周囲の環境をさまざまな感覚器官を通して感じているのである。

　光，音といった刺激は，感覚器官に作用し，物理的な電気信号に置き換えられ，神経細胞を通り，脳の大脳皮質の特定領域（視覚なら視覚を司る領域）に達して，特定の**感覚**が生じる（図2-1）。この感覚の情報は，最終的に脳で処理・判断され**知覚**[1]に至る。

　感覚は，刺激の種類によって，視覚，聴覚，嗅覚，味覚，皮膚感覚の5種類[2]，それに運動感覚，内臓感覚，平衡感覚を加えた8種類に分類されることが多い（表2-1）。また視覚，聴覚，嗅覚，味覚，平衡感覚のように身体内の特定の場所のみで外界の刺激を受け取る感覚を**特殊感覚**とよび，皮膚感覚，運動感覚，内臓感覚のように全身の広範囲で生じる感覚を**一般感覚**とよぶこともある[3]。

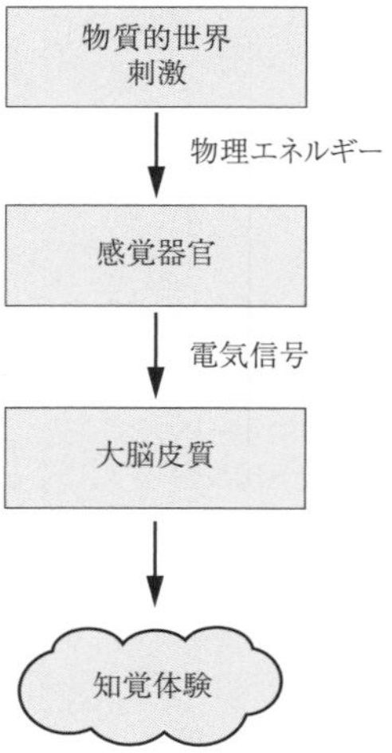

　皮膚感覚は，触覚だけではない。自分の体温以上の温度のものに触れたときに温かさが生じる温覚，自分の体温以下の温度のものに触れたときに生じる冷覚といった温度感覚，痛みを感じる痛覚もある。また皮膚には，感覚が特に鋭い感覚点があり，温点，冷点，触（圧）点，痛点などとよばれている。

　運動感覚は筋肉や関節を受容器とした体を動かす際の感覚であり，内臓感覚は胃腸などにおける身体内部の感覚である。

　平衡感覚については，内耳には体の傾きなどの運動方向を検知する「耳石」や，回転方向を検知する「半規管」があり，身体の位置や運動の情報を得ている。

1) 感覚と知覚はあまり区別せず用いられることも多い。知覚については第3章参照。

2) 五感という場合には，視覚・聴覚・嗅覚・味覚・触覚をさす。

3) 山内昭雄・鮎川武二(2001). 感覚の地図帳 講談社

物質的世界
刺激

↓ 物理エネルギー

感覚器官

↓ 電気信号

大脳皮質

↓

知覚体験

図2-1　知覚成立の経路

表2-1　感覚の種類

感覚			所在	器官
特殊感覚	視覚		眼	網膜
	聴覚		耳	蝸牛殻
	嗅覚		鼻	嗅粘膜
	味覚		舌	味蕾
	平衡感覚		耳	三半規管
一般感覚	皮膚感覚	温覚	皮膚	温点
		冷覚		冷点
		触覚（圧覚）		触（圧）点
		痛覚		痛点
	運動感覚		筋肉・関節	
	内臓感覚		身体内部の諸器官	

2．刺激

　感覚器官は，それぞれの器官に適した刺激に応じて興奮し，特定の感覚が生じている。例えば視覚の場合，眼の網膜内の視細胞が光に興奮し，明るさや色を感じている。この眼に対する光を**適刺激**という。耳に対する適刺激は音である。外界に存在しているすべての刺激を知覚しているわけではなく，刺激は弱すぎると刺激として感じられない。感覚受容器が刺激として受けとめることができる最小の刺激エネルギーを**刺激閾（いき）**という。反対に，感覚受容器が刺激として感じる最大の刺激エネルギーを**刺激頂**という。例えば私たちが知覚できる温度は－10℃～70℃で，その範囲外の温度では温かさや冷たさといった温度の感覚ではなく，痛みを感じるようになる。また，2つの刺激が同時にまたは継時的に提示されたときに，その2つの刺激の差異を弁別することが可能な最小の値を**弁別閾**という。弁別閾は，その差にちょうど気づくことができる最小の刺激差の量ということで，**丁度可知差異**とよばれる。ウェーバー，E. H.は，弁別閾は標準刺激の強度に比例し，標準刺激Rと弁別閾$\triangle R$について，$\triangle R/R = C$（Cは定数）が成立することを示した。これは**ウェーバーの法則**とよばれる。またフェヒナー[4]は，弁別閾を感覚量の基本的単位と考え，ウェーバーの法則の式を積分することにより，感覚量Eについて，$E = k\log R + C$　（Cは定数）という関係を導いた（**フェヒナーの法則**あるいはウェーバー・フェヒナーの法則）。感覚量は，刺激の強度ではなく，その対数に比例して知覚されるとされている。

3．視覚

　視覚は，眼に入力された光信号を感知することで生じる感覚である。

　眼の構造はカメラの構造にたとえられる。目の構造（図2-2）の中で，カメラのレンズに相当するのは**水晶体**と**角膜**である。角膜は光を屈折させ，水晶体は厚みを変えることで**網膜**上に結像させる。**瞳孔**はカメラの絞りに相当し，光の量を調整する。網膜はカメラのフィルムにあたり，錐体（すいたい）細胞と桿体（かんたい）細胞の2

4）フェヒナー（Fechner, G. T. 1801-1887）：ドイツの物理学者，哲学者，心理学者。精神物理学の創始者。

5) 錐体細胞は, 短波長領域に最もよく反応するS錐体と, 中波長領域に最もよく反応するM錐体と, 長波長領域に最もよく反応するL錐体の3種類があり, この3種類の錐体細胞からの情報の相対比などを分析して色を知覚している。

6) フランスの物理学者エドム・マリオットが1660年に発見したことからマリオット盲点(マリオット暗転)ともよばれる。

7) 音量は, デシベル(dB)で表される。1B(ベル) ＝10dBで, 電話を発明したアレクサンダー・グラハム・ベルに由来する。

8) 周波数は, 波形のパターンが1秒間に繰り返される回数で, 単位はヘルツ(Hz)で表される。

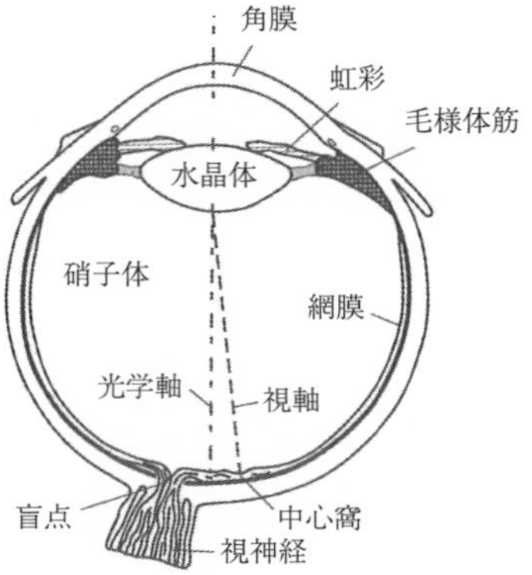

角膜
虹彩
毛様体筋
水晶体
硝子体
網膜
光学軸
視軸
盲点
中心窩
視神経

図2-2 眼の構造

種類の細胞がある。錐体細胞には3種類あり[5], この3種類の錐体細胞の興奮の程度によって色の弁別を行っている。私たちが経験する色には, 色相, 明度, 彩度の3つの性質がある。色相とは, 赤, 青, 黄色といった色合いのことである。明度は, 光の放射エネルギーの強さによって決まる色の明るさである。彩度は, 鮮やかさの程度で, 色の飽和度である。桿体細胞は, 色の弁別はできないが, 光に対する感度がよく, 暗い所で物を見ることができる。

また, 視神経が集まった部分には視細胞がないため, 光を弁別できず, 「見えない」と判断される。この部分が**盲点**[6]である。図2-3で盲点の位置を確認することができる。教科書を眼から30cmほど離し, 右眼を閉じ左眼で＋を凝視してみよう。図の左側の●が消失する場所があるはずである。この●の位置にあるものは常に見えていないのである。反対に, 左眼を閉じ右眼で●を見ると＋が消失するだろう。

図2-3 盲点を確認してみよう

4. 聴覚

聴覚は, 空気の振動を耳で電気信号に変換することにより生じる感覚である。

聴覚で知覚される音の性質として, **音の大きさ, 音の高さ, 音色**の3つがある。音の大きさは, 音がどれくらい強く感じられるかであり, 「大きい―小さい」の次元で表現される。デシベルという単位で示され[7], 静かな場所でのささやき声は約30デシベル, 騒々しいお店での音は約70デシベル, ジェット機の騒音は約120デシベルである。

音の高さは, 「高い－低い」の次元で表現される。周波数によって示され[8], 値が大きいほど高い音を示している。ヒトに聴こえる周波数の範囲(可聴域)は, 個人差はあるが一般的に20ヘルツから20,000ヘルツくらいである。

音色は, 音の波形であり, 音の特徴や属性についての知覚である。例えば,

ピアノとバイオリンで、同じ大きさと高さの音を奏でても、同じ音ではなく、異なる音として認識する。こうした性質が音色である。また、左右の耳に入る音の音量の違いや時間差によって、音源の位置を知ることができる。

5. 嗅覚

　嗅覚は、鼻腔内の粘膜にある嗅細胞が刺激されることによって生じる感覚である。最近急速に研究が進んでおり、1990年代に分子生物学の分野で、におい物質を受容する**におい受容体**が明らかとなった[9]。しかし、基本臭の数、仕組みや機能など、まだ明らかになっていないことが多い。

　においには快・不快の程度の個人差が大きいという特徴がある。過去にアメリカ国防省は、人体に危害を加えることなく戦意を喪失させるような「におい爆弾」の開発を目指し、世界中の誰もが嫌うにおい物質についての研究を行った[10]。しかし、文化・地域・人種に普遍的な「誰もが嫌うにおい」は発見できなかった。それだけ個人差が大きいのである。イソ吉草酸[11]のにおいを嗅いで、足のにおいを思い浮かべる人と、納豆やチーズを思い浮かべる人では、においに対する評価は異なる。このように、あるにおいがしたとき、そのにおいをどのように認知するかで、そのにおいに対する評価は大きく変化する。

6. 味覚

　味覚は、舌の表面の味蕾細胞が刺激されることによって生じる感覚である。味の分類は古くから行われてきたが、ドイツの心理学者ヘニングは、甘味、酸味、塩味、苦味の4つの**基本味**を四面体の頂点に配置する説を提唱した[12]（図2-4）。基本味以外の複合味は、基本味の配合比率によって四面体中に位置づけることができ、すべての味が説明できるとした。また近年、**うま味**

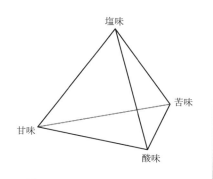

図2-4　ヘニングの味の四面体

が第5の基本味として認められている[13]。うま味とは、グルタミン酸を口にしたときに生じる味である。昆布や鰹節からとる「だしの味」のエッセンスであり、日本人にはなじみが深い。なお、唐辛子の辛味やお茶の渋味は、皮膚感覚の痛覚が刺激され、味蕾が刺激されるわけではないため、厳密には味覚に含まれない。

9) Buck, L. L., & Axel, R. (1991). A novel multgene family may encode odorant receptors: A molecular basis for odor recognition, *Cell*, **65**, 175-183.

10) Slotnick, R. S. (2002). Science that stinks, science observer. *American Scientist*, **90**, 225.

11) 多くの植物、精油にみられる脂肪酸の一種。

12) Henning, H. (1916). Die Qualitätenreihe des Geschmacks. *Zeitschrift für Psychologie und Physiologie der Sinnesorgane*, **74**, 203-219.

13) 池田菊苗が1908年に発見し、特許を取得した。池田菊苗(1909). 新調味料に就て　東京化學會誌, **30**, 820-836.

7. 順応と対比

7.1. 順応

　一定の刺激が連続して与えられると，その刺激に対する感受性が変化する。これが**順応**である。例えば，明るい場所から暗い場所に移動すると，移動直後は真っ暗で何も見えないが，しばらくすると徐々に周囲が見えるようになる。視覚の感度が向上することによるこの現象を**暗順応**という。反対に暗い場所から明るい場所に移動すると，最初は眩しくて見えないが，すぐに周囲が見えるようになる。この現象を**明順応**という。順応は視覚においてのみ生じるわけではなく，他の感覚でも生じる。におい，味，温度などは，感度が低下する（鈍感になる）という順応が生じやすい。

7.2. 対比

　異なる性質または異なる量のものを並べたときに，その違いが著しくなり，反対の方向へ変化して知覚される現象を**対比**（コントラスト）という。図2-5では，四角形の中の灰色の部分は，左右とも物理的には同じ明るさであるが，右側の黒の中に灰色があるほうが明るく知覚される。この現象を**明るさの対比**という。図2-6では，明るい灰色と暗い灰色が接する部分では，明るい灰色はより明るく見え，暗い灰色はより暗く見える。こうした境界部分にあらわれる対比現象を縁辺対比といい，明るさの対比の一種である。また，緑と赤の紙の上に乗せた灰色を並べると，緑の上の灰色は赤みをおび，赤の上の灰色は緑みをおびて見える。これは**色の対比**である。

　こうした対比の現象は，視覚だけでなく他の感覚でも生じる。例えば，スイカに塩をかけると甘く感じるといわれるのも，味覚についての対比現象である。

図2-5　明るさの対比　　　　　　図2-6　縁辺対比

おいしさはどのように感じるか

・・・

　最近食べたものの中で「おいしい」と感じたものは何であろうか。なぜその食べものを「おいしい」と感じたのだろうか。

　おいしさは，味覚だけで感じているわけではない。花粉症や風邪で鼻が詰まっているときに，味がわからなかったことはないだろうか。おいしさ（味）は多くの感覚が関連しあって，複合的に感じている。

　①視覚：見た目は，味に大きく影響する。濃い色は味を濃く感じる傾向があり，また見た目から味を想像し，おいしさを感じている。

　②聴覚：文化差や個人差はあるが，ポリポリとあられを食べる音や麺類を啜る音など，食べている音を聴くことにより，おいしさを感じることがある。

　③嗅覚：おいしさと嗅覚は密接に関連している。目隠しをし，鼻をつまんで飴をなめると，甘味や酸味は感じるが，何味の飴であるかわからない。私たちが「味」であると思っているものが，実は「におい」であることも多い。

　④皮膚感覚：チョコレートが口の中でとろける感じ，ポテトチップスのパリパリ感といった食感（触覚）や，暑い日に冷たいアイスクリームを食べておいしいと感じるといった温度の感覚も味に影響する。

　⑤内臓感覚：空腹のときと満腹のときでは味が異なるであろうし，頭が痛い・おなかが痛いという感覚があるときには落ち着いて味わって食べることができず，おいしさを感じられない。

　また，友だちとおしゃべりしながら楽しい気分で食べたときにおいしく感じることもあるなど，感覚機能以外でも，多くの心理的要因がおいしさに影響している。

　味覚は加齢にともなって低下する傾向にあるため，高齢になると，若い人と同じ濃さの味つけでは味を感じにくく，おいしく感じられないということも起こる。その際，塩分を増やすなど味を濃くすることではなく，盛りつけを工夫する（視覚），香りが立つ調理法を工夫する（嗅覚）など，他の感覚を刺激することにより，おいしく食事をすることが可能になる。

第 **3** 章

見るこころ──知覚

学習
目標

知覚がどのように成立しているのかを理解しよう。
空間知覚や運動知覚を理解しよう。
知覚に影響を与えている要因を理解しよう。

1. 知覚の体制化

　私たちのまわりの環境には，多くの刺激が存在している。第2章で述べた感覚器官を通して外界を知覚しているが，外界のすべての刺激を知覚しているわけではない。多くの刺激から，選択的に注意[1]を向け，刺激の中の特定の部分を関連させて，ある「まとまり」をもったものとして知覚している。こうしたまとまりをもって知覚する傾向のことを，**群化**または**知覚の体制化**という。知覚の体制化についての研究を行ったのがゲシュタルト派[2]とよばれる人たちであることから，**ゲシュタルトの法則**とよばれることもある。

1) 膨大な刺激（情報）の中から不要なものを捨てて重要なものを選び取る働きをさす（column27参照）。

2) ゲシュタルトとは良い形態を意味する。ゲシュタルト心理学は，1910年代にドイツで盛んとなった。

1.1. 図と地

　視野に2つの領域が存在するとき，一方の領域には形だけが見え，もう1つの領域は背景を形成する。背景から分離して知覚される形になる部分を「図」といい，背景となる部分を「地」という。ものを見る際に，「図」となる部分と「地」になる部分に分けて知覚しているのである。これを**図と地の分化**という。図3-1（a）では，多数の黒い刺激があるが，図と地の分化ができると，斑点模様の犬が浮かび上がって見える。図3-1（b）では，最初は黒いブロックのような図形が数個見えているが，黒い部分を「地」としてみると，「FEEL」という文字が「図」として浮かび上がって見える。

　また図と地が入れ替わる図形を**反転図形**という。図3-1（c）は，ルビンの反転図形である。白い部分の 盃 が図として認識されるときは，その他の黒い部分は地であり，黒い部分の2人の顔が図として認識されるときは，その他の白い部分は地となる。盃と2人の顔が同時に見えることはない。図3-1（d）も反転図形の一種である。少女が見えているときには老婆は見えない。反対に老婆が見えているときには少女は見えない。

(a) ダルメシアン（Gregory, 1970）[3]

(b) これは何だろうか

3) Gregory, R. (1970). *The intelligent eye.* New York; Mc-Graw-Hill, (Photographer: R.C. James).

(c) ルビンの顔と盃（Rubin, 1921）[4]

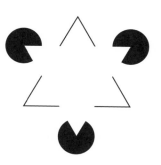

(d) 少女と老婆（Boring, 1930）[5]

図3-1 図と地

4) Rubin, E. (1921). *Visuell Wahrgenommene Figuren: Studien in Psychologischer Analyse.* Copenhagen, Denmark: Gyldendalske Boghandel.

5) Boring, E. G. (1930). A new ambiguous figure, *American Journal of Psychology*, **42**, 444-445.

1.2. まとまりの法則

　ヴェルトハイマー[6]によると，知覚の体制化に影響を及ぼす要因には，いくつかの要因が関係している[7]。他の条件が一定であれば，図3-2に示すように，①近い距離にあるもの同士がまとまって知覚される「近接の要因（図（a））」，②同じまたは類似したもの同士がまとまって知覚される「類同の要因（図（b））」，

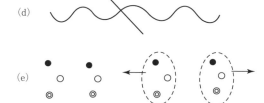

図3-2　まとまりの要因

6) ヴェルトハイマー（Wertheimer, M. 1880-1943）：ドイツの心理学者。ゲシュタルト心理学の創始者の1人。

7) Wertheimer, M. (1923). Untersuchungen zur Lehre von der Gestalt. II *Psychologische Forschung*, **4**, 301-350.

8) Kanizsa, G. (1955). Margini quasipercettivi in campi con stimolazione omogenea. *Revista di Psicologia*, **49**, 7-30.

図3-3　主観的輪郭線の図
（Kanizsa, 1955）[8]

③閉じ合うものやお互いに囲み合うものはまとまって知覚される「閉合の要因（図（c））」，④直線や曲線は自然で滑らかに連続するようにまとまって知覚される「よい連続の要因（図（d））」，⑤ともに動くものや変化するものはまとまって知覚される「共通運命の要因（図（e））」などがある（図3-2）。こうしたまとまりの法則によって，全体として最も秩序ある簡潔なまとまりをなしたものとして知覚される。この傾向は**プレグナンツ（簡潔性）の法則**とよばれる。

　これに関連したものとして，**主観的輪郭線**がある。図3-3では物理的輪郭線がないにもかかわらず，図の中央に三角形が知覚される。

2．知覚の恒常性

　第2章で説明したように眼の構造はカメラの構造とよく似ている。フィルムにあたる網膜に映る像の大きさは，眼から対象物までの距離によって変化する。しかし網膜上の像の大きさが変わっても，ものの大きさの判断に大きな変化はない。この現象を**大きさの恒常性**という。例えば，図3-4では，網膜上に映る右側の人は左側の人よりかなり小さいが，右側の人が小さいのではなく，遠くに離れていると知覚する。

　大きさだけではなく，形（図3-5），明るさなど，さまざまな属性において恒常性がみられる。図3-6は，部屋の中に人が入ると大きく見えたり小さく見えたりするエイムズの部屋[9]である。部屋は長方形ではなくいびつな形をしているが，長方形として網膜上に投影されるという形の恒常性によって，大きさの

図3-4　大きさの恒常性の例

図3-5　形の恒常性の例

図3-6　エイムズの部屋

図3-7　明るさの恒常性の例（Adelson, 1995）[10]

9）のぞき穴から部屋をのぞくと，左端にいる人は小さく見え，右端にいる人は大きく見えるトリック部屋。アメリカの眼科医エイムズ（Ames, A., Jr.）が，1934年に発表した。

10）エイデルソン（Adelson, E. H.）が1995年に作成したチェッカーシャドー錯視。図 は http://persci.mit. edu/gallery/checkershadow（最終閲覧日：2021年1月5日）

恒常性が正しく働かなくなった結果として，人が大きく見えたり，小さく見えたりすると考えることができる。図3-7は，明るさの恒常性を応用したものであり，AとBの物理的明るさは同じであるが，BはAよりも明るく見える。

3. 錯覚

　錯覚とは，対象の真の性質とは異なって知覚されることであり，視覚における錯覚を特に**錯視**という。なぜ錯覚が生じるのか，その原因が解明されていないものも多い。図3-8は代表的な幾何学錯視の**ミュラー＝リヤーの錯視**である[11]。線の両端に内向きの矢羽をつけるよりも，外向きの矢羽をつけるほうが，線が長く知覚される（column終参照：その他の幾何学的錯覚は，column 3参照）。

11）Müller-Lyer, F. C. (1889). Optische Urteilstäuschen-gen. *Archiv für Anatomie und Physiologie, Physiologische Abteilung*, **2**, 263-270.

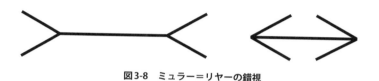

図3-8　ミュラー＝リヤーの錯視

4. 空間知覚

　私たちはさまざまな手がかりから奥行きを知覚している。**絵画的手がかり**（図3-9）は，重なり，遠近法，きめの勾配など，2次元的絵画や写真の中で表現される奥行き知覚の手がかりである。ギブソンはきめの勾配が奥行き知覚の手がかりになると考えた[12]。一様に模様が広がっているとき，遠くにあるほど，きめが細かく見える。そのほかにも，**両眼の輻輳**[13]や水晶体の調節といった眼球運動，**両眼の視差**などを手がかりに奥行きを知覚している。

（1）両眼の輻輳：対象が近いほど，左右の眼は内側に寄るように動く。両眼球を内転または外転させるときの動眼筋の緊張度が奥行き知覚の手がか

12）Gibson, J. J. (1950). *The perception of the visual world.* Boston, MA: Houghton Miff-lin.

13）輻輳とは，「方々から集まってくること」という意味。

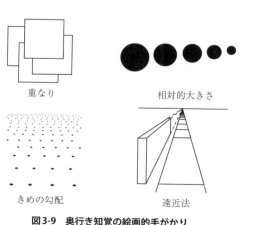

重なり

相対的大きさ

きめの勾配

遠近法

図3-9　奥行き知覚の絵画的手がかり

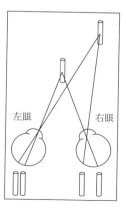

左眼　　　右眼

図3-10　両眼の視差

りとなる。

(2) 水晶体の調節：網膜上に映る像のピントを合わせるために，水晶体の厚みは，毛様体筋の収縮に応じて変化する。この筋の緊張度が奥行き知覚の手がかりとなる。

(3) 両眼の視差：両眼の瞳孔間には6cmほどの距離がある。そのため両眼に映る像にずれが生じる。このずれを中枢神経系の処理過程において，1つに融合することによって奥行き知覚が生じる（図3-10）。

5．運動知覚

運動の知覚には，実際に運動している対象についての知覚と，静止している対象が運動しているように見える知覚の2種類が考えられる。後者の運動しているように見える知覚には，**仮現運動，自動運動，誘導運動**などがある。

(1) 仮現運動：映画のフィルムなど，複数の静止した映像が順々に提示されたときに動いているように知覚される現象である。

(2) 自動運動：真っ暗の部屋の中で小さい点を見ていると，その光が動いているように見えることがある。空間内で事物の位置を決める手がかりが少ないために生じる。

(3) 誘導運動：電車に乗っているときに，隣の電車が動き出すと自分の乗っている電車が動いていると感じることがある。実際に静止している対象が周囲の動きに誘発されて動いているように知覚される現象である。

6．知覚における文脈効果

知覚の過程には，単に感覚器官からの情報で処理する過程である**データ駆動型処理**（ボトムアップ処理）だけではなく，前後の文脈から類推していく**概念駆動型処理**（トップダウン処理）もある。例えば，図3-11（a）を見ると，中央の文字は同じ形をしているが，横に見るとABC，縦に見ると12，13，14と読める。同様に図3-11（b）では，THE CAT と読めるが，図中のHとAは同じ形をしている。このように私たちの知覚は，周囲や前後の文脈から影響を受けている。

(a)　(b)

図3-11　文脈による影響

さまざまな幾何学錯視

第3章の「3. 錯覚」では，ミュラー＝リヤーの錯視をとりあげた。このcolumnでは，その他の代表的な幾何学錯視を紹介する。

　（a）エビングハウスの錯視：ドイツの心理学者エビングハウスにちなんで命名された，相対的な大きさの知覚に関連する錯視である。同じ大きさの円が2つあり，それぞれ大きな円か小さな円で囲まれている。前者の中央の円は小さく，後者の中央の円は大きく知覚される。

　（b）ヘリングの錯視：ドイツの心理学者ヘリングにより1861年に報告された。2本の平行線は，放射状の斜線の影響を受けてゆがんで見える。このような錯視を「湾曲の錯視」ともいう。湾曲の錯視は他にヴントの錯視などがある。

　（c）ツェルナーの錯視：ドイツの天体物理学者ツェルナーにより発見された。線はすべて平行であるが，斜めの細かい斜線によって平行には見えない。

　（d）ポッゲンドルフの錯視：ポッゲンドルフは，ツェルナーがツェルナーの錯視を報告した1860年の図案に，この錯視があることを発見した。Aとつながっているのは，Bだろうか，それともCだろうか。

（a）

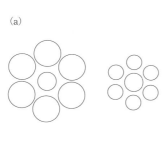

（b）

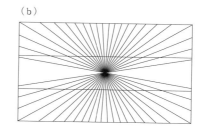

（c）

（d）

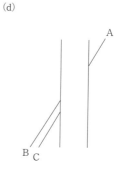

第 4 章

学ぶこころ──学習

学習
目標

心理学でいう学習とは何かを理解しよう。
代表的な学習理論について理解しよう。

1. 学習とは

　学習とは，経験によって行動が永続的に変化し，新しい行動が生じることをさす。ここには，特定の経験にかかわらず成熟にともなう行動変化（例えば，乳児がはいはいをした後に立つ，歩くといった行動変化）は学習には含まれない。

　学習の代表的なものには**古典的条件づけ**がある。古典的条件づけ（**レスポンデント条件づけ**）とは，パヴロフの条件づけとして広く知られているものである。これは後に述べるオペラント条件づけと対応して説明されることが多い[1]。

　レスポンデント行動とは，特定の刺激により，自動的に生じる反応をさす。食べものを見ると唾液が出てくるなどの反応である。これらの刺激と反応の関係性は，「無条件」に生じるものであるため，この場合の「食べもの」は**無条件刺激**とよばれ，唾液が出てくることは**無条件反応**とよばれる。

　パヴロフ[2]は，イヌの頬に手術で管を通し，唾液の分泌量を数値で測定できるようにした。肉を見せるとイヌは唾液を出し，メトロノームの音を聞かせると，耳を動かした。実験では，イヌにメトロノームの音を聞かせた直後に，口の中に肉を入れるということを何度も繰り返した。その結果，イヌの行動に変化が生じ，イヌはメトロノームの音を聞くだけで（肉を口に入れられなくても）唾液を出すようになった（図4-1）。これは，メトロノームの音と唾液の分泌との間にそれまでなかったつながりができたことを示している（このつながりを**連合**という）。これが古典的条件づけである。この場合のメトロノームの音を，無条件刺激とは区別して**条件刺激**とよび，唾液の分泌は，無条件反応と区別して，**条件反応**とよぶ。

　このようなことは日常的にもよく生じている。例えば，レモンや梅干しを見たとき，もしくは想像をしただけで私たちは唾液を分泌

1) Pavlov, I. P. (1927). *Conditioned reflexes : An investigation of the psysiological activity of the cerebral cortex.* Oxford, UK: Oxford University Press.

2) パヴロフ（Pavlov, I. P., 1849-1936）：ロシア（旧ソビエト連邦）出身の生理学者。1904年にノーベル生理学・医学賞を受賞。

図4-1　実験で使われた装置
(Pavlov, 1927)[1]

する。これは過去にレスポンデント条件づけによって学習した結果である。

2．情動の条件づけ

　レスポンデント条件づけはイヌだけではなく，人間の情動反応においても生じる。行動主義者として有名なワトソン（序章p. 15参照）と助手のレイナーは，生後11か月のアルバートに対して，恐怖がレスポンデント条件づけによって学習されることについて以下のような実験をした[3][4]（図4-2）。

　健康な生後11か月の乳児のアルバートは，目の前に突然いろいろな動物（シロネズミ，ウサギ，イヌ，サル）があらわれても，燃えている新聞があらわれても，一度も泣くことや恐れをみせることがなく，感情的に非常に落ち着いている子どもだった（彼のこの落ち着いた気質が対象者として選ばれた理由である）。

　実験の際，バスケットの中からシロネズミが出てくると，アルバートは左手でシロネズミに触ろうとした。実験者は，彼の手がシロネズミに触ったと同時に，アルバートの頭のすぐ後ろで鉄棒を金づちで叩いて大きな音を出した。アルバートはびっくりしてマットレスに顔を打ちつけてしまったが，それでも彼は泣かなかった。しかし，次にアルバートの右手がシロネズミに触れたときに実験者が同様の大きな音を立てると，ついに驚いて泣き出してしまった。

　1週間後，アルバートの前にシロネズミを出したところ，シロネズミが彼の左手のにおいをかごうとした。そのとたんに，アルバートは手を引っ込め，触ろうとしなかったが，実験者はシロネズミが出てくるたびに，大きな音を立てることを繰り返した。その結果，アルバートは，シロネズミを見ただけで激しく泣き出すようになってしまった。

　この実験からは，アルバートが**条件刺激**（シロネズミ）と**条件反応**（恐怖）とのつながりを実験の中で学習したことがわかる。さらに，アルバートはこの実験の後，シロネズミだけではなくウサギや毛皮，サンタクロースのひげまでも怖がるようになった。これは，いったん学習が成立すると，条件刺激と類似する刺激に対しても条件反応が生じるようになることを示している。これを**般化**という。

3) Watson, J. B. & Rayner, R. (1920). Conditioned emotional reactions. *Journal of Experimental Psychology*, **3**, 1-4.

4) Watson, J. B. (1930). *Behaviorism* (rev.ed.). New York: Norton.

シロネズミを触ろうとするアルバート

サンタクロースのお面をつけたワトソン

図4-2　アルバート坊やの実験[5]

5) 写真左は下記サイトより作成。https://www.youtube.com/watch?v=FMnhyGozLyE（最終閲覧日：2020年12月24日）
写真右は下記サイトより作成。https://www.youtube.com/watch?v=9hBfnXACsOI#t=84（最終閲覧日：2020年12月24日）

3. オペラント条件づけ

オペラント行動とは環境に向かって自発的に働きかけることによって生じる行動をいう。レスポンデント行動は刺激によって自動的に生じる行動であり，この点において両者は異なる。

一般的に人は，ある行動をして他の人からほめられ，よい評価を受けた場合にはうれしくなり，次もその行動をしようと思う。しかしある行動をした際にひどく怒られたり，罰金を払わされたりするようなことがあれば，再度またその行動を積極的にしようとは思わない。つまり私たちは，自分の行動とそれが引き起こした結果との関連を学習し，次の行動をとる際には，よりよい結果を得られるものを自発的に選択しているのである。このような，ある条件のもとで自発された行動が，その結果によって強められたり，弱められたりする学習の原理を**オペラント条件づけ**というのである。

オペラント条件づけの研究を組織的に行い，体系づけたのは，スキナーである[6]（序章参照）。彼は以下のような実験を行った。**スキナー箱**とよばれる実験装置の中に空腹のネズミを入れ，トレイにエサを入れておいた（図4-3）。このエサはレバーを押さなければ得ることはできない。ネズミは自由に動き回るうちに，偶然このレバーを押し，結果としてエサを得ることができる。これを繰り返すと，ネズミは自分の行動が「よい結果」と結びつくことを理解し，自発的にレバーを押すようになる。

スキナー箱を用いた実験では，偶然にレバーを押したときに，エサを与えられたネズミは自発的にレバーを押すようになる一方，電気ショックを与えられたネズミはレバーを押さなくなることが示されている。エサや電気ショックのように，その後の行動の発生頻度を変化させるものは，**強化子**とよばれる。そして，強化子が，行動の発生頻度を増加させる役割を果たすことを**強化**，減少させる役割を果たすことを**罰**とよぶ。例えば，ネズミが，エサを与えられると自発的にレバーを押すようになるのは正[7]の強化，電気ショックを与えられる

6) Skinner, B. F. (1938). *The behavior of organisms: An experimental analysis*. Oxford, UK: Appleton-Century.

7) 正とは，刺激が与えられることである。
一方，刺激が取り除かれることは負とよばれる。負の強化は，ある刺激を取り除くことで，行動が増加することをさし（例えば，電気ショックがなくなることで，レバーを押す行動が増える），負の罰は，ある刺激を取り除くことで行動が減少することをさす（例えば，エサがもらえなくなることでレバーを押さなくなる）。

 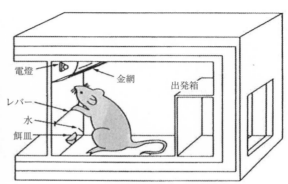

図4-3　スキナーとスキナー箱（Skinner, 1938に基づいて作成）[6]

電燈　金網　出発箱
レバー
水
餌皿

とレバーを押さなくなるのは正の罰である。

4. 試行錯誤

　ソーンダイク[8]は，問題箱という箱にネコを閉じ込め，脱出までにかかる時間を測定した[9]（図4-4）。ネコははじめ，でたらめな行動を繰り返していたが，あるとき偶然鍵が外れて脱出に成功した。試行を繰り返した結果，ネコが脱出にかかる時間は徐々に短くなり，最終的には簡単に脱出できるようになった（図4-5）。これを試行錯誤という。

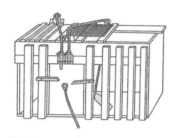

図4-4　ソーンダイクが作成した問題箱
(Thorndike, 1911)[9]

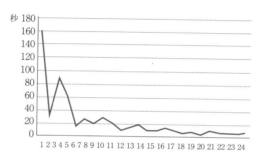

図4-5　被験体のネコが脱出までにかかった時間
(Thorndike, 1911に基づいて作成)[9] [10]

5. 観察学習

　バンデューラ[11]は，学習は刺激と反応の関係だけで生じるのではなく，人は他者の行動を観察し，模倣することによって学習するのではないかと考えた。これが観察学習である。彼の理論は社会的学習理論とよばれている。

　バンデューラは，「ボボ人形実験」という実験の中で，大人が攻撃的な行動をすると，それを観察した子どもは，大人と一致した攻撃的な行動を示すことを示した[12]。対象は，3歳1か月から5歳9か月までの72人の幼児であった。

　実験の手続きは以下の通りである。子どもたちは1人ずつ実験者に連れられて，ボボ人形（空気を入れて膨らませた約1.5mの人形，図4-6）などのいろいろなおもちゃがある実験室に入り，モデルとなる大人と一緒に遊ぶように告げられた。その後，実験者は部屋を出て，モデルと子どもの2人にされた。

　子どもたちは，実験室で一緒に遊ぶモデルの行動の違いによって，大きく3つの群に分けられた。①非攻撃群は，モデルがおとなしく静かに遊び，ボボ人形に対して何もしない群である。②攻撃群はモデルがボボ人形に対して，殴る，蹴る，空中に投げるなどの攻撃的な行動をし，攻撃的な発言も行う群である。そして，③統制群は，一般的な部屋で心理テストだけを受ける群である。

　実験の結果，非攻撃群や統制群の子どもたちがほとんど攻撃的な行動を示さなかったのに対し，攻撃群の子どもたちはボボ人形に対して攻撃的な行動をした（図4-7）。さらに後の実験において，攻撃的な行動をするモデルやアニメの

8) ソーンダイク (Thorndike, E. L., 1874-1949)：アメリカのコロンビア大学教授。学習には動物の能動的な行動が必要であるという練習の法則や効果の法則などを提唱した。アメリカの教育心理学の創始者といわれている。

9) Thorndike, E. L. (1911). *Animal intelligence: Experimental studies.* New York: Macmillan.

10) ソーンダイクの実験で被験体となった12匹のネコのうちの1匹 (No.12) のグラフ。

11) バンデューラ (Bandura, A., 1925-)：カナダ出身，スタンフォード大学教授。社会的学習理論や自己効力 (column26参照) の研究で広く知られている。

12) Bandura, A., Ross, D., Ross, S. A. (1961). Transmission of aggression through imitation of aggressive models. *Journal of Abnormal and Social Psychology*, **63**, 575-582.

図4-6　ボボ人形実験の様子（Bandura, et al., 1963）[13] [14]

13) Bandura, A., Ross, D., Ross, S. A.（1963）. Imitation of film-mediated aggressive models. *Journal of Abnormal and Social Psychology*, **66**, 3-11.

14) 上段は大人の女性モデルがボボ人形に対して攻撃行動をする一場面。

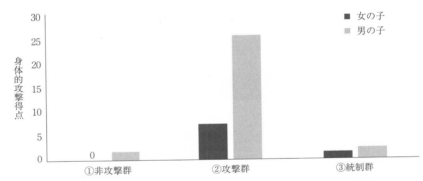

図4-7　ボボ人形実験における身体的攻撃得点の平均値（男性モデルの場合）
（Bandura, et al., 1961 に基づいて作成）[12]

キャラクターが映っているフィルムを見ただけでも同様に攻撃的な行動が生じることが確認されている[12]（図4-7）。

　バンデューラによると，観察学習は注意（他者の行動を注意して見る），記憶の保持と再生（その行動を覚えており，必要な場面で再生する），動機づけ（習得した学習を実際に行う）という過程でなされるとしている。

　この実験からは，自分の経験から学ぶだけではなく，他者の経験を見ただけでも代理的に学習し，その後の自分の行動を形成すること，さらに，大人の攻撃的な行動が子どもの攻撃的行動を形成するうえで強い影響をもっていることも示している。

苦手なものを克服するためには

　南アフリカ出身の精神科医であるウォルピは，古典的条件づけを応用し，恐怖症などの治療に有効な**系統的脱感作法**を考案した[1]。この方法は，ある事柄・対象について恐怖や不安を感じる場面をたくさんあげることからはじまる。そして，それらの場面でどの程度の不安を感じるかを数値（主観的障害単位）であらわし，その数値に応じて場面を並べかえた不安階層表を作成する（表）。また，不安階層表の作成とは別に，自律訓練法などによって，身体の力を抜いてリラックスする方法を習得する。ここまでの準備が整ったら，不安階層表において不安の程度が最も低い場面をイメージし，不安を感じたら身体の力を抜き，不安を消失させるようにする。このように，ある刺激に対する不安から緊張が生じたときに，それに相反する反応（ここでは身体の力を抜くこと）を同時に引き起こすことによって，刺激と不安との結びつきが弱められると考えられる。1つの場面でこれを繰り返し，その場面をイメージしても不安を感じなくなったら，不安階層表の次の場面に移行する。この手続きを繰り返し，最終的には，イメージするだけではなく，現実の場面でも不安を感じないようにしていく。

　系統的脱感作法をはじめ，学習理論を応用して恐怖症や不安神経症などの治療を行う方法は，行動療法とよばれている（第28章参照）。

表　ヘビ恐怖症の人の不安階層表の例

No.	場面	主観的障害単位
1	ヘビのイラストを見る	10
2	ヘビのイラストに触る	20
3	ヘビの写真を見る	30
4	ヘビの写真に触る	40
5	ヘビの動画を見る	50
6	ヘビの動画に触る	60
7	カゴに入ったヘビを5mの距離から見る	70
8	カゴに入ったヘビを2mの距離から見る	80
9	カゴに入ったヘビを棒で触る	80
10	カゴに入ったヘビを指で触る	90
11	ヘビを両手でつかむ	100

◎ column 引用文献··

[1] Wolpe, J. (1969). *The practive of behavior therapy.* Oxford, UK: Pergamon Press.（内山喜久雄（監訳）(1971). 行動療法の実際　黎明書房）

第 5 章

知る・考えるこころ——意識・認知・思考

意識や認知について説明できるようにしよう。
「考える」とは，どういうことなのか理解しよう。
創造的な思考はどのように生まれるのか知ろう。

1. 意 識

　私たちは見たり，聞いたり，考えたり，喜んだり，悲しんだりなどといったさまざまな体験をし，そうした体験を意識するからこそ自分にこころがあると思うのである。意識をごく簡単に定義すると「人が覚醒状態にあるときの通常の状態で，知覚・思考・感情を経験しているこころの状態」である。

　意識を最初に問題としたのはヴントであった。自分の主体的な体験である意識にのぼることのみが心理学の対象であるとした。この意識の問題を経験的に研究するためには，自分自身で自分の意識を観察しなければならない。これが自己観察法である内観法とよばれるものである。

　それに対し，フロイトは意識の背景に無意識を考え，行動の真の原因をそこに求めた。本人は気づいていないが，その人の行動や態度，思考などに影響を与えている記憶や表象，願望などの心的内容が存在していると考えた。抑圧という心的機制により，都合の悪いことが意識野から押し出され，無意識的な心的表象となっていると考えた。

2. 認 知

　認知とは，考えたり，知ったり，思い出したりといったことに関連するすべての心的活動である。認知心理学は，思考，知識，記憶などといった用語で扱われる心理学の領域全般をさしている。

　1950年代まで主流であった行動主義[1]への批判として，「認知革命」が起きた。刺激と反応の間をブラックボックス[2]とみなすのではなく，さまざまな心的表象とそれに対応する処理メカニズムを仮定し，研究を行う。ガードナーによれば，1956年にコンピュータ科学の発展の影響を受けて，認知科学という学問領域が注目を集めるようになったという[3]。認知科学とは哲学・心理学・神経科学・人工知能・人類学・言語学の6分野が協力しあう連合体である。認知心理学では，人間を一種の情報処理体とみなし，人間の認知過程を情報処理モデルにより説明し記述する。

1）ワトソンは，1913年に観察可能な行動の研究で心理学を体系化するという考え方（行動主義宣言）を提唱した。

2）内部がどうなっているか不明で，一定の入力に応じて一定の出力があるような仕掛け。

3）Gardner, H. (1985). The mind's new science: A history of the cognitive revolution. New York: Basic Books. (佐伯 胖・海保博之（監訳）(1987). 認知革命——知の科学の誕生と展開 産業図書)

人間の情報処理は，大まかに感覚，知覚，認知の3つに分けられ，この順でより高次となる。感覚や知覚は外界から入力された情報の処理であるが，認知には記憶や思考などの働きも含まれる。

3. 思 考

3.1. 思考と知識

　パスカル[4]は，「人間は自然界で最も弱い一本の葦にすぎない。しかしそれは考える葦である」と述べた。私たちはさまざまなことについて考え，判断し，推論し，問題を解決している。**思考**とは「知識を構成し，構成した知識を新しい状況に適用すること」と広く定義される。

　知識は断片的な記憶の集まりではなく，意味的にまとめられ，体系化されて長期記憶に貯蔵されている。膨大な量の知識から，必要な場面ごとに適切な知識が取り出され，適用される必要がある。知識を獲得するには，経験の反復による熟達化，事例からの帰納的推論，観察学習，既有知識からの推論などによる。

　知識には，2通りある。1つは，事実についての知識で**宣言的知識**という。もう1つは，「○○の仕方」といった一連の手続きについての知識で**手続き的知識**という。宣言的知識は「わかる」ための知識，手続き的知識は「できる」ための知識といえよう（第6章参照）。

3.2. 集中的思考と拡散的思考

　集中的思考とは，いろいろな手がかりを利用して，1つの答えまたはいくつかの少数の答えにたどりつこうとする思考である。代表的な例として，算数の問題を解くときの思考があり，**収束的思考**ともいう（図5-1）。

　拡散的思考とは，わずかな手がかりをもとに多様な答えを探し出す場合の思考である。未知の課題に取り組むときの思考であり，**発散的思考**ともいう。集団でアイディアを生成する際の手法として，各メンバーが思いつくままにアイ

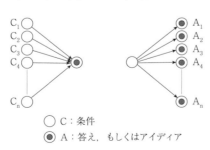

○ C：条件
◉ A：答え，もしくはアイディア

図5-1　集中的思考と拡散的思考

4) パスカル（Pascal, B., 1623-1662）：フランスの哲学者。彼が書きつづった断片的なノートを，死後に編纂して刊行した遺著『パンセ』（1670）の中で，思考する存在としての人間の本質を表現した。

ディアを提示していく**ブレーン・ストーミング**もその例である。

４．問題解決

　目の前にある問題を解決しなければならない課題としてとらえ，目標とする状態にまで導くことを，**問題解決**という。現在の問題となる状態と目標とする状態との間の溝（ギャップ）を，何らかの認知的操作によって埋めることである。

　ソーンダイクは，ペダルを踏むと扉から外に出られる仕組みになっている問題箱という実験装置にネコを閉じ込めた[5]（第4章図4-4参照）。ネコはさまざまな行動をとり，偶然ペダルに触れ外に出られる経験をする。こうした試行を繰り返す（試行錯誤する）うちに，ネコは問題解決の方法を学び，効果のある反応を行うようになる。

4.1. 洞 察

5) Thorndike, E. L. (1911). *Animal intelligence: Experimental studies*. New York: Macmillam.

6) ケーラー（Köhler, W., 1887-1967）：エストニア生まれのドイツの心理学者。ヴェルトハイマーらとともにゲシュタルト心理学の中心人物。1913-1920年までスペイン領カナリア諸島テネリフェ島の類人猿研究所所長として，チンパンジーの研究を行った。

7) Köhler, W. (1921). *Intelligenzprüfungen an Menschenaffen*. Berlin, Germany: Springer.（宮孝一（訳）（1962）. 類人猿の知恵試験　岩波書店）

　ケーラー[6]は，チンパンジーを檻の中に入れ，檻の外の手の届かない所にバナナを置いた[7]（図5-2）。檻の中には1本の棒が置いてある。チンパンジーは，はじめのうちは檻から手を伸ばしたりするが，そのうち騒ぎ立てるのをやめ，棒に目をとめる。しばらくし

図5-2　チンパンジーの知恵試験の実験例

て突然棒を手に取り，バナナを手元に引き寄せるという行動をとった。バナナを手に入れるために，試行錯誤ではなく，目的と手段の関係を直観的に把握し，余分な行動をとることなく一挙に**洞察**（見通し）によって問題を解決したのである。

4.2. 問題解決の方略

　問題を解決するために，一連の規則的な手続きがある。例えば，算数の加減乗除は一定の順にしたがって計算していけば，正解に至る。このような正解に至る手順が決まっている問題の解き方を**アルゴリズム**という。

　一方，どのような手順で問題を解けばよいのか見通しがつかない場合がある。適当と思われる方法を実際に試しながら，得られた結果を評価し，それを繰り返して目標に近づいていく方法を**ヒューリスティックス**という。このヒューリ

表5-1　主なヒューリスティックス（Tversky & Kahneman, 1974に基づいて作成）[8]

名称	認知事象	定義	適用例
代表性ヒューリスティック	確率判断	AがBに所属する確率は，AがBを代表している程度に基づいて判断される	ある人（A）は，風貌や振る舞いがあなたの芸術家ステレオタイプにぴったりなので，芸術家（B）に違いないと判断される
利用可能性ヒューリスティック	頻度または確率判断	ある事象の頻度や生起確率は，該当する事例の利用しやすさに基づいて判断される	離婚率を推定するのに，離婚した事例をどのくらい思いつくかを利用する．友人や知人にたくさんいれば，離婚率が高いと判断する
シミュレーション・ヒューリスティック	予期，原因帰属，印象，感情経験	ある事象に関するシナリオを心のなかでシミュレーションできる程度に応じて，判断や印象が決定される	宝くじの当選番号と1つ違いではずれたときのほうが，全く違う番号のときよりも，当たった場合のことが想像されやすいので，悔やむ気持ちが強くなる
調整と係留ヒューリスティック	ある事象の位置の推測	ある事象の推測に，なんらかの初期値を設定し，それを係留点として，新たな事例について調整を行う	ある人の貯蓄額を判断するのに，自分の貯金残高を基準にして行う

スティックスは，日常生活で実用的であり認知的節約のために使われ発見的探索法ともいわれるが，誤りも多い．トヴェルスキーとカーネマンは，主なヒューリスティックスとして代表性・利用可能性・シミュレーション・調整と係留の4つを指摘している[8]（表5-1）。

8) Tversky, A,. & Kahneman, D. (1974). Judgment under uncertainty: Heuristics and biases. *Science*, **185**, 1124-1131.

5．創造性

5.1．創造性とは

創造性を，新しく，めずらしく，ユニークで，オリジナルなものとしてとらえることが多い。創造性が発揮される分野として，①芸術における創作，演奏，演技，演出など，②科学・技術における発明，発見など，③社会的問題を解決するに至る計画，システムの創生，リーダーシップの遂行，などがある。

5.2．創造性の段階

ワラスは，創造的な業績を残した科学者や芸術家の思考過程を分析し，4つの段階を提唱した[9]。

(1) 準備期：過去の経験やすでに習得している知識や技能を総動員して問題解決にあたる。しかし，懸命の努力にもかかわらず何度も失敗する。

(2) あたため（孵化）期：問題の解決を一時あきらめ，問題解決とは関係のない散歩や休息など無活動な状態に身を置く。無意識の世界で創造的なアイディアをあたためている段階である。

(3) 啓示（ひらめき）期：一瞬のひらめきによって，創造的な解決方法が見いだされる。強い確信と苦労が報われた感動をもって突然訪れる。

(4) 検証期：見いだされた解決法をさまざまな角度から吟味・検討し，それが正

9) Wallas, G. (1926). *The art of thought*. San Diego, CA: Harcourt Brace Jovanovich.

しいことを検証する。

　創造的発想を生み出すためには，型にはまった思考様式から解放され，問題とは一見関係のない活動をする「あたため」の段階が重要であるといえよう。

5.3. 創造性の開発

　既存の考え方にとらわれずに発想し，独創的なアイディアを生み出すために，集団の機能を利用する方法として，**ブレーン・ストーミング技法**がある。オズボーンが開発した集団的創造思考法で，集団討議の形式で自由奔放にアイディアを出しあう[10]。集団のメンバーはなんの制約も受けることなく意見を出す。他者の発言に対する批判や否定をしない。アイディアが出つくした段階で評価し，実際に使えそうなアイディアを絞り込んでいくやり方である。

　文化人類学者の川喜田二郎は，膨大なフィールド調査のデータをまとめあげるための手法として**KJ法**[11]を開発した。最初にアイディアを1つずつ「ラベル」（同一サイズの小さな紙片）に書き込む。次にラベルの分類を繰り返しながら，最終的には大きな紙に図式化して整理する。こうしたプロセスを経ることによって，問題の構造や要因間の相互関係が明瞭になり，新しい発想や発見が促進される。KJ法は，バラバラなアイディアを分類，整理，構造化することにより，それを目に見える形に図式化することがポイントである。

10) Osborn, A. R. (1938). *Applied Imagination*. New York: Scribner.

11) KJ法のKJとは，川喜田二郎のアルファベットの頭文字である。

50

タクシー問題

【物語】

　ある街には，緑タクシーと青タクシーがあり，全タクシーのうち85%は緑タクシーで，残りの15%は青タクシーです。ある夜，タクシーがひき逃げ事件を起こしました。目撃者があらわれ，「ひき逃げ事件を起こしたのは青タクシーだった」と証言しました。裁判では，その目撃者の証言がどれだけ信頼できるかをみるために，事件が起きたと同じような夜に，タクシーの色を識別するテストをしました。その結果，80%は正しくタクシーを識別できることがわかりました。

【質問】

　1. あなたは証言通りに青タクシーがひき逃げ事件を起こしたと思いますか。それともそうは思いませんか。いずれかを○で囲んでください。

　　　　（　そう思う　・　そう思わない　）

　2. 証言通りに青タクシーがひき逃げをした確率は何%くらいだと思いますか。数値で答えてください。（　　　　　）%

【解答】

　この場合は，次の4つのケースを考える必要がある。

　①緑タクシーが犯人で，証言も緑タクシーの場合（確率0.85×0.8=0.68）

　②緑タクシーが犯人で，証言は青タクシーの場合（確率0.85×0.2=0.17）

　③青タクシーが犯人で，証言も青タクシーの場合（確率0.15×0.8=0.12）

　④青タクシーが犯人で，証言は緑タクシーの場合（確率0.15×0.2=0.03）

「目撃者の証言は青タクシー」のケース（②と③の合計の確率）のうちで，実際にも青タクシーが犯人であるケース（③の確率）がどれくらいありうるかを考える。計算は，次のようになる。

$$\frac{③のケースの確率}{②のケースの確率＋③のケースの確率} = \frac{0.12}{0.29} \fallingdotseq 0.41$$

【解説】

　トヴェルスキーとカーネマンがこの「タクシー問題」を実施した結果では，多くの人が50%より大きい確率の値を回答している[1]。つまり，青色タクシーが犯人である可能性が高いと考える傾向がある。

　数学的には条件確率についてベイズの定理を使って解くと41%となる（解答）。青色タクシーがひき逃げをした確率は50%よりも低く，実際は緑色タクシーが犯人である確率が高い。この例は，「ベース・レートの無視」とよばれている。

◎ **column 引用文献** ┄┄┄

① Tversky, A., & Kahneman, D. (1982). Evidential impact of base rates. In D. Kahneman, P. Slovic, & A. Tversky (Eds.) *Judgement under uncertainty: Heuristics and biases*. New York: Cambridge University Press.

第 **6** 章

覚えるこころ——記憶

 記憶の仕組みや過程について理解しよう。
忘却や健忘がなぜ起きるかを理解しよう。

1. 記憶の過程

　心理学で記憶という場合には，単に「覚える」ことだけを意味するのではない。覚え，それを保存しておき，そして思い出すといった一連の過程である。覚えこむ過程を**記銘**，記銘したものを保存しておく過程を**保持**，思い出す過程を**想起**という。情報処理システムになぞらえて，それぞれの過程を符号化，貯蔵，検索ともいう。記銘（符号化）は，情報を取りこむ過程であり，「覚える」過程である。覚えた情報はたくわえられていないといけない。この過程が保持（貯蔵）である。そして保持されている情報は必要なときに取り出さなくてはならない。この取り出す過程，いいかえると，思い出す過程が想起（検索）である（図6-1）。

　想起の方法には，再生法と再認法がある。**再生法**は，記銘した情報をそのまま再現する方法である。再生手順として自由再生や手がかり再生などがある。自由再生とは，再生する手がかりがない状態で，記銘した順番を問わず思い出しやすい順に自由に再生する方法である。手がかり再生とは，記銘した項目の一部を手がかりにして思い出す方法である。**再認法**とは，与えられた情報が記銘した内容と同一かどうか判断する方法である。客観式テストでの○×式の問題や，用意された選択肢の中から選ぶ問題は再認法での問い方である。一般的に再生法よりも再認法のほうが容易であるとされている。

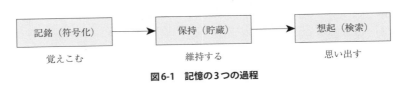

図6-1　記憶の3つの過程

2. 記憶の構造

　記憶は3つの構造からなると考えられている。外界からの情報は，感覚器官に取り入れられ，一時的に感覚記憶の中に登録される（感覚については第2章を参照）。感覚記憶での持続時間は非常に短い。視覚的情報[1]では1秒以内，聴覚

1) 視覚情報の感覚記憶はアイコニックメモリーという。

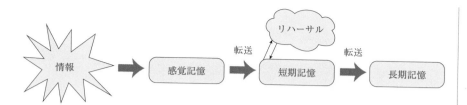

図6-2　記憶の貯蔵庫モデル

表6-1　3つの記憶システム (Morgan, et al., 1979, 山内・春木, 1985) [3]

	感覚登録器	短期貯蔵庫	長期貯蔵庫
持続時間	視覚的入力：約1秒まで 聴覚的入力：約5秒まで	約30秒間，多くの要因によって変化する	数日，数カ月，数年あるいは一生にわたる
記憶の容量	比較的大きい―少なくとも16項目，だがもっと多いかもしれない	比較的小さい―約7項目か，あるいは最適条件下では7チャンク	非常に大きい―限界はなし
転送過程	注意：注意を向けられた項目は短期貯蔵庫へ送られる	リハーサル：リハーサルを受けた項目は長期貯蔵庫へ送られる	
貯蔵される情報の種類	入力情報のコピー	音，視覚的イメージ，単語，そして文	主として有意味な文，日常生活での出来事，諸概念，イメージ，意味記憶とエピソード記憶
情報が消失する主な原因	痕跡の衰退	新しい入力情報によって旧情報が置き換えられること	不完全な体制化あるいは不適切な検索（探査）方略，干渉

3) Morgan, C. T., King, R., & Robinson, N. M. (1979). *Introduction to psychology*. (6th Ed.) New York: Mcgraw-Hill.（山内光哉・春木豊（共編）(1985). 学習心理学―行動と認知　サイエンス社）

的情報[2]で5秒以内である。この感覚記憶では刺激の特徴が分析され，注意を向けた一部の情報が**短期記憶**に転送される。短期記憶の情報は，**リハーサル**がなされることにより，短期記憶での持続時間を長くし，**長期記憶**に転送される（図6-2，表6-1）。

2) 聴覚情報の感覚記憶はエコイックメモリーという。

2.1. 短期記憶とワーキングメモリ

　感覚記憶で注意を向けられた情報は，短期記憶に転送される。ここでの持続時間はそれほど長くなく数十秒程度といわれており，何もしないと消失してしまう。例えば授業中に教室内で誰かがペンを落としたとしよう。一瞬その学生に注意を向け，「○○さん，ペンを落としたな」と思うが，しばらくたつとその事実を忘れている。ミラーによれば，短期記憶の容量は，**7±2チャンク**[4]といわれている[5]。例えば，「ＷＡＴＥＲＤＯＧＴＲＥＥＣＡＴ」という一連のアルファベットは15文字あり，7±2の範囲以上であるため，一度に記憶することは難しい。しかし，これらのアルファベットが「ＷＡＴＥＲ」「ＤＯＧ」「ＴＲＥＥ」「ＣＡＴ」という単語になっていることに気づけば，4つのまとまり，つまり4チャンクであるため，短期記憶に留めておくことができる。

　短期記憶の情報は，リハーサルによって，長期記憶に転送される。リハーサ

4) チャンクとは，塊のことであり，「まとまり」を意味する。7±2は可能な限りの記憶方略を用いた場合であり，記憶方略が用いられなかったときは，4程度であると考えられている。

5) Miller, G. A. (1956). The magical number seven, plus or minus two: Some limits on our capacity for processing information. *Psychological Review*, **63**, 81-97.

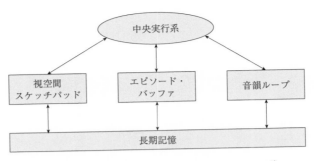

図6-3　ワーキングメモリ（Baddeley, 2000に基づいて作成）[8]

ルには，音韻的に反復し情報を維持する維持リハーサルと，何らかの精緻化を行いながら反復する精緻化リハーサルがある。大学生が試験のために用いる記憶方略は，声に出して読む，繰り返して書くなど，視覚・聴覚・運動を用いて反復練習を行う維持リハーサルが多い。また語呂合わせや頭文字法[6]などの精緻化リハーサルも，年号や単語などを覚えるために比較的よく使われている。

6) 記銘項目の頭文字を並べて意味のある語にする方法。

　短期記憶と類似した概念である**ワーキングメモリ**（作動記憶）は，計算や推論，会話，読書などの認知機能を遂行するために一時的に必要となる記憶である。ワーキングメモリのモデルの中で，広く知られているのがバッデリーのモデルである[7][8]（図6-3）。このシステムは，聴覚的な情報を保持する**音韻ループ**と，視覚的・空間的情報を保持する**視空間スケッチパッド**と，複数の情報の統合された表象を保持する**エピソード・バッファ**からなるとされている。またこれらの情報を保持するシステムに加えて，情報を管理・制御する**中央実行系**というシステムが想定されている。

7) Baddeley, A. D. (1990). *Human memory: Theory and practice*. Boston, MA: Allyn & Bacon.

8) Baddeley, A. D. (2000). The episodic buffer: A new component of working memory? *Trends in Cognitive Sciences*, **4**, 417-423.

2.2. 長期記憶

　長期記憶は半永久的な記憶であり，記憶できる容量にも制限がないと考えられている。長期記憶には，言語的に表現することが容易な**宣言的記憶**と，言語化が難しい**手続き的記憶**がある。

　宣言的記憶には，**意味記憶**と**エピソード記憶**がある。意味記憶は，一般的な知識や事実についての記憶である。エピソード記憶は，いつ，どこで，何をしたかという個人の経験のことをさす。「昨日はハンバーグを食べた」，「去年の夏休みは，ハワイに行った」といった記憶である。過去の出来事のうち，特に自分にかかわる記憶を**自伝的記憶**という。自伝的記憶は，視覚，聴覚，嗅覚などの感覚や，喜怒哀楽といった感情をともなって想起される。

　手続き的記憶は，自転車の乗り方，泳ぎ方など，行動の方法に関する記憶であり，スポーツのコツや物事の手順についての記憶はこれにあたる。

2.3. 系列位置効果

単語を1つずつ呈示して記憶しても
らい，記憶した直後に自由に再生して
もらうと，リストの最初と最後の方の
単語の記憶成績（再生率）がよくなり，
中盤の単語の記憶成績は悪くなる。こ
のような刺激の呈示順（系列位置）が
成績に影響を及ぼす効果を**系列位置効
果**という。最初の方で呈示した単語の

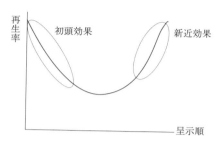

図6-4　系列位置効果

再生率が高くなることを**初頭効果**という。リハーサルの回数が多くなることで，
情報が長期記憶に移行しやすいために起こると考えられる。最後の方で呈示し
た単語の再生率が高くなることを**新近効果**という。短期記憶に情報が残ってい
るうちに再生するために起こると考えられる。

2.4. 展望的記憶

過去のことを覚えているということばかりでなく，現在よりも先の未来の出
来事を展望し，予測や計画を立てるための**展望的記憶**もある。未来に関する記
憶ということで，**未来記憶**ともいう。トイレットペーパーを購入しようと買い
物に出かけたのに，うっかり買い忘れるということもある。こうした「し忘れ」
現象は，非習慣的で，しかも特別ではない行為，「ものをもっていく」，「もの
を買う」，「連絡する」といったことについて生じやすい[9]。

3. 忘却

なぜ一度記憶したものを忘れてしまうのだろうか。一度記憶したものを思い
出すことができないことを**忘却**という。

3.1. 忘却の原因

忘却の原因に関する代表的な説には，干渉説，検索の失敗がある。
干渉説は，古い情報と新しい情報が干渉しあって，忘却が起こるという説で
ある。古い情報と新しい情報が似ているほど干渉が起こりやすくなる。**順向干
渉**は，最初に覚えた古い情報のせいで，新しい情報をなかなか記銘できない，
あるいは想起できないというケースである。**逆向干渉**は，新しい情報を記銘し
たために，古い情報が想起できないといったケースである。
忘却は記憶の消失ではなく，想起すべき情報の検索に失敗した結果であると

9) 小谷津孝明・鈴木栄幸・
大村賢悟(1992)．無意図的
想起と行為のしわすれ現象
安西祐一郎・石崎俊・大津
由紀雄・波多野誼余夫・溝
口文雄編　認知科学ハンド
ブック　共立出版　pp.
225-237.

いう考え方もある。長期記憶内には多くの情報が保持されているが，それを探し当てることができないということである。

　また，完全に忘れてしまったわけではないが，知っているはずのことばが出てこない，顔は知っているのになかなか名前が出てこないといった「のどまで出かかる現象」も起こる。思い出すためのヒント（検索の手がかり）が不適切であるためと考えられている。

3.2. 忘却曲線

　エビングハウス[10]は，無意味綴り（意味のない綴り）のリストを記銘してから，20分後，1時間後，9時間後，31日後に繰り返し再学習し，最初の学習成立時間と再学習にかかった時間の差から節約率を算出する方法によって，どれだけ忘却が起こるのかの実験を行った[11]。図6-5にあるように，20分後には約60％まで節約率が低下している。記銘してから短期間で忘却されるということがわかる。

10）エビングハウス（Ebbinghaus, H., 1850-1909）：ドイツの心理学者。フェヒナーの『精神物理学要論』に影響を受け，記憶の測定に関する研究を行った。節約法や再学習法などを開発し，無意味綴りを用いて自分自身を対象とした実験を行い，忘却曲線を発見した。

11）Ebbinghaus, H. (1885). *Über das Gedächtnis: Untersuchungen zur Experimentellen Psychologie.* Leipzig, Germany: Duncker und Humboldt.（宇津木保（訳）(1978). 記憶について　誠信書房）

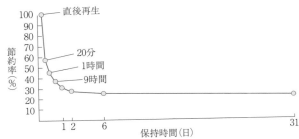

図6-5　エビングハウスの忘却曲線（Ebbinghaus, 1885に基づいて作成）[11]

4．記憶の障害

　記憶は，健康な日常生活を送るうえで必要不可欠なものであり，記憶に障害があると日常生活に多くの支障をきたす。記憶の障害の主な症状として**健忘症**と**認知症**がある。健忘症は基本的に記憶の障害のみがみられるが，認知症では記憶の障害とともに，注意，思考，言語といった認知機能全般で障害がみられる。

　健忘症には，器質性健忘と心因性健忘とがある。器質性健忘は，脳に障害があることが原因で健忘症状が現れる。海馬を中心とした組織が損傷を受け記憶障害が起こる側頭葉性健忘，ビタミンB1の欠乏を背景として発症するウェルニッケ脳症が原因であるコルサコフ症候群，クモ膜下出血が原因で前脳基底部に損傷がみられる前脳基底部健忘などがある。損傷部位によって違いもあるが短期記憶や手続き的記憶の低下は顕著ではなく，発症後に起こった新しい出来事についての記銘できない順向性健忘と，発症前に起こった出来事について想起できない逆向性健忘がみられることが多い。心因性健忘は，脳に損傷はみられず心的ストレスなどが原因で発症するが，症状や特徴は個人差が大きい。

心理学小実験〈一度にどれだけ記憶できるか〉

第6章で述べた短期記憶の記憶容量を，数字を用いた簡単な実験によって調べてみよう。

【方法】

①2人でペアになる。1人が実験者となり，もう1人が参加者となる。

②実験者は次のように教示する。「これからある数字を言います。よく注意して聞いてください。私が言い終わって『はい』と言ったら，私に続いてその数字を言ってください。」

③実験者は，表にあるようなリストを用いて，数字を読み上げる。2回の試行のうち，1回以上正答したら桁を上げていく。

注）数字は1秒1つのペースで読み上げること。実験者がその問題を読み終えたら，約1秒の間をおいて「はい」と促す。読み上げる際に，抑揚や音程をつけないように注意する。

【結果】

正答した桁数を確認する。

さて何桁まで正解しただろうか。短期記憶の容量の「7±2」の範囲であっただろうか。

表　数字の復唱テストの問題リストの例

4桁の問題リスト	①2－7－6－9 ②8－5－2－3
5桁の問題リスト	①3－6－7－9－5 ②6－3－1－6－5
6桁の問題リスト	①5－3－8－7－1－2 ②2－7－3－5－9－8
7桁の問題リスト	①9－5－3－7－6－4－8 ②1－4－2－1－5－6－9
8桁の問題リスト	①7－2－5－3－9－8－6－1 ②2－7－3－6－3－1－9－4
9桁の問題リスト	①7－9－1－3－5－8－4－2－6 ②8－6－9－5－7－2－1－8－3
10桁の問題リスト	①1－8－4－3－2－9－3－4－6－5 ②4－9－3－7－1－6－8－2－5－7

第7章

喜怒哀楽のこころ──感情

学習
目標

感情のさまざまな理論を知ろう。
どのようなメカニズムで感情が発生するのかを理解しよう。

1. 感情とは

　私たちは，日常生活の中で，喜んだり，悲しんだり，怒ったり，さまざまな感情をもつ。感情に関する用語には，喜怒哀楽などの激烈で一過性の感情を示す**情動**，情動のさらに激しいものを意味する**熱情**，持続的な感情状態を示す**気分**，文化的価値への希求の感情を示す**情操**などがあるが，厳密には区別できない。ここでは，最も包括的な**感情**ということばを統一して用いる。

2. 感情のさまざまな理論

2.1. 発達の観点

　ブリッジスは，**個体発生的観点**から，生後間もない頃は人間の感情は単なる

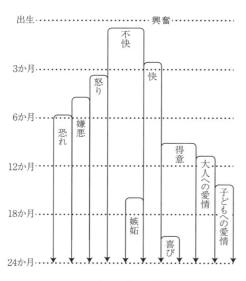

図7-1　ブリッジスの感情の発達
(Bridges, 1932に基づいて作成)[1]

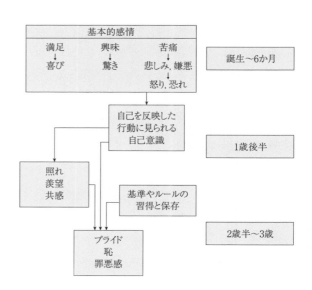

図7-2　ルイスの感情の発達（Lewis, 1993に基づいて作成)[2]

興奮状態であるが，しだいに快と不快に分化するとした[1]。さらに快感情が喜びや愛などに，不快感情が怒りや嫌悪などの感情へと分化していくと考えた（図7-1）。

　ルイスは，ブリッジスが指摘したよりももっと早い時期に，喜び，興味，驚き，悲しみ，怒り，嫌悪，恐れといった**基本的感情**はすべてそろうとしている[2]（図7-2）。これらを**一次的情動**とよぶ。また，2〜3歳に現れる恥，プライド，罪悪感といった感情を**二次的情動**とよんでいる。

2.2. 進化適応的観点

　人が危険を回避し，危機を克服するために必要な生理的な準備状態（レディネス）に起源を発するもので，感情は，適応上必要なものであると考える立場である。

　プルチックは，基本的な8つの感情（怒り，嫌悪，悲しみ，驚き，恐れ，受容，喜び，期待）を一次的感情とし，これらの強度との組み合わせによってさまざまな混合感情が作り上げられるとしている[3]。図7-3の感情多次元模型の各断面はそれぞれ異なる感情をあらわしている。縦軸は感情の強度をあらわしており，上のほうが強い感情，下のほうが弱い感情である。また，隣接した感情は類似した感情である。

　戸田は，進化的視点から，感情は，野生環境において生存することにとって非常に適応的であるとして，**アージ理論**を提唱し，感情を迅速な環境適応のための機構であるとみなしている[4]。例えば，「恐怖」という感情によって，逃走や避難という行動が生じる。しかし文明が発達した現代では，このシステムは有効に機能しないことも指摘されている。

1) Bridges, K.M.B. (1932). Emotional development in early infancy. *Child Development*, **3**, 324-341.

2) Lewis, M. (1993). The emergence of human emotions. In M. Lewis & J. M. Havilland (Eds.), Handbook of emotions. New York: Guilford Press. pp. 223-235.

3) Plutchik, R. (1980). A general psychoevolutionary theory of emotion. In R. Plutchik & H. Kellerman (Eds.), *Emotion: Theory, research, and experience*: Vol.1. Theories of emotion, New York: Academic. pp.3-33.（浜治世（編）(1981). 現代基礎心理学8　動機・情緒・人格　東京大学出版会 pp.145-161.）

4) 戸田正直 (1992). 感情──人を動かしている適応プログラム　東京大学出版会

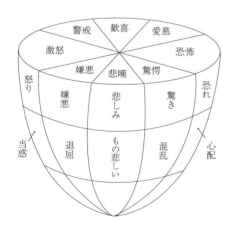
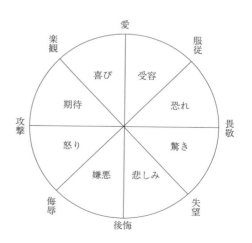

図7-3　プルチックの多次元模型の図（Plutchik，1980に基づいて作成）[3]

2.3. 社会的構築主義の観点

5）例えばAverill, J. R. (1980). A constructivist view of emotion. In R. Plutchik & H. Kellerman (Eds.), *Emotion: Theory, research, and experience*: Vol.1. Theories of emotion, New York: Academic Press. pp. 305-339.

進化適応的な観点と異なり，感情は人が社会化される中で獲得されていくものであるとする立場が社会的構築主義である。感情は，プルチックが提唱したような基本的な感情といった固定的なものではなく，社会的な価値観によって変化するものであるとされている[5]。

3. 感情の発生

3.1. ジェームズ＝ランゲ説

6）ジェームズ（James, W., 1842-1910）：アメリカの哲学者，心理学者。ハーバード大学教授，アメリカ心理学会会長を務めた。

7）James, W. (1884). What is an emotion? *Mind*, **9**, 188-205.

8）ランゲ，C. G（Lange, C. G., 1834-1901）はオランダの生理学者。

ある刺激が大脳に伝えられることによってさまざまな筋肉運動反応や身体的変化が引き起こされ，その結果感情が発生するという説である。例えば，熊を見たとき，まず逃げるという身体反応が生じ，あとから「ああ，恐かった」と思うことがあげられる。ジェームズ[6]は，「泣くから悲しいのであり，殴るから腹が立つのであり，震えるから恐ろしいのである」と述べている[7]。この説は同様の説を唱えたランゲ[8]とのふたりの名からジェームズ＝ランゲ説とよばれる。また末梢起源説ともよばれる。

3.2. キャノン＝バード説

9）キャノン（Cannon, W. B., 1871-1945）：アメリカの生理学者。

10）Cannon, W. B. (1927). The James-Lange theory of emotions : A critical examination and an alternative theory. *American Journal of Psychology*, **39**, 106-124.

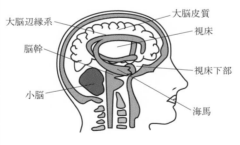

図7-4　キャノン＝バード説に関連する脳の部位

眼や耳などの感覚器官からの情報は，視床経由で大脳に伝わり，自律神経系の興奮となって感情を体験する。その一方で視床の興奮は，筋肉運動反応や身体的変化も引き起こす。キャノン[9]は，動物実験の結果から，視床が感情発生に重要であるという説を提唱した[10]。キャノン＝バード説は，感情発生の中枢であるという考え方から感情の中枢起源説ともよばれる。現在では，視床下部や大脳辺縁系，海馬など（図7-4）も感情の発生に関与していることが明らかにされている。

3.3. シャクター＝シンガー説

シャクター＝シンガー説は，感情経験は，生理的反応だけでなく，その生理的反応についての認知的解釈がかかわっているという考え方である。シャク

ターとシンガーの実験では，ビタミン剤が視覚に与える影響を検査するという名目で，大学生にアドレナリン[11]か，生理食塩水が注射された[12]。そして，1つめの群の実験参加者には，アドレナリンの副作用は顔が赤くなるという正しい情報が与えられた。2つめの群には，副作用として頭痛やかゆみが起こるといった誤った情報が与えられた。3つめの群には副作用の情報は何も与えられなかった。視覚の検査までの間，実験参加者は，非常に楽しそうに振る舞うか，あるいは怒っているように振る舞う実験協力者がいる部屋に入れられた。その後，実験参加者は実験協力者と同じ感情を経験するかどうかが調べられた。その結果，間違った情報を与えられた群は，最も実験協力者に同調して，実験協力者の行動と類似した感情経験を報告した。また，正しい情報を与えられた群は，最も実験協力者に影響されなかった。この結果から，シャクターは，感情の質は，生理的変化と認知的評価の両方によって決定されると考えた。このような説を**感情の二要因説**という。

3.4. ラザラス説

　シャクター＝シンガー説よりも認知的解釈を重要視した説である。ラザラス[13]によれば，感情が生じる際に2つの認知的評価があるという[14]。1つめは，ある状況が自分にとって有害か有益か，その種類と程度を評価する一次的評価である。2つめは，その状況に対してどのように対処するかを評価する二次的評価である（第29章の図29-1参照）。この2つの評価がさまざまな個人的世界の意味と結びつくことで感情が生まれるとする考え方である（表7-1）。

表7-1　ラザラスによる感情の分類（Lazarus, 1991；谷口, 2002に基づいて作成）[14] [15]

怒り	自分や家族に対する品のない攻撃
不安	不確定な存在に関する恐れに直面すること
驚き	直接の具体的で圧倒的な身体的危機に直面すること
罪悪感	道徳規範を犯したこと
恥	理想自己に従って行動することに失敗したこと
悲しみ	取り返しのつかない喪失を経験したこと
妬み	他の人がもっているものを欲しがること
やきもち	他者の愛情の喪失やその恐れに対して第三者を恨むこと
嫌悪	不愉快な対象や観念に取りつかれたり，近づきすぎたりすること
幸福	目標の実現に向けてうまくいっていること
誇り	価値のある対象や達成を自分自身や仲間のグループや，グループの誰かの手柄にして自我同一性を高めること
安心	ひどく思い通りにいかない状況が良い方向に変化したり去ってしまったこと
希望	最悪を恐れ，良い方向を切望すること
愛	愛情を望み，また共にすること，通常必ずしも報われるとは限らない
同情	他者の苦しみに動かされ助けたいと思うこと

11) 副腎髄質から分泌されるホルモンの一種。交感神経の作用が高まると分泌され，血糖量の上昇，心拍数の増加などが生じる（第1章参照）。

12) Schachter, S., & Singer, J. (1962). Cognitive, social, and physiological determinants of emotional state. *Psychological Review.* **69**, 379-399.

13) ラザラス（Lazarus, R. S., 1922-2002）：アメリカの心理学者。カリフォルニア大学バークレー校教授。

14) Lazarus, R. S. (1991). *Emotion and Adaptation.* New York: Oxford University Press.

15) 谷口高士（2002）. 感情と認知をめぐる研究の過去・現在・未来　高橋雅延・谷口高士（編著）感情と心理学——発達・生理・認知・社会・臨床の接点と新展開　北大路書房　pp. 8-97.）

4. 感情の表出

4.1. 外面的表出

16) エクマン (Ekman, P., 1934-)：
アメリカの心理学者。カリ
フォルニア大学サンフランシ
スコ校教授。

17) Ekman, P. & Friesen, W.V.
(1976). *Pictures of facial af-
fect.* Palo Alto, CA: Consult-
ing Psychologist Press.

18) Schlosberg, H. (1952).
The discription of facial
expressions in terms of two
dimensions. *Journal of
Experimental Psychology*, **44**,
229-237.

19) Schlosberg, H. (1954).
Three dimensions of emo-
tion. *Psychological Review*,
61, 81-88.

エクマン[16]とフリーセンは，感情を表出した顔写真から正しく認識できる表情として，幸福，悲しみ，怒り，驚き，嫌悪，恐れの6種類をあげている。また，エクマンらは欧米やアジア諸国などさまざまな地域で，幸福，悲しみ，怒り，驚き，嫌悪，恐れの6種類の表情の写真を見せ，表情を判断するという研究を行った[17]。その結果，表情認識には文化を超えた普遍性があることが示されている。しかしそれぞれの文化の価値観や環境を反映した文化差が存在するという指摘もある。また，生後6か月くらいで喜び，怒り，驚きといった基本的な表情の識別が可能となる。

シュロスバーグは，「快-不快」「注目-拒否」の2次元による表情モデルを提唱した[18]。例えば，嫌悪は不快・拒否の象限上に，恐怖は不快・注目の象限上に配置されている（図7-5）。後に，「緊張—睡眠」の次元が加えられている[19]。

こうした表情以外に，感情表出としては，声の調子や話し方，全身運動などもある。

図7-5　表情写真の評定の円形尺度 (Schlosberg, 1952 に基づいて作成)[18]

4.2. 内面的表出

感情は，皮膚，循環器系，呼吸器系，消化器系，排泄系，内分泌系にさまざまな生理的変化を生ずる。皮膚についての生理的変化は，皮膚電気反応によって，皮膚に流された電流に対する抵抗の程度で測定される。循環器系の生理的変化は，心拍数，心電図，血圧などで測定される。緊張したとき，驚いたときには，心拍数の増加がみられる。呼吸器系では，驚いたときに呼吸を止める，退屈なときにあくびが出るといった状態がみられる。消化器系では，怒りや恐怖から緊張が生じ，のどが渇く状態がみられる。排泄系も同様に，感情と関連して排尿がみられることがある。

迷うこころ

・・

　日常生活の中で，「これもしたいけど，あれもしたい」などと迷うことがよくある。このように，2つ以上の欲求が存在し，そのうちどの対象を選択してよいか迷っている状態を**コンフリクト**あるいは**葛藤**という。レヴィンは，対象が人を引きつけたり避けたりする性質を誘意性とよび，コンフリクトを3つに分類している[1]。

　（1）接近－接近のコンフリクト

　プラスの誘意性をもった接近したい（惹きつけられる）2つ以上の選択肢があり，どちらを選ぼうか迷う状態である。例えば，卒業旅行の行き先をヨーロッパにするか，アメリカにするかで迷っている状態や，同時に2人から告白されてどちらの人とつきあおうか迷っている状態である。しばらくはどちらを選択してよいか躊躇するが，思いきって決めてしまえば葛藤は解消される。

　（2）回避－回避のコンフリクト

　マイナスの誘意性をもった回避したい2つ以上の選択肢があり，どちらからも逃れたいが，逃れられない状態である。例えば，試験勉強はしたくないが単位を落とすのは嫌だという状態や，運動はしたくないけど太るのも嫌だという状態である。なかなか葛藤から抜け出せず，**逃避**が生じやすい。また，一度選択しても不快感が増加し，葛藤状態に戻る場合もある。

　（3）接近－回避のコンフリクト

　1つの対象に対して，プラスの誘意性とマイナスの誘意性の両方が並存している状態である。または，マイナスの状態を通過しなければ，プラスの状態に到達できない状態である。例えば，タバコは健康のためにはよくないが吸いたい，運動はしたくないがやせたい，手術をするのは怖いが手術をすれば健康になれるといった状態である。プラスとマイナスの強度が同等であるほど，なかなか選択できない。

◎ **column 引用文献** ・・・
① Lewin, K. (1935). *A dynamic theory of personality.* New York: McGraw-Hill.（相良守次・小川隆（訳）(1957)．パーソナリティの力学説　岩波書店）

第 **8** 章

やる気をだすこころ──動機づけ

学習目標 動機づけとは何かについて理解しよう。
代表的な動機づけの理論について理解しよう。

1. 動機づけとは

　私たちは，お腹が空いたときには何か食べものを探そうとする。興味のあることや知りたいことがあれば，インターネットで検索したり，本を読んで調べたりしようとする。つまり，私たちは何かしたいと思うとそれに向けて行動をする。**動機づけ**とは，人がある目標に向かって行動を開始し，それを維持しようとする一連のプロセスのことをさす。一般的なことばでは，「やる気」が動機づけに近いと考えてよいだろう。動機づけを高めるものは，生理的欲求や好奇心など人間の内部からの要因と，他者からの影響など環境といった外部からの要因の両方が考えられる。

2. マズローの欲求階層説

　欲求とは，何かをしたいと思うことであり，人を行動に駆り立てる内部からの要因である。マズローは，人間の欲求は，低次の欲求がある程度満たされたうえで高次の欲求が重要性をもちはじめるというように，階層的な構造をもつと述べた[1]。これを**欲求階層説**という。

　欲求の階層には，まず生存に必要な飢えや乾き，睡眠などを満たそうとする生理的欲求があり，その上には生命が危機にさらされない環境を求める安全・安心の欲求がある。そして家族，友人，集団との愛情や親密さに満ちた関係性を求める所属と愛の欲求があり，さらに高次には価値のある人間として認められたいという承認の欲求がある。マズローは，これらの欲求はそれが欠如した場合には主観的に，「何か足りないという意識的，無意識的な憧れおよび願望，欠陥ないし欠乏の感じ」が生じるという。そして「これらの欲求は有機体において本質的に欠けているいわば虚ろな穴であり，それは健康のために満たされなければならず，しかも主体以外の人間によって外部から満たされなければならない」として，これらの欲求を**欠乏欲求**とよんだ。

　これらの欠乏欲求がある程度満たされた人間は外的な圧力からは独立的となり，さらに高次の欲求を求める。これは彼ら自身の内的なもの（可能性，能力，

1) Maslow, A. (1970). *Motivation and personality*. New York: Harper & Row. (小口忠彦 (監訳) (1987). 人間性の心理学──モチベーションとパーソナリティ 産業能率大学出版部)

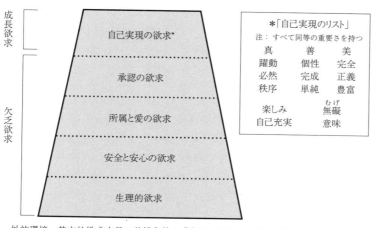

図8-1 マズローの欲求階層説
(Goble, 1971；廣瀬ほか，2009に基づいて作成)[3] [4] [5]

才能，潜在性，創造的衝動など）によって動かされるものであり，自己を知ろうとする欲求，さらに統合した一貫した自分になろうとする**自己実現**の欲求である（図8-1）。これをマズローは**成長欲求**とよんだ。この自己実現ということばは，ともすると自己中心的でわがままな存在であるかのようにとらえられるが，マズロー自身はこのような解釈を否定しており，自己実現をする人は「愛他的，献身的，自己超越的，社会的である」ということを著作の中で強調している[2]。

3) Goble, F. G. (1971). *The third force: The psychology of Abraham Maslow*. New York: Pocket Books. (小口忠彦（監訳）（1972）．マズローの心理学 産業能率大学出版部)

4) 廣瀬清人・菱沼典子・印東桂子 (2009)．マズローの基本的欲求の階層図への原典からの新解釈 聖路加看護大学紀要，**35**，28-36.

5) 基本的欲求を4つの欠乏欲求と成長欲求に区別し階層性を示唆した。

2) Maslow, A. (1968). *Toward a psychology of being*. New York: Van Nostrand Reinhold. (上田吉一（訳）（1979）．完全なる人間―魂のめざすもの 誠信書房)

3. 学習性無力感

何度も失敗を繰り返すと，自分なんてもうダメだ，という無力感に至ることがある。このような無力感はどのようなときに生じるのだろうか。

セリグマン[6]は，繰り返しコントロール不可能な不快な刺激にさらされ続けると，その後は不快な刺激を避けることのできる状況におかれても，自ら環境に働きかけて対処しようとしなくなることを**学習性無力感**とよび，イヌを用いた以下のような実験を行った[7] [8]。

8匹のイヌからなる3群がそれぞれ設定された。第1群と第2群には同じように電気ショックを与えられたが，実験に先行して行われた処理が異なっていた。第1群のイヌは，電気ショックを与えられたときにはそれを逃避するために鼻でパネルを押すように訓練された。つまり，この群は電気ショックを自分の力で止めることを訓練された群である。そして第2群は第1群と全く同じ回数，持続時間，パターンの電気ショックを与えられたが，電気ショックを自分の力で回避できない経験を与えられた群である。そして第3群は電気ショックを与えられない群である。

この実験をしばらく続けたあと，24時間後に，今後は3群とも，電気ショッ

6) セリグマン (Seligman, M. E. P., 1942-)：アメリカ・ニューヨーク出身のペンシルバニア大学教授。初期はうつ病や学習性無力感の研究に従事していたが，近年は人間のポジティブな面に注目するポジティブ心理学を提唱した。

7) Seligman, M. E. P. & Maier, S. F. (1967). Failure to escape traumatic shock. *Journal of Experimental Psychology*, **74**, 1-9.

8) Seligman, M. E. P. (1975). *Helplessness : On depression, development, and death*. San Francisco: W. H. Freeman and Company. (平井久・木村駿（監訳）（1985）．うつ病の行動学―学習性絶望感とは何か 誠信書房)

クを自力で止めることのできる環境におかれた。つまり、第1群と同じ環境に3群すべてのイヌがおかれたのである。その結果、第1群と第3群は同様の反応をしたが、第2群のイヌの反応は違っていた。

　電気ショックから回避できることを学習していた第1群と、電気ショックを経験していなかった第3群のイヌは、電気ショックを与えられたときにはすばやく電気ショックを回避する反応をした。しかし、自分の力で電気ショックを止めることができない経験をした第2群のイヌは電気ショックから逃れることができる状況にあるのに、8匹中6匹のイヌが電気ショックを回避するために何かをしようとせず、全く逃げようとしなかった。つまり、不快な刺激に対して何もできない状況を繰り返し経験した結果、無力感を学習してしまったといえる。セリグマンらは共同研究者との一連の研究で、人を対象にした研究（嫌悪的な騒音をボタンで回避できる群と回避できない群）でも同様の無力感の学習が生じることを見いだしている[9]。

　なぜ学習性無力感が生じるのか。セリグマンは**結果と行動の非随伴性**が重要であると考えている。自分のとった行動が結果に結びつかない（非随伴性）という経験をすると無力感に陥る。自分がいくら努力しても何の成果も出ないという経験を繰り返すと学習する意欲を失ってしまう。この理論はその後、抑うつ（第28章参照）のメカニズムを理解するための理論として展開していった[10]。

9) Hiroto, D. S., & Seligman, M. E. P. (1975). Generality of learned helplessness in man. *Journal of Personality and Social Psychology*, **31**, 311-327.

10) 大芦治 (2004). 動機づけ研究の臨床的展開——学習性無力感，絶望感に関する近年の研究動向　上淵寿（編著）動機づけ研究の最前線　北大路書房　pp.146-170.

4. 自己決定理論

　絵を描くのが好きだから絵の勉強をするなど、行動の理由が自分の中にある動機づけのことを**内発的動機づけ**とよぶ。このような行動は継続されやすい。

　一方、他者からの賞罰など、外的な要因によって動機づけられるものを**外発的動機づけ**とよぶ。親に何か買ってもらいたいから（報酬を求める）、先生にしかられたくないから（罰を避ける）などの理由の行動は、外的な条件の変化によってやるかやらないかが左右されやすい。例えば、親にしかられるから勉強するという場合、親がしからなくなると、勉強をやる気がしなくなってしまう。

　ライアン[11]とデシ[12]は、外発的動機づけが内発的動機づけへとつながっていく様子を自分のことを自分で決めるという自己決定の程度から説明した**自己決定理論**を示している[13]（図8-2）。怒られるからやるというような、はじめは他者から外的に促されてはじまった活動が、行動の価値を認めて自分でやらなければならないといった義務的な感覚をもつようになり（取り入れ的）、自分にとって重要だからやるといった積極的な理由へと変わる（同一視的）。さらに活動の価値が高まると、価値観が内在化され、自分がその活動を選択して行っているという段階になる（統合的）。

　どのような活動においても、やる気が自然とわき、自分がやりたいからやるという内発的動機づけによって行うことができれば理想的だろう。内発的動機

11) ライアン (Ryan, R. M., 1953-)：アメリカ出身。ロチェスター大学を経て現在は、オーストラリア，カトリック大学教授。彼らの自己決定理論は心理学の枠を超えて、教育、医療、スポーツ、精神療法など多分野にわたる研究が行われている。

12) デシ (Deci, E. L., 1942-)：アメリカ出身。ロチェスター大学教授。

13) Ryan, R. M. & Deci, E. L. (2000). Intrinsic and extrinsic motivations: Classic definitions and new directions. *Contemporary Educational Psychology*, **25**, 54-67.

非自己決定的 ← → **自己決定的**

| 動機づけなし | 外発的動機づけ | 内発的動機づけ |

無力状態　外的　取り入れ的　同一視的　統合的　内発的

図8-2　自己決定の程度による動機づけの分類
(Ryan & Deci, 2000；藤田, 2007に基づいて作成) 13) 15)

づけの促進・抑制に関する研究によると, 当初の興味が低いものに取り組む場合は外的報酬が内発的動機づけを高める効果をもつという[14]。その際には, 外的報酬が多いか少ないかという量は重要ではなく, 報酬の質が重要であり, 金銭的報酬に比べて, ほめるといった言語的報酬のほうが内発的動機づけを高める。しかし, もともと興味の高い課題の場合には, 外的な報酬を与えられると, 内発的動機づけが逆に低下してしまう抑制効果をもつため, 子どもが自発的にはじめた活動に対して報酬を与えることは避けたほうがよい (column8参照)。

14) 鹿毛雅治 (1994). 内発的動機づけ研究の展望　教育心理学研究, **42**, 345-359.

　さらに, 内発的動機づけを高めるために有効なのは, 自己選択の機会を与えることである[15]。「あなたは, こうしたほうがよい」などと, 外からの期待を強制するような働きかけよりも, 本人の意思によって目標を選択する機会をもたせることは, 行動に対する責任感を高め, やる気を持続させる。

15) 藤田哲也(編著)(2007). 絶対役立つ教育心理学──実践の理論, 理論を実践　ミネルヴァ書房

5. ドゥエックの理論

　困難に直面したときに, 能力がないからできないと考えるのと, 努力すればできると考えるのと, どちらがやる気につながるだろうか。ドゥエック[16]は, 能力（例えば知能）をあらかじめ決められた固定したものとしてとらえる考え方を**固定的思考**とよび, 一方で, 能力は柔軟であり, 努力によって発達, 成長できるものとしてとらえる考え方を**成長的思考**とよんだ[17]。この思考の違いは, 努力に対する姿勢, 困難に直面したときの反応の違いとも関連している。固定的思考をもつ子どもは, 努力することに対して否定的であり, 困難に直面したときにすぐにあきらめる傾向にある。一方, 成長的思考の子どもは, 努力することに対して前向きであり, 困難に直面したときには努力によって克服しようとする傾向がある。

　ドゥエックと共同研究者のブラックウェルらは, ニューヨーク市の公立中学の7年生373名に対して, 知能に対する思考と数学の成績との関係を2年間にわたって調べた[17]。その結果, 7年生の春に測定した知能に対する思考の違いは, その後の成績の伸びに明らかな違いを生み出していた。固定的思考の生徒の成績はほぼ横ばいであったが, 成長的思考の生徒の成績は徐々に上昇し, 結果的に両者の差が開いていった（図8-3）。

　さらに彼女らは, 別の公立中学校の生徒91名（実験群48名, 統制群43名）に

16) ドゥエック (Dweck, C., 1946-)：スタンフォード大学教授。失敗を恐れてチャレンジを避ける子どもと, 「チャレンジが大好き」と失敗を恐れない子どもの違いに興味をひかれたのが研究の出発点であった。

17) Blackwell, L. S., Trzesniewski, K. H., & Dweck, C. S. (2007). Implicit theories of intelligence predict achievement across an adolescent transition: A longitudinal study and an intervention. *Child Development*, **78**, 246-263.

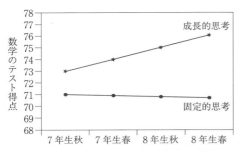

図8-3 成長的思考群（★）と固定的思考群（●）の成績の伸びの違い（Blackwell, et al., 2007に基づいて作成）[17]

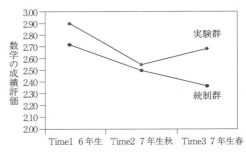

図8-4 成長的思考に関するプログラム介入後の数学の成績（Blackwell, et al., 2007に基づいて作成）[17]

対して成長的思考を促す介入を行い，数学の成績や授業中のやる気の変化について検討した。対象となった中学校は，貧しい生徒が大半を占め，全国テストの数学の平均スコアが低かった。実験において生徒たちは12～14名の群に分けられ，週に1回25分，8週間のプログラムを受けた。実験群はこのプログラムの中で，知能に対して成長的思考をもつように教えられた。具体的には，知能は固定的なものではなく，努力によって変えられるものであること，困難は努力によって乗り越えることができることなどを，脳科学の知見をふまえながら教えた。一方，統制群には記憶の仕組みや，彼らが興味をもっている学術的な問題についてのディスカッションを行った。

　プログラムの前後における変化を知るために，6年生のときの数学の成績をベースラインとして（Time 1），介入前の7年生のはじめ（秋）の成績（Time 2）と，介入後の7年生の学期末（春）の成績（Time 3）とを比較した。その結果，実験群の数学の成績は介入後に上昇していた（図8-4）。さらに担任教師に生徒の授業中のやる気の変化を評定してもらったところ，実験群の48名中13名の生徒において，やる気が肯定的に変化したと評価された。

　ドゥエックらの研究からは，大人（教師，親）からの働きかけによって子どもが知能に対して成長的思考をもち，やる気を高められることが示されている。特に子どもたちの思考に影響を与えるのは，親や教師から日常的に受ける言語的報酬，つまりほめられる経験であり，ドゥエックはどうほめるかが非常に重要であると述べている。例えば，子どもが素晴らしい絵を描いたときに，「あなたには素晴らしい才能がある。努力せずにこんなに描けるなんて天才！」など，能力や才能をほめられることは固定的思考を促し，子どもは失敗を恐れるようになる。一方，「前よりもたくさんの色を使えるようになったね！　これからももっと上手になれるよ」など努力をほめられ，成長を望まれた子どもは成長的思考をもち，失敗を成長のための挑戦としてとらえ，努力を続けるようになる。

　特に重要なのは，この実験からも示されたように，思考は変えられるという点である。もしも今の自分が固定的思考をもっていると感じたならば，成長的思考をもつように意識をしてみたらどうだろうか。

報酬がやる気を失わせるとき

・・・

　ごほうびなどの報酬を与えると，与えられた人の外発的動機づけを高める。したがって，興味や好奇心がわかない事柄に取り組ませるきっかけとして，報酬を与えるのは有効だろう。それでは，興味や好奇心によって行動が内発的に動機づけられているときに報酬を与えると，どうなるだろうか。

　デシは，大学生を対象に，この疑問を検討した[1]。実験の3つのセッションでは，実験者は，実験参加者にパズルを渡し，実験室内で自由に過ごしてよいと告げて8分間退出した。セッション1では，特別な指示は伝えなかった。セッション2では，半分の実験参加者には，「制限時間内に解答できたら，1ドルの報酬がもらえる」と伝えた（報酬あり条件）。残りの実験参加者には，特に何も伝えなかった（報酬なし条件）。セッション3では，どちらの条件とも，セッション1と同様，特別な指示は伝えなかった。報酬がないのにパズルを解いていたら，パズルを解くことに内発的に動機づけられていたことになる。

　実験者の退出中に実験参加者がパズルを解いていた時間を，セッションごとに調べた。セッション1では，どちらの条件とも，実験参加者は約4分間パズルを解いていた。セッション2以降では，報酬あり条件で特徴的な結果がみられた。報酬が与えられたセッション2では，セッション1に比べてパズルを解いていた時間が1分以上も長くなった。しかし，再び報酬が与えられなくなったセッション3では，セッション1，2に比べ，時間が大幅に短くなった。セッション3の時間をセッション1の時間と比べると，報酬なし条件では30秒近く長かったのに対し，報酬あり条件では1分近く短かった。

　デシの研究の結果は，行動が内発的に動機づけられているときに報酬を与えると，内発的動機づけが低められてしまうことを示している。この現象は，**アンダーマイニング効果**（外的報酬の阻害効果）とよばれる。デシの研究でアンダーマイニング効果が生じた理由は，報酬あり条件の実験参加者が，内発的動機づけによって解いていたパズルに報酬を与えられ，「自分は報酬をもらうためにやっている」と感じたためである。そのため，彼らは，報酬がもらえなくなったとたん，パズルを解こうとしなくなったのである。

　デシは，報酬を，自分の行動の正しさを確認できる情報的なものと，与えられるか否かで行動するか否かを変える制御的なものに分けている[2]。そして，報酬を与えられる人には，行動をほめることは情報的なもの，金品は制御的なものとして認識されやすいと説明している。報酬が情報的なものと認識されると，自分の行動の正しさが確認できるために内発的動機づけが高まりやすい。一方，報酬が制御的なものと認識されると，「自分は報酬をもらうためにやっている」と感じられるため，アンダーマイニング効果が生じやすくなる。まとめると，興味や好奇心によって行動が内発的に動機づけられているときには，報酬として金品を与えることには慎重になる必要があるといえる。

◎ **column 引用文献**・・・

[1] Deci, E. L. (1971). Effects of externally mediated rewards on intrinsic motivation. *Journal of Personality and Social Psychology*, **18**, 105-115.
[2] Deci, E. L. (1975). *Intrinsic motivation*. New York: Plenum Press. （安藤延男・石田梅男（訳）(1980). 内発的動機づけ――実験社会心理学的アプローチ　誠信書房）

Ⅱ部

こころと行動の多様性と可塑性

第9章

個性をとらえる——パーソナリティ

学習目標

パーソナリティとは何かを理解しよう。
パーソナリティをとらえる視点である，特性論と類型論を理解しよう。
パーソナリティの代表的な測定法を理解しよう。

1. パーソナリティとは

1.1. 人の個性をあらわすことば

　大学での新入生のオリエンテーションなど初対面同士の人たちが集まっている状況を想像してほしい。Aさんはまわりの人に積極的に話しかけている。Bさんは誰かに話しかけてほしそうにまわりを見渡している。私たちは，このような2人の行動の違いを，2人の個性の違いによるものであると考えるだろう。

　人の個性をあらわすことばには，パーソナリティ，性格，気質がある。それぞれ，同じ状況で人によって感じ方や行動が異なるという個人差と，別の状況で人によって感じ方や行動が似るという一貫性に着目している。

　それぞれのことばは着眼点が異なる。**パーソナリティ**は，社会的に形成された役割の側面に着目している[1]。語源は劇場で用いられる仮面を意味する「ペルソナ」である。仮面を変えるように，状況や役割に応じて感じ方や行動が変わることをあらわしている。一方，**性格**は，個人差や一貫性の持続という側面に着目している。厳密にはパーソナリティとは異なるものの，同じ意味をもつことばとして使われることも多い[2]。なお，**気質**は，先天的な感情や性質といった，遺伝的に決められた側面に着目している。

1.2. パーソナリティの形成に影響する要因

　パーソナリティの形成に影響する要因には，親から受け継いだ遺伝，生活や親の養育態度などの環境の2つがある。パーソナリティの形成には，遺伝の影響が大きいとする説，環境の影響が大きいとする説が提唱されてきた。現在では，遺伝と環境が相互に影響するという，**相互作用説**が主流となっている。

　パーソナリティの形成に対する遺伝と環境の影響は，血縁間の類似性に着目する**行動遺伝学**の観点からも検討されている（第11章参照）。特に，双生児（双子）の類似性を調べる**双生児研究**が多く行われている。双生児研究では，パーソナリティによって，遺伝と環境の影響が異なることが示されている。

1) パーソナリティの訳語の「人格」は，「人格者」のように道徳的なことばとして使われるため，避けられることが多い。

2) 本章では，パーソナリティと性格をほぼ同じものと考える。

2. パーソナリティの記述法

2.1. 類型論

　パーソナリティをとらえる視点には，類型論と特性論の2つの視点がある。**類型論**は，人の特徴をタイプ（類型）に分けてパーソナリティをとらえる考え方である。代表的なものとして，クレッチマー[3]，ユング，シュプランガーの類型化があげられる。

　クレッチマーは，体型と気質の関係に着目した[4]。彼は，健常者の気質を，高い社交性を示す躁うつ気質，非社交的で自分の世界にこもろうとする分裂気質，熱中しやすく自分の考えに固執する粘着気質の3つに類型化した。そして，躁うつ気質は脂肪で丸みを帯びた体型の肥満型，分裂気質は肉付きが少ない細長型，粘着気質は骨格と筋肉が発達した闘士型の体型に多いことを指摘した。

　ユングは，精神活動を支える**リビドー**という心的エネルギーに着目した[5]。彼は，リビドーが自分以外に向いている人を外向型，自分に向いている人を内向型とした[6]。加えて，リビドーのあらわれる形式（心的機能）も，合理的機能である思考と感情，非合理的機能である感覚と直観の4つに類型化した。そして，内向型，外向型とそれぞれの機能を組み合わせ，合計8類型を想定した。

　シュプランガーは，生活の中で最も価値をおく領域に着目した[7]。そして，財産の獲得を重視する経済型，知識の追求を重視する理論型，芸術的活動を重視する審美型，宗教的活動を重視する宗教型，他人を支配することを重視する権力型，他者や社会一般の幸せを重視する社会型の6つに類型化した。

　類型論は，人の全体像をわかりやすく示すことができるという特徴がある。しかし，人を数少ない類型に分類するため，あてはまらない場合も多いという問題点がある。また，単純であるがゆえに，血液型などの根拠のない類型化でパーソナリティをとらえようとする考え方も広まっている（column9参照）。類型論の考え方を安易に用いることには大きな問題がある。

2.2. 特性論

　特性論は，パーソナリティを示す特徴（特性）を組み合わせてパーソナリティをとらえる考え方である。特性論では，いくつの特性に着目するかが問題になる。

　特性論を最初に主張したオルポート[8]は，『ウェブスター英語辞典 第2版』に収録された約40万語から，人間の特徴を表現していると考えられる17,953語を選び，これを分類して14の特性を抽出した。その後，それぞれのパーソナリティの背後にある共通要素を探す**因子分析**という統計的技法（終章参照）が開発され，最小限の特性が探求されてきた。例えば，キャッテルは16の特

3) クレッチマー（Kretschmer, E., 1888-1964）：ドイツの精神医学者。精神病を，体質，パーソナリティ，外因，体験の異常が統合したものであると提唱した。

4) Kretschmer, E. (1921). *Körperbau und Charakter*. 1. Aufl, Berlin, Germany: Springer.（相場均（訳）(1960). 体格と性格　文光堂）

5) Jung, C. G. (1921). *Psychologische Typen*. Zürich, Switzerland: Rascher Verlag.（林道義（訳）(1987). タイプ論　みすず書房）

6) ユングは，人は外向性，内向性のどちらももっており，内向型の人は外向性を，外向型の人は内向性を意識下に抑圧していると仮定した。そして，心理病理は意識下に抑圧した性質によって生じると考えた。

7) Spranger, E. (1922). *Lebensformen: Geisteswissenschaftliche Psychologie und Ethik der Persönlichkeit*, 3. Aufl. Halle, Germany: Max Niemeyer.（伊勢田耀子（訳）(1961). 文化と性格の諸型1　明治図書出版）

8) オルポート（Allport, G. W., 1897-1967）：アメリカの心理学者。特性論の提唱に加え，偏見やうわさの研究で優れた業績を残した。

9) Cattell, R. B. (1950). *Personality: A systematic theoretical and factual study.* New York: McGraw-Hill.

10) Eysenck, H. J. (1970). *The structure of human personality.* London: Methuen.

11) Goldberg, L. (1990). An alternative "Description of Personality": The Big-Five Factor Structure. *Journal of Personality and Social Psychology*, **59**, 1216-1229.

性[9]，アイゼンクは3つの特性[10]をもとにした検査を開発した。現在は，ゴールドバーグによって提唱された，パーソナリティを5つの特性に分けて考える，**ビッグ・ファイブモデル**が主流となっている[11]。

ビッグ・ファイブモデルでは，外向性，協調性，勤勉性，神経症傾向，開放性の5つの特性に着目している（研究者によって訳が異なる）。外向性は，人との関係などで外界に積極的に働きかけるか否かという側面である。高い人は積極的で活動的であり，低い人は控えめで物静かである。協調性は，他者と協力的であるか否かという側面である。高い人は他者に親和的で，低い人は独立的である。勤勉性は，自分の意志をもってものごとをやり遂げようとするか否かという側面である。高い人は意志が強く勤勉的に生きようとし，低い人はありのままの自分を受け入れてこだわりをもたない。神経症傾向は，感情が不安定で衝動的であるか否かという側面である。高い人はストレスに敏感で不安や緊張を示しやすく，低い人は情緒が安定している。開放性は，好奇心があり想像力が豊かか否かという側面である。高い人は新しいものに好奇心をもって近づき，低い人は現実的で着実な生き方を好む。それぞれの特性が極端に高い，あるいは低いと病理的傾向がみられると考えられている。例えば，外向性が極端に高いと無謀さ，外向性が極端に低いと臆病さといった病理的傾向がみられるとされている。

ビッグ・ファイブモデルに基づく**5因子性格検査**（Five-Factor Personality Questionnaire：**FFPQ**）では，対象者に，5つの特性に関する質問項目に回答するように求める。日本版として，辻の尺度[12]，小塩・阿部・カトローニの短縮版尺度[13]などが作成されている（表9-1）。5つの特性の得点を組み合わせて，対象者のパーソナリティをとらえる。例として，本章の冒頭で登場したAさんとBさんの回答結果を図に示す（図9-1）。

12) 辻平治郎（編）(1998). 5因子性格検査の理論と実際――こころをはかる5つのものさし 北大路書房

13) 小塩真司・阿部晋吾・カトローニ ピノ (2012). 日本語版 Ten Item Personality Inventory (TIPI-J) 作成の試み パーソナリティ研究, **21**, 40-52.

表9-1　5因子性格検査短縮版（小塩ほか，2012に基づいて作成）[13]

外向性
1　活発で，外向的だと思う
6　ひかえめで，おとなしいと思う（R）

協調性
2　他人に不満をもち，もめごとを起こしやすいと思う（R）
7　人に気をつかう，やさしい人間だと思う

勤勉性
3　しっかりしていて，自分に厳しいと思う
8　だらしなく，うっかりしていると思う（R）

神経症傾向
4　心配性で，うろたえやすいと思う
9　冷静で，気分が安定していると思う（R）

開放性
5　新しいことが好きで，変わった考えをもつと思う
10　発想力に欠けた，平凡な人間だと思う（R）

注）数字は質問順を示す。それぞれの項目が自分にあてはまるかについて，「まったく違うと思う（1点）」から「強くそう思う（7点）」の範囲で回答するように求め，得点が高いほどその特性が高いことを意味するように得点化する。Rは得点を逆にして考える逆転項目である。

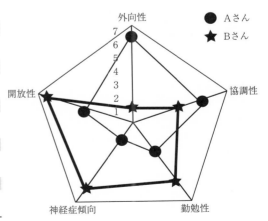

図9-1　5因子性格検査でのパーソナリティ表現

特性論は，対象者のパーソナリティの多様性をとらえるのに適している。一方，対象者の全体像をわかりやすく示すことができないことや，対象者が意識できる側面のみしか扱うことができないことなどの問題点も指摘されている。したがって，パーソナリティを深く理解するために，複数の測定法を組み合わせる，**テストバッテリー**という方法が用いられることもある。

3. パーソナリティの測定法

3.1.パーソナリティを測定する目的

対象者のパーソナリティを測定することは，**心理アセスメント**とよばれる。パーソナリティを測定する目的には，対象者のパーソナリティ面での特徴を調査する，対象者の治療方針や援助の方針を決める，対象者を評価する，対象者の適性を予測することなどがあげられる。

ここでは，パーソナリティを測定するために使用されることが多い，面接法，検査法を説明する。なお，そのほかの方法としては，対象者の行動を観察してパーソナリティを調べる，行動観察法があげられる。

3.2.面接法

面接法は，対象者と会って，質問しながらパーソナリティを調べる方法である。面接法は3種類に分けられる。第1に，質問の内容や順序が決まっておらず，面接者が自由に質問していく**非構造化面接**である。面接者がパーソナリティを理解するための基本的知識に加え，面接者と対象者との信頼関係（ラポール）に基づき，カウンセリングなどの臨床場面でパーソナリティを測定するときに用いられることが多い。第2に，決められた質問を順序通りに聞いていく**構造化面接**である。面接者の主観が入りにくく結果の客観性が高いため，医学的診断で用いられることが多い。例えば，心理病理を分類した，**精神疾患の診断・統計マニュアル**（Diagnostic and Statistical Manual of Mental Disorders : DSM，第28章参照）に基づいた構造化面接では，マニュアル通りに面接すると精神医学的な診断を出すことができる。第3に，質問は決まっているものの相手に合わせて質問の順序や仕方を変えていく**半構造化面接**である。調査研究で用いられることが多い。

3.3.検査法

検査法は，テストや作業を通してパーソナリティを調べる方法である。検査法はさらに，投映法（投影法），作業検査法，質問紙法に分けられる。

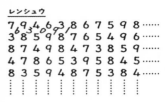

レンシュウ

（a）ロールシャッハ・テスト 図版　　　　（b）TAT図版　　　　（c）内田クレペリン精神作業検査

図9-2　さまざまな検査法の例 (櫻井・大川，2010)[14]

14) 櫻井茂男・大川一郎（編著）（2010）. しっかり学べる発達心理学［改訂版］ 福村出版

　投映法（投影法）は，意味のあいまいな図版やことばから対象者の自由な反応を引き出して，回答パターンからパーソナリティを調べる方法である。代表的なものとして，対象者にインクのしみの絵を見せて何に見えるか答えてもらう**ロールシャッハ・テスト**（図9-2（a）），対象者に人物や風景が描かれた図版を見せて物語を作ってもらう**主題統覚検査**（Thematic Apperception Test：**TAT**）（図9-2（b））があげられる。

　作業検査法は，一定の作業の経過や結果に基づいてパーソナリティを調べる方法である。代表的なものとして，対象者にランダムに並んだ1桁の数字を足し合わせて計算させ，1分ごとの作業量などを調べる**内田・クレペリン精神作業検査**（図9-2（c））があげられる。

　質問紙法は，あらかじめ用意した質問項目に回答するように求めてパーソナリティを調べる方法である。代表的なものとして，先ほど紹介した5因子性格検査（FFPQ）の他にも，性格を12側面で測定する**矢田部・ギルフォード**（**YG**）**性格検査**があげられる。その他，さまざまなパーソナリティの特徴を測定する質問項目も開発されている。例えば，「自分はよい人間である」や「価値のある人間である」と思う程度を測定する，自尊感情尺度[15][16]（第16章の表16-1参照）は，多くの調査研究で用いられている。

15) Rosenberg, M. (1965). *Society and the adolescent self image.* Princeton, NJ: Princeton University Press.

16) 山本真理子・松井豊・山成由紀子（1982）. 認知された自己の諸側面の構造 教育心理学研究, **30**, 64-68.

血液型でパーソナリティは異なるか

　日本では，20世紀初頭に血液型によってパーソナリティが異なるとする学説が世間に広まった。それ以降，「△型の人は……という性格だ」といったように，血液型でパーソナリティを類型化することが行われてきた。特定の血液型の人のパーソナリティに対する知識や信念である**血液型ステレオタイプ**（第17章参照）も，多くの人に浸透している。

　それでは，血液型でパーソナリティは異なるのだろうか。詫摩・松井は，大学生を対象に，血液型ステレオタイプに含まれるパーソナリティを選び，それらのパーソナリティが自分にあてはまるか否かを回答してもらった[1]。その結果，ほとんどのパーソナリティで，自分自身にあてはまるという回答の割合には，血液型による違いはみられなかったと報告している。詫摩・松井のような，血液型とパーソナリティの関連を科学的手法によって検討した研究はこれまでに数多く行われており，ほとんどの研究で血液型とパーソナリティの明確な関連は示されていない。したがって，血液型でパーソナリティは異なるわけではないと考えるのが妥当だろう。

　それでは，血液型でパーソナリティが異なると感じられるのはなぜだろうか。その理由の1つとして，人は自分の期待に沿う情報に選択的に注意を向け，期待に沿うように情報を解釈してしまうという，**確証バイアス**が影響していると考えられる。具体的にいえば，血液型でパーソナリティが異なると考えていると，血液型ステレオタイプに一致する情報ばかりに着目しやすくなる。また他者の情報を「あの人は△型だから」と都合のよいように解釈しやすくなる。これらの結果，血液型でパーソナリティが異なるように感じられるのである。

　血液型でパーソナリティを類型化することには，以下の2つの弊害がある。1つは，他者を誤解する原因となる場合があるという弊害である。こうした誤解は，他者と仲良くなれるチャンスをつぶしてしまうことにつながる。また，差別や偏見につながることも考えられる。もう1つは，思い込みがその他者に対する自分の行動に影響して現実を生み出すという，**自己成就予言**[2]という現象を生じさせる場合があるという弊害である。例えば，「血液型の相性が悪いから仲良くなれない」と思い込んで相手に冷たく振る舞えば，相手からも冷たい反応が返ってくるだろう。すると，実際にその他者と相性が悪いように感じるようになるだろう。

　私たちは，上にあげた弊害が生じる可能性を十分に理解し，血液型で自他のパーソナリティを分類すべきではないことを肝に銘じるべきである。人間は，血液型でパーソナリティが判断できるような単純な存在ではなく，複雑で多様なパーソナリティをもった存在なのである。

◎ column 引用文献 ･･
[1] 詫摩武俊・松井豊（1985）．血液型ステレオタイプについて　人文学報（東京都立大学），**172**, 15-30.
[2] Merton, R. K. (1948). The self-fulfilling prophecy. *Antioch Review*, **8**, 193-210.

第 10 章

「頭のよさ」とは──知能

学習目標　知能とは何か，どのように構成されているのかを理解しよう。
知能の代表的な測定法を理解しよう。

1. 知能とは

1.1. 知能の定義

「頭のよさ」に関係する，ものごとを処理する能力は，**知能**とよばれる。すなわち，問題場面に遭遇したときに解決する能力，言語を操る能力，周囲の環境に能動的に働きかける能力が知能である。

1.2. 知能の構成要素

　知能にはいくつかの構成要素があると考えられてきた。知能の因子（構成要素）に関する初期の研究としては，スピアマンがあげられる。小学生の成績を分析し，一般的な頭のよさに関する**一般知能因子**（g），個々の科目の得意，不得意に関する**特殊因子**（s）で構成されると提唱した[1]。そして，一般知能因子は遺伝的に，特殊因子は経験によって決定されるとした。この考え方は，**知能の2因子説**（図10-1の（a））とよばれる。

　その後，知能の構成要素を3つ以上仮定する，**知能の多因子説**（図10-1の（b））が提唱された。知能の多因子説は，知能はいくつかの特殊因子（s）で構成され，特殊因子の共通要素からいくつかの**一般因子**（c）が見いだされるという考え方である。以下，年代を追って，代表的な考え方を紹介する。

　サーストンは，大学生などを対象とした知能テストの結果から，知能が7因子で構成されると提唱した[2]。すなわち，空間を把握する因子，数の計算に関する因子，文章理解に関する因子，図形の知覚に関する因子，事象から法則を見いだす因子，語の発想の流暢さに関する因子，記憶に関する因子である。

　キャッテル[3]とホーンは，一般知能の構成要素を，専門知識や趣味に関する知識などの経験の結果として作られた**結晶性知能**と，思考能力や記憶力などの新しい場面に臨機応変に対応する**流動性知能**に分けた[4]。結晶的知能は加齢によって上昇する一方，流動性知能は20代以降には低下する[5]。

　ギルフォード[6]は，内容（処理する情報の種類），知的操作（情報に加える心理

1) Spearman, C. (1904). General intelligence, objectively determined and measured. *American Journal of Psychology*, **15**, 201-293.

2) Thurstone, L. L. (1938). *Primary mental abilities*. Chicago, IL: University of Chicago Press.

3) キャッテル (Cattell, R. B., 1905-1998)：アメリカの心理学者。パーソナリティの特性論を提唱したほか，心理検査の分野でも活躍した。

4) Cattell, R. B. & Horn, J. L. (1950). Refinement and test of the theory of fluid and crystallized general intelligences. *Journal of Educational Psychology*, **57**, 253-270.

5) 中里克治(1984)．老年期における知能と加齢　心理学評論, **27**, 247-259.

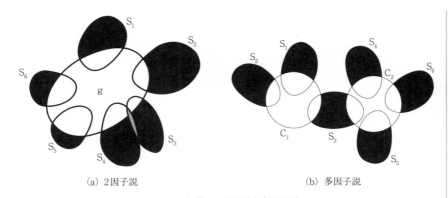

(a) 2因子説　　　　　　　　　(b) 多因子説

図10-1　知能の2因子説と多因子説

6) ギルフォード (Guilford, J. P., 1897-1987)：アメリカの心理学者。日本では彼の理論を取り入れた，矢田部＝ギルフォード性格検査 (Y-G検査) が知られている (第9章参照)。

7) Guilford, J. P. (1967). *The nature of human intelligence.* New York: McGraw-Hill.

8) ここでの拡散的思考は新しいことを創造すること，集中的思考はものごとを論理的に推論することである。

9) 評価は個々の情報を基準と比較することである。

的操作），所産（生み出される結果）の組み合わせで知能が構成されるという，知能構造モデルを提唱した[7]。内容は，図，記号，意味，行動の4つである。知的操作は，認知，記憶，拡散的思考，集中的思考[8]，評価[9]の5つである。所産は，単位（1つの項目），クラス（単位の集まり），関係（「〜より大きい」など，項目と項目を結びつけるもの），体系（「カレーの作り方」のような，ある事柄に関する知識のまとまり），変換（前の情報からの変化），含意（無関係な情報をつなげる）の6つである。知能構造モデルでは，知能は$4 \times 5 \times 6 = 120$の因子で構成されると考える。例えば，ランダムに並んだ語を正しい文章に並び替える課題は，記号的な内容で，集中的思考という知的操作を必要とし，文章という体系の所産が生じる課題である。

　ガードナーは，知能は複数の独立した要素で構成されると主張し，8つの知能を提唱した[10]。すなわち，言語に関する言語的知能，数的処理に関する論理数学的知能，作曲や演奏に関する音楽的知能，身体活動に関する身体運動的知能，立体的処理に関する空間的知能，対人関係に関する対人的知能，自分自身の理解に関する内省的知能，物の識別に関する博物学的知能である。ガードナーの考え方は，これまでの知能の構成要素には含まれなかった，音楽的知能，身体運動的知能，内省的知能，対人的知能を含めているという特徴がある。

　近年では，自分の感情に関する**情動知能**（Emotional Intelligence：EI）も着目されている。情動知能の構成要素として，自分自身の情動を知る，感情を制御する，自分を動機づける，他者の感情を認識する，人間関係をうまく処理するという5つの要素があげられている[11]。

10) Gardner, H. (1999). *Intelligence reframed: Multiple intelligences for the 21st century.* New York: Basic Books. (松村暢隆（訳）(2001). MI——個性を生かす多重知能の理論　新曜社)

11) Goleman, D. (1995). *Emotional intelligence.* New York: Bantam Books. (土屋京子（訳）(1996). EQ こころの知能指数　講談社)

1.3. 知能発達に影響する要因

　知能の発達は，パーソナリティの形成と同様に，遺伝と環境が相互に影響すると考えられている（**相互作用説**）（第9章参照）。例えば，子どもが遺伝的に優れた知能の素質をもっていても，親の社会的，経済的地位が不十分な場合，そ

の知能を開花させることができない場合もある。

　知能発達に対する遺伝と環境の影響は，パーソナリティの形成と同様に，血縁間の類似性に着目する**行動遺伝学**の観点からも検討されている（第11章参照）。双生児（双子）の類似性を調べる**双生児研究**では，知能が遺伝の影響だけでなく環境の影響も受けること，知能の構成要素ごとに遺伝と環境の影響が異なることが示されている。

2．知能の測定法

2.1.知能検査

12) 知能テストとよばれることも多い。

　知能を客観的に測定する道具が，**知能検査**[12]である。知能検査の結果は数値で示される。知能検査には，個別で実施する検査，集団で実施する検査がある。個別で実施する検査には，以下に紹介するビネー式知能検査，ウェクスラー式知能検査がある。なお，集団で実施する検査には，日本の厚生労働省が作成した一般職業適性検査（General Aptitude Test Battery：GATB）などがある。

2.2. ビネー式知能検査

13) ビネー（Binet, A., 1857-1911）：フランスの心理学者。思考過程の個人差を実証的に解明することに関心を向けた。

　ビネー式知能検査は，1905年にビネー[13]によって世界で初めて開発された知能検査である。彼は，普通のカリキュラムでは十分な教育を受けられない児童を支援するため，該当する児童を識別する方法として，標準的な発達段階に応じた検査問題を作成した（表10-1）。検査問題は特定の年齢の児童の50％から75％が正しく答えられる問題で，対象となる児童が正解すれば，その児童はその年齢の発達水準に達していると判断される。

　ビネーの開発した知能検査はアメリカでさらに改良された。ターマンは，検査問題の水準として想定されている年齢である**精神年齢**（mental age：MA）と，誕生からの満年齢である**生活年齢**（chronological age：CA）を用い，**知能指数**（Intelligence Quotient：**IQ**）とよばれる指標を算出する式を示した。知能指数は以下の式で計算される。精神年齢が生活年齢を上回る場合，知能指数は100を超える。

$$IQ = \frac{精神年齢}{生活年齢} \times 100$$

　ビネー式知能検査は，各国で改訂版が作られている。日本でも，田中＝ビネー式検査など，いくつかの日本語版が作成されている。

表10-1　1908年版ビネー式知能検査の問題例（二宮，2008に基づいて作成）[14]

3歳	目，耳，口の指示 絵の中の物事の列挙 2数字の反復 文章の反唱（6音節文） 家の名（姓）を言う	8歳	2つの記憶のための読み方 9スウの計算（1スウ3個と2スウ3個で） 4つの色の名 20から0まで逆に数える 記憶から2つの事物の差異をあげる 書き取り
4歳	自分の性別を言う 見なれた事物の名を言う 3数字の反唱 2本の直線の比較	9歳	年月日を完全に言う（年号，月，日，曜日） 1週間の曜日の名 用途以上の定義 6つの記憶のための読み方 20スウでのつり銭 5つの重さならべ
5歳	2つのおもりの比較 正方形の模写 文章の反唱（10音節文） 4つの硬貨の数え方 2片によるはめ絵遊び	10歳	1年間の月の名，9種の通貨の名称 3語を2つの文章に用いる 了解問題（その1）－3問 了解問題（その2）－5問
6歳	文章の反唱（16音節文） 2つの顔の美の比較 身近な事物の用途による定義 同時になされた3つの命令の実行 自分の年齢を言う 午前と午後の区別	11歳	不合理な文章の批判 3語を1つの文章に用いる 3分間に60語以上あげる 抽象語の定義 語順を正す
7歳	絵の欠けている部分の指摘 手指の数（10本）を言う 手本の文の模写 三角形と菱形の模写 5数字の反唱 絵の内容の叙述 13の硬貨の数え方 4種類の通貨の名称	12歳	7数字の反唱 韻合わせ 文章の反唱（26音節文） 絵の内容の解釈 記事に関する問題
		13歳	切り抜き問題 三角形の置換

注）スウはフランスの古い硬貨の単位である。

14) 二宮克美（2008）．知能　二宮克美・山田ゆかり・譲西賢・天野寛・山本ちか・高橋彩　ベーシック心理学　医歯薬出版　pp. 68-80.

2.3. ウェクスラー式知能検査

ウェクスラー式知能検査は，1939年にウェクスラー[15]によって開発されたものである。この検査の対象は16歳以上であり，改訂版は**WAIS**（Wechsler Adult Intelligence Scale）とよばれている。その他，15歳以下用のWISC（Wechsler Intelligence Scale for Children），4歳から6歳半用のWPPSI（Wechsler Pre-school and Primary Scale of Intelligence）も開発されている。

WAISの検査問題には，言語を用いて答える言語性検査と，言語を用いずに図形を操作する動作性検査がある。それぞれ，言語性知能，動作性知能を測定する検査である。最新版のWAIS-Ⅲでは，言語性検査は7つ，動作性検査は6つの下位検査で構成される（表10-2）。一般的に言語性知能は環境の影響が大きく，動作性知能は環境の影響が小さい。また，それぞれ加齢によって低下するものの，言語性知能は，数唱，算数，類似以外は加齢の影響を受けにくく，理解や単語は60代以降も大きく低下しない。一方，動作性知能は，30代以降に低下し，60代にはピークの約6割になる。WAISの検査結果は，100を標準として同じ年齢の中での対象者の位置を示す，**偏差知能指数**（偏差IQ）で示さ

15) ウェクスラー（Wechsler, D., 1896-1981）：ルーマニア生まれのアメリカの心理学者。知能を，「目的的に行動し，合理的に思考し，効果的に環境を処理する，個人の総合的，全体的能力」と定義した。

表10-2　WAIS-Ⅲの下位検査の課題（長谷川，2008に基づいて作成）[17]

順番	検査名	検査内容
言語性検査		
2	単語	単語を見せられ，口頭で伝えられる。その単語の意味を口頭で答える。
4	類似	共通点または共通する概念をもつ2つの言葉を口頭で聞かされる。その2つがどのように似ているかを答える。
6	算数	口頭で伝えられた算数の文章問題に，筆記用具を使わずに暗算で，制限時間内に口頭で答える。
8	数唱	読み上げられた数字を繰り返す。順唱と逆唱があり，順唱では読まれた順番と同じ順番で，逆唱では逆の順番で数字を繰り返す。
9	知識	重要な出来事，もの，場所，人に関する，一般的な知識に関する質問に対して口頭で回答する。
11	理解	日常的問題の解決や社会的ルールの理解に関する一連の質問に対して，口頭で答える。
13	語音整列	読み上げられた数字とかなの組み合わせを聞き，数字は小さいものから大きいものの順番に，かなは五十音に並べ替えて答える。数字の問題（第1ブロック），次にかなの問題（第2ブロック）を行い，最後に数字とかなの両方の並べ替え問題（第3ブロック）を行う。
動作性検査		
1	絵画完成	絵を見て，その絵の中で欠けている重要な部分を指差し言葉で答える。
3	符号	数字と対になった記号を書き写す。モデルを手がかりに，各数字に対応する記号を書く。
5	積木模様	2面が赤，2面が白，2面が赤／白になっている立方体の積木を使って，モデルとなる模様と同じ模様を作る。模様は徐々に複雑になっていく。
7	行列推理	一部分が空欄になっている図版を見て，選択肢から空欄に当てはまるものを指差し番号を言って答える。
10	絵画配列	物語になっている11組の絵カードが決められた順番で提示される。制限時間内に話の順になるように並べる。
12	記号探し	見本刺激（2つの記号）と記号グループ（5つの記号）を見比べ，記号グループの中に見本記号と同じ記号があるかを判断する。制限時間内にできるだけ多くの問題に答える。

注）言語性IQ，動作性IQ，全検査IQの3つに加え，「言語理解（2,4,9）」「知覚統合（1,5,7）」「作業記憶（ワーキングメモリ）（6,8,13）」「処理速度（3,12）」の4つのIQを測定できる。なお，動作性検査の代替検査として「組合せ」がある。

17）長谷川寿一（2008）．知能　長谷川寿一・東條正城・大島尚・丹野義彦・廣中直行　はじめて出会う心理学　改訂版　有斐閣　pp. 117-130.

16）知能指数は，成人に達すると精神年齢は増加せずに生活年齢のみが増加するため，成人の知能を表すのに適切ではないからである。

18）Flynn, J. R. (2012). *Are we getting smarter?: Rising IQ in the twenty-first century.* Cambridge, UK: Cambridge University Press.（水田賢政（訳）（2015）．なぜ人類のIQは上がり続けているのか？──人種，性別，老化と知能指数　太田出版）

19）知能指数の得点は，過去100年にわたって上昇し続けていることが報告されている。

れることが多い[16]。偏差知能指数は以下の式で計算される。

$$偏差IQ = \frac{15 \times （検査対象者の得点 - 検査対象者の生活年齢での平均点）}{検査対象者の生活年齢での得点の標準偏差} + 100$$

2.4. 知能検査に関する留意点

　知能検査に関する留意点として，以下の2点があげられる。第1に，時代が新しくなるにつれて知能検査の成績が向上する，**フリン効果**に考慮する必要がある点である[18][19]。フリン効果がみられる理由として，検査の改良，社会環境の変化，検査問題への慣れなどの影響が指摘されているものの，明確な理由は示されていない。フリン効果をふまえると，年代の異なる人の知能指数を比較することは避けるべきである。

　第2に，知能検査では測定できない知能がある点である。知能検査では，1つのみの正解に至るためにものごとを論理的に推論する集中的思考能力を測定しており，新しいことを創造する拡散的思考能力は測定できない。したがって，知能指数のみで個人の知能全体は評価できないことに留意すべきである。

知的能力障害

・・・

　記憶，思考，学習などの全般的な知的能力の発達水準が生活年齢の標準的発達よりも明らかに遅れている状態は，**知的能力障害**とよばれる。知的能力障害の特徴としては，発達期の間に発症することに加え，以下の2つがあげられる。第1に，論理的思考，問題解決，計画，抽象的思考，判断，学校や経験からの学習などの知的機能が欠如していることである。知的機能は知能検査によって測定される。一般的には，対象者の知能検査における知能指数が70以下（対象者の得点が，対象者の生活年齢での平均点より標準偏差の2倍以上低い，くわしくは終章参照）のときに該当すると判断される。第2に，年齢，性別，社会文化的背景が同等の人に比べ，日常の適応機能に障害がみられることである。適応機能は，概念的領域（記憶，言語，数学的思考，実用的な知識の習得，問題解決などに関する領域），社会的領域（他者の思考や感情の認識，共感，対人コミュニケーション技能などに関する領域），実用的領域（金銭管理や行動管理などの実生活での自己管理に関する領域）で構成される。適応機能の3つの領域の程度によって，知的能力障害の重症度が決定される。例えば，環境に適応する能力に乏しく，日常生活の物事に対応するために他者の支援が必要となるのは中程度，環境に適応するのが著しく困難で，常時支援が必要となるのは重度とされる。

　知的能力障害の原因にはさまざまなものがあげられている[1]（表）。知的能力障害に該当する人は，全人口のうちの1%程度であると推定されている。また，男児のほうが女児よりも1.5倍多いと報告されている[2]。

表　知的能力障害の原因（柚木・白崎，1988に基づいて作成）[1]

・感染および中毒によるもの

・外傷または物理的作用によるもの

・代謝，発育または栄養障害をもつもの

・脳器質的疾患（新生物，変性，硬化—出生後）にともなうもの

・（不明な）先天的影響に基づく疾患および状態にともなうもの

・染色体異常をもつもの

・未熟産にともなうもの

・精神医学的障害によるもの

・心理・社会的環境剥奪をもつもの

・その他

◎ **column 引用文献**・・・

[1] 柚木馥・白崎研司(1988)．精神遅滞　平山宗宏・安藤美紀夫・高野陽・田村健二・野村東助・深谷昌志・森上史朗・柚木馥(編)　現代子ども大百科　中央法規出版　pp. 1149-1150.

[2] Sadock, B. J. & Sadock, V. A. (2004). *Kaplan & Sadock's synopsis of psychiatry: Behavioral sciences/ clinical psychiatry* (9th ed). Philadelphia, PA: Lippincott Williams & Wilkins. (井上令一・四宮滋子(監訳) (2004)．カプラン臨床精神医学テキスト——DSM-IV-TR診断基準の臨床への展開(第2版)　メディカル・サイエンス・インターナショナル)

第11章

こころの発達——比較・進化・発達の心理学

学習
目標

心の進化の過程はどのようになっているのかを理解しよう。
「遺伝と環境」の新しい考え方を知ろう。
生涯発達や発達段階について学ぼう。

1. 比較心理学

　人間の心理や行動を理解する際に，人間以外の動物と比較することが役に立つ。ダーウィン[1]は，『人及び動物の表情について』の中で，人間の情緒的表出と類似した反応が，いろいろな動物の情緒的反応にもしばしばみられることを指摘した[2]。身体の系統発生的進化ばかりでなく，行動の面でも系統発生的進化がみられることを示唆している。系統発生とは，ヘッケル[3]が提唱した概念で，「ある生物群が成立から絶滅まで経てきた進化の変化過程」である。これに対する概念が個体発生で，「1つの個体が卵から完全な成体に成長し死亡するまでの過程」である。ヘッケルは発生理論として「個体発生は系統発生を繰り返す」という反復説を唱えた。

　比較心理学は，複数の動物種の行動を調べ比較し，行動の法則性や因果関係を明らかにしようとする心理学の一領域である。チンパンジーも，限られてはいるが言語能力や簡単な道具の使用などの知性がみられるという[4]。人間と他の動物とを比較したときにみられる共通点や差異点を明らかにすることで，進化の過程を理解できる。

　比較行動学の基本的な考え方は，ティンバーゲン[5]の4つの問いにみることができる（表11-1）。ある動物を理解するうえで，①その行動がどのような内的メカニズムで起こるのか（至近要因），②個体の生存や繁殖にその行動がどう影響するのか（究極要因），③その行動がどのように発達するのか（発達要因），④その行動がどのように進化してきたのか（進化要因）である。このうち①至近要因と③発達要因は，人間を対象とする心理学で探求されてきた。

1) ダーウィン（Darwin, C. R. 1809-1882）：ケンブリッジ大学卒業後，イギリスの測量船ビーグル号で世界を航海し生物の多様性を認識した。生物の種が変化する理由について考え，1859年に『種の起源』を著した。

2) Darwin, C. R. (1872). *The expression of the emotions in man and animal.* London: John Murray.（浜中浜太郎（訳）(1931). 人及び動物の表情について　岩波書店）

3) ヘッケル（Haeckel, E. H., 1834-1919）：ドイツの生物学者。イェナ大学より動物学博士の学位を取得し，後に同大学教授となった。

4) 松沢哲郎 (1995). チンパンジーはちんぱんじん——アイとアフリカのなかまたち　岩波書店

5) ティンバーゲン（Tinbergen, N, 1907-1988）：オランダのハーグ生まれ。昆虫・魚・海鳥などを研究対象とした動物行動学者。1973年に動物行動学者のローレンツ（鳥類における刷り込みを明らかにした）らとともに，ノーベル医学生理学賞を受賞した。

6) Tinbergen, N. (1963). On aims and methods of ethology. *Zeitschrift für Tierpsychologie*, **20**, 410-433.

表11-1　ティンバーゲンの4つの問い（Tinbergen, 1963に基づいて作成）[6]

	時間軸	
	短い	長い
メカニズム	①至近要因（しくみ）	②究極要因（機能）
プロセス	③発達要因（発達）	④進化要因（歴史）

2．進化心理学

　　環境に適応した形質をもったものが選ばれて生存し，その形質が普及してい
く過程を**自然淘汰**という。生物のさまざまな特徴は，遺伝子によって次の世代
に伝達される。その過程で，ある環境のもとで，さまざまな変異をもった個体の
中で生き延びて，繁殖するのに有利な特徴をもつ個体が，多くの子孫を残すよ
うになる。その特徴が遺伝的に多くの子孫に伝達され，時間とともにその特徴
をもつ子孫が集団を支配するようになる。これが**適応**である。遺伝子の頻度が
変化することを**進化**という。ダーウィンの進化理論の基礎的な考え方である[7]。

　　進化心理学は，こうした考え方に基づき，行動的，心理的な側面での適応的
形質を明らかにしようとする学問である。トゥービーとコスミデスは，進化心
理学を「人間の心的活動の遺伝的基盤が進化の産物であるという事実に立脚し
た心理学」と定義している[8]。

　　食糧資源の確保，捕食者の回避，配偶相手の確保などに代表される適応問題
は，それぞれの生物種の置かれた生態学的環境に応じて多様である。人間の進
化の過程で，農耕環境に先立つ10万年以上の長い年月にわたる狩猟・採集中
心の進化的適応の環境が重要な役割を果たしたと考えられている。

7) Darwin, C. R. (1859). *On the origin of species by means of natural selection*. London: John Murray. (八杉龍一（訳）(1990)．種の起原(上・下) 岩波書店)

8) Tooby, J., & Cosmides, L. (2005). Conceptual foundations of evolutionary psychology. In D.M.Buss (Ed.), *The handbook of evolutionary psychology*, Hoboken, NJ: Wiley. pp.5-67.

3．行動遺伝学

　　進化心理学が種の共通性を明らかにする学問であるのに対し，**行動遺伝学**は
主として個人差を説明する学問である。遺伝子の違いが行動の違いとどの程度
関連しているのかを明らかにしようとする。伝統的な研究手法は，**双生児法**や
養子法である。双生児には一卵性と二卵性がある。一卵性は1つの受精卵が2
つに分かれたもので，遺伝的には100％等しい。それに対して，二卵性は2つ
の受精卵が同時に育ったもので，遺伝的には通常のきょうだいと同じ50％の
遺伝子を共有している。一卵性双生児の行動特徴が二卵性双生児のそれよりも
類似していれば，遺伝的影響があると推定する。

　　心理的な形質に及ぼす遺伝の影響を量的に推定すると，ほとんどの個人差は，
多かれ少なかれ必ず遺伝要因が関与している[9]。多くの心理学的尺度のうえで，
遺伝子をすべて共有する一卵性双生児の類似性は，育った環境が同じか異なっ
ているかにかかわらず，遺伝子を約半分しか共有しない二卵性双生児やきょう
だいの類似性を上回る。さらに遺伝子は共有せず環境だけを共有する養子の
きょうだいの類似性よりも上回る。この傾向は，体重のような身体的形質の場
合と変わりがない[10]（図11-1）。

　　行動遺伝学者プロミンは，双生児，親子，養子などの血縁関係の違いを遺伝
子型の変数とし，表現型の類似性と相関関係を手がかりに，遺伝，共有環境（家
族の成員を類似させるように働く環境），非共有環境（同じ家族でも異なるように

9) 安藤寿康(2000)．心はどのように遺伝するか——双生児が語る新しい遺伝観 講談社

10) 安藤寿康(2004)．行動遺伝学的アプローチ 子安増生・二宮克美（編）．キーワードコレクション発達心理学(改訂版) 新曜社 pp.28-31.

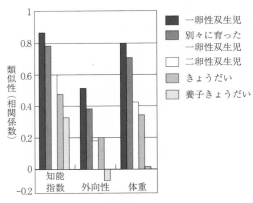

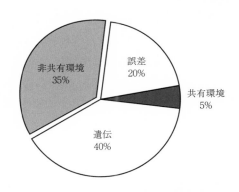

図11-1　遺伝要因と特性の相関 (安藤, 2004 に基づいて作成)[10]

図11-2　パーソナリティの分散の構成要素
(Dunn & Plomin, 1990 に基づいて作成)[11]

働く一人ひとりに固有な環境）などの効果を統計的に解析した。知能指数は，遺伝子分散が50％程度と推定され，児童期までは共有環境の効果も大きいが，以後高齢になるまで遺伝規定性も非共有環境の影響も増加する。また，外向性や情緒安定性などのパーソナリティの側面では，遺伝の影響が40％程度で，非共有環境の影響は35％であるとされている[11]（図11-2）。

11) Dunn, J., & Plomin, R. (1990). *Separate lives: Why siblings are so different.* New York: Basic Books.

4. 発達心理学

4.1. 発達とは

　発達とは，時間や年齢の経過とともに心身のさまざまな機能や特質が漸次的（ぜんじ）あるいは段階的に変化していく過程である。何がいつどのように変化するのか，その変化をもたらす要因は何か，などを明らかにするのが**発達心理学**である。

　発達にともなう変化は一生涯続くとする生涯発達心理学の考え方により，人間を受胎から死に至るまでの時間軸の中で統一的に理解するようになった。そして発達は，多様な変数が多様なレベルで影響を及ぼしあう所産であると考えられ，人と文脈の相互作用が論じられるようになった。

　バルテス[12]は，生涯発達の複雑性と複数性について，次の3つの要因が影響していると指摘した。

　(1)　年齢にともなう標準年齢的要因：生物学的にも社会的にも生活年齢と強い関連があり，人一般に標準的にあてはまる年齢的・成熟的要因。

　(2)　歴史にともなう標準歴史的要因：どの時代に生まれ，どのような環境に育ったかといった世代的・文化的要因。

　(3)　一定の基準のない非標準的要因：個々人の生き方，暮らし方など個人特有のライフイベントによる個人的要因。

幼児期は標準年齢的要因が，青年期では標準歴史的要因が，老年期になると

12) バルテス(Baltes, P. B., 1939-2006)：ドイツの心理学者。マックスプランク研究所。加齢に関する大規模な縦断研究（The Berlin Aging Study）や，サクセスフルエイジングの理論構築，知恵の研究などを行い，生涯発達心理学を体系化した。

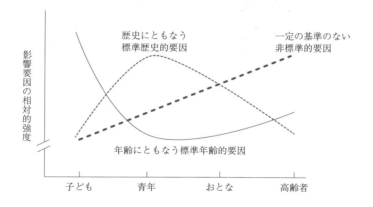

図11-3　各要因が発達に及ぼす影響（Baltes, 1987に基づいて作成）[13]

個人的な非標準的要因が最大になるとした[13]（図11-3）。

　エルダーは，どの年齢で人生上の出来事（ライフイベント）を経験したか，その時期，持続時間，配置，順序が問題であるという**ライフコース**の考え方を提案した[14]。個々人は歴史的・社会文化的環境の中で行う行為や選択を通して自分自身のライフコースを構築する。年齢によって区分された一生涯を通じて各人の**人生行路（トラジェクトリ）**における歴史的時間と空間を重視した。

4.2. 発達段階

　人間の一生涯の発達過程は，ある時期には連続的でなだらかな変化がみられる一方で，相互に異質で非連続的な変化がみられる時期もある。ある時期のある特定の機能の特徴が，前後の時期と異なる場合，その時期を1つの段階として区分したものの系列を**発達段階**という。

　代表的なものとして，エリクソン[15]の提出した精神発達の**漸成**[16]**理論**がある。生涯を8つのライフサイクルに分け，健康な活力のある自我の発達について，それぞれの時期で解決・克服しなければならない課題としての心理・社会的危機を想定した。そうした課題を克服した状態と失敗した状態を対にした図式を提案した[17]（図11-4）。各時期の自我の発達過程をごく簡単に記述しよう。

(1)　乳児期：母子関係を通じて身体の安全と基礎的信頼感が獲得される。

(2)　早期幼児期：周囲の環境と自己統制との関連で，羞恥心や自己の価値に対する疑惑が生ずる一方，自律心が芽生える。

(3)　遊戯期：幼児期後期の家族関係の中で，主導性（自主性や積極性）の獲得と罪悪感の克服がなされる。

(4)　学童期：児童期の学校や近隣関係の中で，勤勉性（生産性）の獲得と劣等感の克服がなされる。

(5)　青年期：アイデンティティ（自我同一性）の獲得と役割の混乱がみられ

13) Baltes, P. B. (1987). Theoretical propositions of life-span developmental psychology : On the dynamics between growth and decline. *Developmental Psychology*, **23**, 611-625. （鈴木忠（訳）（1993）. 生涯発達心理学を構成する理論的諸問題——成長と衰退のダイナミックスについて. 東洋・柏木惠子・高橋惠子（監訳）生涯発達の心理学 第1巻 新曜社 pp.173-204）.

14) Elder, G. H. Jr. (1998). The life course and human development. In R.M. Lerner (Ed.), *Handbook of child psychology* 5th ed. Vol.1: The theoretical models of human development. New York: Wiley. pp.939-991.

15) エリクソン（Erikson, E. H., 1902-1994）：ドイツ生まれ。画家を志すが，1927年にフロイト（Freud, S.）のもとで精神分析の訓練を受け，1933年に国際精神分析協会の正会員となる。アメリカに移住し，1960年ハーヴァード大学人間発達研究学科教授となった。アイデンティティ研究の創始者である。

16) 時間の推移とともに徐々に形成されるという意味である。

17) 西平直喜（1979）. 青年期における発達の特徴と教育 大田堯ほか（編）岩波講座 子どもの発達と教育6 岩波書店

る（第14章参照）。

(6) 成人初期：友情・性愛，競争や協力によって，自分を他人の中に見失い，また発見することによって，親密性の確立と孤独感・孤立の克服がなされる。

(7) 成人期：教育と伝統の思潮の中で，社会的分業と家事の共存とから，生産性・生殖性（世代継承）の確立と沈滞感の回避が生ずる。

(8) 成熟期：あるがままに世界と自己を受け入れ，人間としての英智を獲得し，自我統合感の確立と絶望感の回避がなされる。

下段の徳（virtue）とは，各時期の危機を通して獲得される心理・社会的な強さのことである。

(死へのレディネス)

Ⅷ　成熟期								統合性 対 嫌悪・絶望
Ⅶ　成人期							生殖性 対 自己吸収	
Ⅵ　初期成人期					連帯感 対 社会的孤立	親密さ 対 孤立		
Ⅴ　青年期	時間的展望 対 時間的展望の拡散	自己確信 対 自己意識過剰	役割実験 対 否定的同一性	達成期待 対 労働麻痺	アイデンティティ 対 アイデンティティ拡散	性的同一性 対 両性的拡散	指導性の分極化 対 権威の拡散	イデオロギーの分極化 対 理想の拡散
Ⅳ　学童期				生産性 対 劣等感	労働アイデンティティ 対 アイデンティティ喪失			
Ⅲ　遊戯期	（その後のあらわれ方）	主導性 対 罪悪感		遊戯アイデンティティ 対 アイデンティティ空想	←（それ以前のあらわれ方）			
Ⅱ　早期幼児期		自律性 対 恥・疑惑		両極性 対 自閉				
Ⅰ　乳児期	信頼 対 不信			一極性 対 早熟な自己分化				
社会的発達／生物学的発達	1 口唇期 oral	2 肛門期 anal	3 男根期 phallic	4 潜伏期 latent	5 性器期 genitality	6 成人期 adult	(7 成人期) ──	8 老熟期) ──
中心となる環境	母	両親	家族	近隣・学校	仲間・外集団	性愛・結婚	家政・伝統	人類・親族
virtue 徳	hope 希望	will 意志力	goal 目標	competency 適格性	fidelity 誠実	love 愛	care 世話	wisdom 英智

図11-4　エリクソンの精神発達の漸成理論図 （西平，1979に基づいて作成）[17]

88

発　達　課　題

・・・

　ハヴィガーストは，個人が健全な発達を遂げるために，発達のそれぞれの時期で果たさなければならない課題を設定した。**発達課題**とは，「人の生涯のそれぞれの時期に生じる課題で，それを達成すればその人は幸福になり，次の段階の課題の達成も容易になる。失敗した場合はその人は不幸になり，社会からは承認されず，次の段階の課題を成し遂げるのも困難となる課題」である。下表にハヴィガーストがあげた生涯を通しての発達課題を示した。

表　生涯を通しての発達課題（Havighurst, 1972 に基づいて作成）[1]

Ⅰ．乳児期および幼児期――［誕生からほぼ6歳まで］	Ⅳ．成人期前期――［18歳から30歳］
1. 歩くことを学ぶ 2. かたい食べ物を食べることを学ぶ 3. 話すことを学ぶ 4. 排泄をコントロールすることを学ぶ 5. 性のちがいと性にむすびついた慎みを学ぶ 6. 概念を形成し，社会的現実と物理的現実をあらわすことばを学ぶ 7. 読むための準備をする 8. 良いことと悪いことの区別を学んで，良心を発達させはじめる	1. 配偶者を選ぶ 2. 結婚した相手と一緒に生活していくことを学ぶ 3. 家族を形成する 4. 子どもを育てる 5. 家庭を管理する 6. 職業生活をスタートさせる 7. 市民としての責任をひきうける 8. 気のあう社交のグループを見つけだす
Ⅱ．児童期――［ほぼ6歳から12歳］	**Ⅴ．中年期――［ほぼ30歳から，だいたい60歳くらいまで］**
1. ふつうのゲームをするのに必要な身体的スキル（技能）を学ぶ 2. 成長している生物としての自分について健全な態度をきずく 3. 同じ年頃の仲間とうまくつきあっていくことを学ぶ 4. 男性あるいは女性としての適切な社会的役割を学ぶ 5. 読み，書き，計算の基本的スキル（技能）を学ぶ 6. 日常生活に必要な概念を発達させる 7. 良心，道徳性，価値基準を発達させる 8. 個人的な独立性を形成する 9. 社会集団と社会制度に対する態度を発達させる	1. ティーンエイジに達した子どもが責任を果たせて，幸せな大人になることを助ける 2. 成人としての社会的責任と市民としての責任を果たす 3. 自分の職業生活において満足できる業績を上げて，それを維持していく 4. 成人にふさわしい余暇時間の活動を発展させる 5. 自分をひとりの人間として配偶者と関係づける 6. 中年期に生じてくる生理的変化に適応して，それを受け入れる 7. 老いていく両親に適応する
Ⅲ．青年期――［12歳から18歳］	**Ⅵ．成熟期――［60歳から後］**
1. 同性と異性の同じ年頃の仲間とのあいだに，新しいそしてこれまでよりも成熟した関係をつくりだす 2. 男性あるいは女性としての社会的役割を獲得する 3. 自分の身体つきを受け入れて，身体を効果的に使う 4. 両親やほかの大人たちからの情緒的独立を達成する 5. 結婚と家庭生活のために準備をする 6. 経済的なキャリア（経歴）に備えて用意する 7. 行動の基準となる価値と倫理の体系を修得する――イデオロギーを発達させる 8. 社会的責任をともなう行動を望んでなしとげる	1. 体力や健康の衰えに適応していく 2. 退職と収入の減少に適応する 3. 配偶者の死に適応する 4. 自分と同年齢の人びとの集団にはっきりと仲間入りする 5. 社会的役割を柔軟に受け入れて，それに適応する 6. 物質的に満足できる生活環境をつくりあげる

◎ **column 引用文献** ・・

① Havighurst, R. J. (1972). *Developmental tasks and Education*. 3rd ed. New York: David McKay.（児玉憲典・飯塚裕子（訳）(1997).
　ハヴィガーストの発達課題と教育――生涯発達と人間形成　川島書店）

第12章
あかちゃん時代——胎児期から乳幼児期

学習
目標
胎児期・新生児期の発達について知ろう。
乳幼児期の愛着について理解しよう。

1. 胎児期

受精からほぼ280日の妊娠期間を経て，ヒトは誕生する。受精後，母親がまだ妊娠に気がついていないような時期（4～7週）にはすでに主要な臓器が形成されている（この時期は**胎芽**とよばれる）。そして妊娠3か月頃には**胎児**の目，耳，口が分化し，人らしい形態になる。妊娠中から親子関係ははじまっており，特に妊娠5か月頃に胎児が活発に動くようになると，母親は胎動を感じ，子どもの存在を実感する。妊娠10か月までの間に胎児は急激に大きくなり，出産時には約3,000g，50cmにまで成長する。

2. 新生児・乳児期の感覚能力

生まれてから生後1か月のあかちゃんを**新生児**といい，1歳から1歳半頃までを**乳児期**という。また，その後の1歳半から就学前までを**幼児期**といい，あわせて乳幼児期とよぶことも多い。かつてあかちゃんは真っ白な無力な状態で生まれてくると考えられていたが，研究が進む中で新生児や乳児が非常に優れた感覚能力を備えており，誕生直後から環境と活発に相互作用していることがわかってきた（感覚能力については第2章参照）。

2.1. 原始反射

新生児はさまざまな**原始反射**をもって生まれてくる。まず，**吸啜反射**（きゅうてつ）は唇に何かを近づけると吸いつく反射である。これによって出生直後の新生児でも母親の乳房や哺乳瓶を吸うことができる。そして，**モロー反射**はドアをバタンと閉めたときなどの大きな音がしたときや強い光を浴びるなど，びっくりしたときに，思わず抱きつこうとするかのように両腕を広げる反射である（図12-1）。さらに**把握反射**は，てのひらに触れるものは何でもしっかりとつかもうとする反射であり，例えば誰かに手でつかまった状態でそのままもち上げられた場合，自分の身体が床から浮き上がってしまったとしても手を離さずにつかま

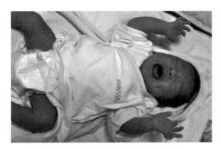
図12-1 モロー反射（生後7日目）

図12-2 生理的微笑（生後7日目）

り続けることができる。また，新生児は眠りながら**生理的微笑**とよばれる微笑みを浮かべる（図12-2）。これは喜んでいるわけではなく生理的反応であるが，養育者は生理的微笑を見て愛おしさを感じ，のちの愛着形成につながっていく。

2.2. 五感の発達

新生児は嗅覚も優れている。出生後まもない新生児の顔の左右に，自分の母親の母乳のついた布と，違う母親の母乳のついた布を置くと，新生児は，自分の母親の母乳のついた布のほうをよく見る[1]。

聴覚はすでに胎児期から発達している。20 〜 30週の胎児に母親の声を聞かせると，心拍数が変化したり，身体を動かしたりする。生後まもない新生児は音のするほうに顔を向け，大きな音に驚く。また，新生児は，母親の声と，ほかの人の声では違う反応を示すという研究や[2]，生後4日のフランス人の新生児がフランス語（母語）とロシア語とを区別したことを示した研究[3][4]により，新生児が胎児の頃に聞いていた声を覚えていることがわかっている。

視覚の基本要素は出生時にすべて備わっているが，生後約2週間は色彩知覚が十分に機能していない。視力は0.02程度であるが，母親の胸に抱かれたときには顔をはっきり認識できる。

視覚に関して興味深い傾向があり，生後すぐから人の顔を積極的に見ようとすることがわかっている。乳児は誕生後いろいろな図を見せると，模様のない図形よりも同心円や人の顔に近いものをもっとも長く見つめる傾向にあることがファンツによって報告された[5]（図12-3，12-4）。

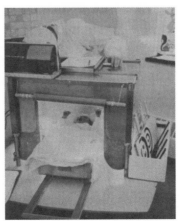
図12-3 ファンツの実験の様子
（Fantz, 1965）[5][6]

最近の研究では，新生児が表情も区別し，笑顔をより好むことが報告されている。ファローニらは生後2日目から4日目までの25名の新生児に対する実験で，新生児は恐怖の顔と無表情の顔の区別はしなかったのに対し，

1) Russell, M. J. (1976). Human olfactory communication. *Nature*, **260**, 520-522.

2) Decasper, A. J., Lecanuet, J. P., Busnel, M. C., Granier-Deferre, C., & Maugeais, R. (1994). Fetal reactions to recurrent maternal speech. *Infant Behavior and Development*, **17**, 159-164.

3) Mehler, J., Jusczyk, E. W., Lambertz, G., Halsted, N., Bertoncini, J., & Amiel-Tison, C. (1988). A precursor of language acquisition in young infants. *Cognition*, **29**, 143-178.

4) 馴化・脱馴化法を用いて実験している。同一の刺激を与え続けると，だんだんそれに慣れて反応が減少してくるが（馴化），減少してきた時に新たな刺激を与えて，反応が変化するのかをみる（脱馴化）。

5) Fantz, R. L. (1965). Visual perception from birth as shown by pattern selectivity. *Annuals of the New York Academy of Sciences*, **118**, 793-814.

6) 右の箱に実験の刺激である顔が描かれたプレートがみえる。

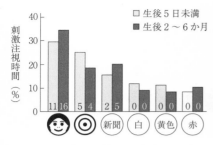

図12-4 刺激注視時間と各刺激パターンを
最も注視した乳児の人数
（Fantz, 1965に基づいて作成）[5]

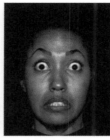

図12-5 ファローニらの実験で用いられた写真 （Farroni et al., 2007）[7] [8]

7) Farroni, T., Menon, E., Rigato, S., & Johnson, M. H. (2007). The perception of facial expressions in newborns. *European Journal of Developmental Psychology*, **4**, 2-13.

8) 新生児は無表情の顔（左）と恐怖の顔（中央）は区別しなかったが, 恐怖の顔と笑顔では, 笑顔（右）をより長く注視した。

9) ボウルビィ（Bowlby, J., 1907-1990）：イギリス生まれの精神科医。第2次世界大戦中に疎開した子どもや戦災孤児などの研究成果を中心にして, マターナルディプリベーション（母性剥奪）の弊害について論じた。

10) Bowlby, J. (1969). *Attachment and loss*. Vol.1. Attachment. London: Hogarth Press.（黒田実郎・大羽蓁・岡田洋子・黒田聖一（訳）(1991). 母子関係の理論［新版］I　愛着行動　岩崎学術出版社）

笑顔と恐怖の顔では違った反応をし, 笑顔をより長く注視することを示した[7]（図12-5）。このような人の顔に注目する傾向は, 自分の世話をしてくれる養育対象を見分け, 愛着を形成することに役立つ。

3. 社会性の発達

3.1. 愛着とは

愛着（アタッチメント）とは, 精神科医ボウルビィ[9] が提唱した概念であり, 親子の間に形成されるような, 深い, 情緒的な絆のことをさす。乳幼児は特に養育者との関係性が非常に重要であり, 心の絆を求めて, **愛着行動**を頻繁にとる（親を引きつける, 泣く, 微笑む, 発声, 注視, 後追い, 接近, 身体接触行動など：第11章参照）。ボウルビィは愛着によって子どもの安全と親自身の子どもを保護したいという目的が達成されると主張した。

3.2. 愛着行動の発達

愛着行動は, 発達とともに変化し, 以下の4つの段階がある[10]。

第1段階は, 出生直後から生後8〜12週頃であり, 人物の識別をともなわない定位と発信の段階である。人物を弁別する能力にまだ限りがあるため, 誰に対しても愛着行動をとる。

第2段階は, 1人または数人の特定対象に対する定位と発信の段階であり, 生後12週から6か月頃である。愛着行動を向ける対象が徐々に絞り込まれ, 養育者とそのほかの人を明確に区別するようになる。

第3段階は, 発信および移動による特定対象への近接の維持の段階であり, 生後6か月から2〜3歳頃である。この時期は特定対象に対する選好が強まり, 離れるときに激しく泣くなど, 分離不安がみられる。見知らぬ人の問いかけにはかたくなに応じず, いわゆる人見知りを示し, 恐れ, 逃避行動を示す。

第4段階は，目標修正的な協調性形成の段階であり，3歳以降である。この頃になると，養育者とたえず一緒にいなくても，その人が自分のところへ戻ってきてくれる，きっと何かあっても助けてくれるという確信をもつようになる。これを**内的作業モデル**という。内的作業モデルが形成されると，これを基盤として，行動や感情が安定し，養育者，家族以外の人物とも関係を作ることができるようになる。

3.3. 愛着の個人差

　エインズワースは愛着の個人差を**ストレンジ・シチュエーション法**によって測定することを考案した[11]。これは子どもを親から離して，見知らぬ人と対面させ，そのときの反応をみることで親との間に形成された愛着のパターンを測定するというものである。この研究から，愛着には以下のようなパターンがあることがわかった（図12-6）。

11) Ainsworth, M. D. S., Blehar, M. C., Waters, E., & Wall, S. (1978). *Patterns of attachment: A psychological study of the strange situation.* Hillsdale, NJ: Lawrence Erlbaum Associates.

　まず，Aタイプは**回避型**とよばれるものである。このタイプの子どもは親と離される際に，泣いたり，混乱を示したりすることがほとんどない。親と再会したときには，親から目をそらしたり，避けようとしたりする。おもちゃで遊ぶときは親とかかわりなく遊ぶ。つまり親を回避しようとするタイプである。

　Bタイプは**安定型**とよばれるものである。親と引き離されるときに，多少泣いたり，混乱を示したりするが，親と再会したときには，積極的に身体的接触を求める。親や見知らぬ人に対しても，肯定的な感情をみせ，親を安全基地にして遊ぶことができる。

　Cタイプは**アンビヴァレント型**[12]である。親と引き離されるときに，非常に強い不安や混乱を示す。再会したときには親に身体接触を求めるが，その一方で同時に怒りを示し，強くたたいたりする。近づく一方で怒りを示すという，正反対の行動が同時にみられる。親にべったりとくっついていることが多い。

12) アンビヴァレントとは，相反する感情が同時に存在することである。

　さらに，近年Dタイプとよばれる**無秩序型**というものが報告されている。親に顔を背けた状態で接近する，見知らぬ人と対面したときに，親から離れて壁にすりよる，親と再会したときには，近寄ったとたんに，すぐに床に倒れこむなど，不可解な行動がみられる。虐待を受けた子に多くみられる。

　このような愛着の個人差は，親の養育態度のうち**感受性**と**応答性**，そして**一貫性**が影響していると考えられている。感受性と応答性は，母親がどのくらい子どもの状態や欲求を敏感に感じとるか，そしてそのうえで，子どもが示す信号にどのくらい適切に反応しうるか，という点である。一貫性は，子どもが同じ信号を出したときに一貫した行動をしているかどうか，例えば，子どもが接触してきたときに，あるときは受け入れ，あるときは拒否するような行動をすると，子どもは混乱する。Aタイプは感受性と応答性が低い養育者，Cタイプは一貫性が低い養育者である場合になりやすい。

また，Cタイプと分類された子どもは生後1か月時点で激しく泣く傾向があるなど，愛着の個人差には，子どもの気質が与える影響が小さくないことも明らかになっている。以上のことから，愛着は親の養育態度と子どもの気質との相互作用によって形成されると考えられる[13][14]。

13) 三宅和夫(1990). 子どもの個性——生後2年間を中心に 東京大学出版会

14) 三宅和夫・陳省仁・氏家達夫(2004). 個の理解をめざす発達研究 有斐閣

① 実験者が母子を室内に案内，母親は子どもを抱いて入室。
実験者は母親に子どもを降ろす位置を指示して退室。（30秒）

② 母親は椅子にすわり，子どもはオモチャで遊んでいる。（3分）

③ ストレンジャーが入室。
母親とストレンジャーはそれぞれの椅子にすわる。（3分）

④ 1回目の母子分離。母親は退室。
ストレンジャーは遊んでいる子どもにやや近づき，はたらきかける。（3分）

⑤ 1回目の母子再会。母親が入室。
ストレンジャーは退室。（3分）

⑥ 2回目の母子分離。母親も退室。
子どもはひとり残される。（3分）

⑦ ストレンジャーが入室。
子どもを慰める。（3分）

⑧ 2回目の母子再会。
母親が入室し，ストレンジャーは退室。（3分）

図12-6 ストレンジ・シチュエーション法の手続き（繁多, 1987)[15]

15) 繁多 進(1987). 愛着の発達——母と子の心の結びつき（現代心理学ブックス）大日本図書

ことばはどうやって発達するのか

　誕生直後から幼児期までの間に劇的に発達するのが，ことばである。子どものことばは発達の時期に個人差が大きいものの，ある程度，一定の法則に基づいて段階的に発達していく。誕生後まもない新生児は発声器官が未熟なため言語音を出すことができないが，1歳頃になると意味のある単語を話すようになり，2歳をすぎると爆発的に語彙が増え，文法も使えるようになる。

　誕生から2か月頃に出る音声は反射の叫喚（きょうかん）と自律的な音のみであり，ほとんどが不快な状態での泣きや叫び，または授乳，呼吸に関係するげっぷ，せきなどの自律的な音である。2～4か月になると，のどを鳴らして，クークーという鳩の泣き声に似たクーイングなどの音を出す。生後2か月頃から乳児は自分の唇や歯・舌・喉をある程度自分でコントロールし，乳児特有の音声である**喃語**（なんご）を出す。

　4～6か月になると，喃語は子音や母音が分化するようになり，聞き取れるようになる。機嫌のよいときに，ひとりでいろいろな高さや長さの音を出して，それを繰り返すような音の遊びを行う（キーキー声という金切り声，ウーウーという唸（うな）り声，ブーブーと空気を破裂させるような声）。

　6か月以降になると**基準喃語**という母音と子音から構成されるリズミカルな喃語が出現する。バ，バ，バ（反復喃語），バブバブ（多様喃語）など，異なる音節を組み合わせることができる。この時期は養育者に向かって発声することが増え，離乳食がほしいときに声を出すなど，コミュニケーションの意図をもった社会的な喃語が増える。

　10か月以降になると乳児は**ジャーゴン**という，音韻の組み合わせはでたらめであるが，イントネーションや発音の強弱が母語そっくりなおしゃべりのように聞こえる発声をしきりに発するようになる。ジャーゴンには母語にない発音は含まれておらず，このことから，乳児が母語の音韻体系に合致した音韻知覚能力を獲得したことがわかる。

　ジャーゴン期を経て，1歳頃になると，「まんま」など，はじめての有意味語（**初語**）があらわれる。養育者とのやりとりの中でことばと意味とがつながり，言える単語が増え，自分の気持ちを伝えようとする。初語が出てこない子どもでも，10か月を過ぎた頃から，大人の言うことばの意味は理解できていることが多い。その後は，徐々に「ママ，あっち」などの，**二語文**が出はじめ，自分の欲求を積極的に表現する。

　自発的に産出できることばが50語を超えると，それまではゆっくりであった語彙の獲得数が急激に増加する。これを「語彙の爆発期」とよび，生後1歳半から2歳くらいの時期に起こる。この時期は人のことばをさかんにまねて，一日に数個の新しい単語が飛び出すことも多く，養育者を驚かせる。**文法**がわかるようになり，助詞を用いることもできるようになる。

第13章

子ども時代——児童期

児童期はどのような時期か知ろう。
児童期の特徴について，認知発達，社会性の面から理解しよう。

1. 児童期

　6歳から12歳までの小学校にあたる時期が**児童期**である。この時期は，小学校に入学して，決まったスケジュールのもとで教育を受けるようになる。遊びが中心であった幼児期の生活から，児童期は生活の場が主に学校になり，学習が中心となる。エリクソンは，漸成理論において児童期の課題として**勤勉性対劣等感**をあげている（第11章参照）。学校生活の中で目標に向かってコツコツと自発的に努力する勤勉性をはぐくむこと，目標を達成できなかったときに生じる劣等感を克服することが課題となる。認知発達が進み，道徳心も同時に芽生える。

2. 認知の発達

　ピアジェ[1]は，人がいかにして知識を獲得して，抽象的な論理的思考ができるまでに発達するのかについて研究した[2]。彼は生後初期からの感覚運動機能の延長上に，表象的知能を位置づけ，発達段階を示した（表13-1）。彼の理論は子どもを丹念に観察し，実験を行うことで丁寧に構築されており，批判をされながらも，現代の心理学において大きな影響力をもっている[3]。

　彼の理論の中心となった概念は，**同化**（人がすでにもっている認知構造〔＝シェマという〕に外界を取り込むこと）と，**調節**（外界にあわせて認知構造を変えること）である。例えば子どもが，「羽が生えていて飛ぶものは鳥という」という知識を得る（シェマの生成）。次にカラスに出会い，これも鳥であることを知る。これはすでに獲得した知識と矛盾しない（同化）。しかし，今度はペンギンに出会う。ペンギンは羽が生えているが，飛ぶことはできないため，これまでに獲得した知識とは異なるが，これも鳥類であると知り（調節），新たな認知構造が生成される。この一連の過程を**均衡化**とよぶ。新しい事柄に出会うたびにこの均衡化の過程が繰り返され，環境への理解が進む。発達は子どもが環境との間で同化と調節を繰り返しながら進行していく。

　児童期は**感覚運動期**，**前操作期**に続く**具体的操作期**にあたる。この時期は目

1) ピアジェ（Piaget, J., 1896-1980）：スイス出身。当初は動物学を専攻したが，その後心理学を学ぶ。自身の3人の子どもたちの発達を詳細に観察し，発達理論を構築した。1999年にタイム誌が選ぶ20世紀の100人に児童心理学者として選ばれている。

2) Piaget, J., & Inhelder, B. (1956). *The child's conception of space*. London: Routledge & Kegan Paul.

3) 村田孝次（1987）．発達心理学史入門　培風館

表13-1　認知の発達段階（Piaget, 1956に基づいて作成）[2]

感覚運動期	0〜2歳	ものに直接働きかけることで外界を理解する。 見る，聞く，触る，吸うなどの連動機能を用いて環境とかかわりあう。逆にいうと自分の感覚を通じて触れるもの以外は認識しない。例えば，おもちゃを見せ，それを机の下に隠すと，子どもは，おもちゃが消失してしまったかのように，すぐにおもちゃへの興味をなくす。直接的視覚の強い影響に支配されている。
前操作期	2〜7歳	表象機能が発達し，目の前にないものについて考えることができる。ものが目の前から見えなくなっても，どこかに存在するということが理解できるようになる（**ものの永続性の理解**）。他者がした行動を心の中でイメージとして保持し，しばらく時間がたった後でまねをすることができる（**延滞模倣**）。**自己中心性**（自分の現在の立場からの見方，考え方，感じ方にとらわれる傾向）を示す。すべてのものが自分と同じように生きて心をもつと考えて，無生物を擬人化する（**アニミズム**）。保存課題は理解できない。
具体的操作期	7〜11歳	具体的なことがらであれば，論理的にものを考えることができるようになる。複数のものの「相対的な関係」を理解することができる（例えば，長さの違う棒を長さの順に並べることなど）。**保存課題**（物質が，その見かけなどの本質的でない特徴を変化させても，数，重さ，長さ，液体量などの本質的特徴は変化しないこと）について理解する。しかしまだ抽象度が高い問題になると答えられない。
形式的操作期	11歳〜	具体的な現実を離れた**抽象概念の理解**が可能になり，たんなる可能性の問題や，事実に反する仮定的な出来事についての理解ができるようになる。抽象的な記号をもとに，それを組み合わせて思考することができる（例えば，円周率3.14をπという記号で置き換えるという規則を理解できる）。ある命題を与えられた場合に，その前提の下で個々の事例についての推論ができるようになる（**仮説演繹的思考**）。

の前にある3つの大きさの異なるボールを小さい順に並べるなど，具体的な事柄であれば，論理的にものを考えることができるようになる。**保存課題**（物質が，その見かけなどの本質的でない特徴を変化させても，数，重さ，長さ，液体量などの本質的特徴は変化しないこと）の理解ができるようになる。

　保存課題は次のように教示される[4]（表13-2）。①子どもに，2つの同じ形，同じ大きさのコップに等しい量だけ入った水を見せる。②どっちが多いか聞き，子どもが「どっちも同じ」と答え，同じ量として理解しているかを確認する。③片方のコップの水を，細長いコップに注ぐと水面が高くなる。④子どもに，どちらのコップの水のほうが多いかを聞く。

　前操作期の子どもは，たとえ子ども自身にこの作業をやらせても，より水面が高くなったほうの水が多いと答えるが，具体的操作期の子どもは容器を移し替えただけでは中の水の量が変わらないことを理解できる。ただしまだ具体物を用いないで自分の頭の中だけで抽象的な思考をするには限界がある。

　また，前操作期の子どもは自分の視点と他者の視点の区別ができず，自分が見ている光景と他者が見ている光景を同じものであると考える（**自己中心性**）。しかし，具体的操作期の9〜10歳頃になると，自分中心の視点から離れて自分が見ているものと他者が見ているものとが異なることを理解できるようになる（**脱中心化**）。ピアジェは**三つ山問題**を使ってこれを検討した（図13-1）。三つ山問題では，座る位置が異なると，見える山の数が異なるように山が配置さ

4) 内田伸子・臼井博・藤崎春代(1991). 乳幼児の心理学　有斐閣.

表13-2　ピアジェの保存課題の例（内田，2011に基づいて作成）[4]

ピアジェの課題		直観的思考期*（4〜7歳）	具体的操作期（7〜11歳）
数の保存		子どもは2つの列の長さや密度の違いに惑わされて，並べ方次第で数が多くも少なくもなると判断する。	子どもは，2つの列は長さと密度が異なるが，ともに同じ数であることを理解する。
液量の保存		子どもは，A，Bの容器に等量の液体が入っていることを認める。それからBをCに移し替えると液面の高さに惑わされ，Cのほうを「たくさん」と答える。	子どもは，A，Bの容器に等量の液体が入っていることを認める。それからBをCに移し替えると，液面の高さは変わるが，CにはAと等しい液体が入っていることを理解する。
物理量と重さの保存		子どもは，A，Bの粘土のボールが等しい量で，同じ重さであることをまず認める。それからBをつぶしてCのソーセージ型にすると，大きさの違いや長さの違いに着目して，量は変化し，重さも変わると答える。	子どもは，A，Bの粘土のボールが等しい量で，同じ重さであることをまず認める。それからBをつぶしてCのようにしても，それはBの時と等しい量でしかも同じ重さであることを理解する。
長さの保存		子どもは個数の異なった積み木を使って，Aと同じ高さの塔を作ることができない。	子どもは個数の異なった積み木を使って，Aと同じ高さの塔を作ることができる。

＊直観的思考期：前操作期をさらに前概念的思考期（2〜4歳）と直観的思考期（4〜7歳）に分けたもの

れている（Aに座ると3つの山が見えるがCに座ると2つの山しか見えない）。子どもはAの位置にいて，テーブルを挟んで向かい合ったCに人形を座らせる。子どもにCの人形から見ると山がいくつ見えるのかを尋ねる。前操作期の子どもは自分が見ている光景と同じ3つの山が見えると答えるが，具体的操作期後半の9〜10歳以降の子どもは人形の視点に立って2つと答えることができる。

　さらに年齢が上がり，11〜12歳頃の**形式的操作期**になると，具体的なものや自分の身近な体験を超えて，潜在的な可能性を考慮し，仮定に基づく推理を行うことができるようになる。記号を使った数式や，組み合わせ，比例などの概念についての理解が可能になる。「いま，ここ」だけではなく，過去，現在，未来といった時間的概念の理解ができるようになる。

　具体的操作期から形式的操作期への転換期は小学4年生の時期にあたる。この時期は教育場面において，飛躍の歳であると同時につまずきが生じやすい時期とされ，「**10歳（もしくは9歳）の壁**」と表現される[5]。具体的操作から形式的操作

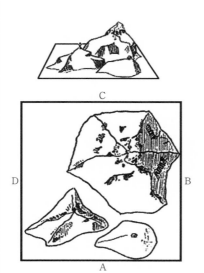

図13-1　ピアジェの三つ山問題（Piaget, 1956）[5]

5）Piaget, J. & Inhelder, B.（1956）. *The child's conception of space*. London: Routledge & Kegan paul.

への質的な変化には個人差がみられ，スムーズに移行する場合と停滞してしまう場合とがあり，不安定になりやすい。渡辺によると，スムーズな移行のためには，7〜11歳くらいの時期に，身のまわりの事物をよく観察させ，いろいろな発見や体験の機会を増やすことが重要であり，生々しい具体的な体験を重ねることがのちの抽象的な認識の基盤になるという[6]。

6) 渡辺弥生 (2011). 子どもの「10歳の壁」とは何か？——乗り越えるための発達心理学　光文社

3. 社会性の発達

乳幼児期は親との関係が主であり，年長者とのタテの関係が中心だったのに対し，児童期では，学校のクラスの友人のような自分と同質のヨコの関係が広がり，**仲間関係**が重要になっていく。自分と類似した友人との関係の中では，友人と自分とを比較することによって，自分を客観的に知覚することができるようになり，自分はどういう人間なのかという**自己概念**（第16章参照）が形成されていく。

自己と他者とが未分化であった乳幼児期の自己中心的な視点からは抜け出し，児童期では同じ状況下でも他者と自分とが異なる考えをもつことがわかるようになる。自分が何をどのように考えているのかについて客観視することができ，他者の視点を自分の視点と協応させ，他者の感情や考えを理解することができるようになっていく[7][8]（表13-3）。自己概念の形成と客観視できる力の発達は，ときに自分に対して否定的になったり，友人と自分との考えの違いによる悩みを生じさせることにもつながる。

小学校低学年の時期は，友人関係は流動的であるが，高学年になると同性の決まった集団の友人と徒党を組むようになる。この関係を**ギャンググループ**と

7) Selman, R. L. (1976). Toward a structural analysis of developing interpersonal relations concepts : Research with normal and disturbed preadolescent boys. In A. D. Pick (Ed.), *Minnesota symposia on child psychology*, Vol.10. Minneapolis, MN: University of Minnesota Press.

8) 小嶋秀夫 (1991). 児童心理学への招待——学童期の発達と生活　サイエンス社

表13-3　社会的な視点の取り方の発達 (小嶋，1991に基づいて作成)[8]

	発達水準	説明	およその年齢範囲
0	自己中心的視点 （視点は未分化）	自分の視点と他者の視点との区別がない。	3〜7歳頃
1	主観の視点 （視点の分化）	同じ状況下で，自分と他者とが違う見方や感情をもつことがわかる。それぞれの人間の内的生活の独自性に関心が向く。	4〜9歳頃
2	自己内省的視点 （相互交換）	他者の視点から自分の内的活動を見ることができる。他者が私を主体と見ていることがわかる。考え・気持ちの水準での相手とのやりとりに気づく。	6〜12歳頃
3	第三者の視点 （相互的視点）	第三者の視点を取ることができる。自分も他者も，ともに相手の視点に立つことができる存在だということがわかる。社会的相互作用の外に視点を移し，集団の中にいるそれぞれの人の視点を相互にかみ合って働きあっているもの（協応）として理解する。	9〜15歳頃
4	社会の視点	社会の視点，法律や道徳のように共有された視点をお互いにもっていることに気づく。人びとの視点の間の関係を，ネットワークを形成するものとしてとらえる。	12歳頃〜青年期

注）理解しやすくするために，一部のことばを変えたり補ったりしている。

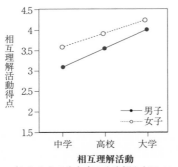

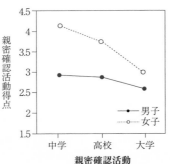

相互理解活動
（これからの生き方や人生観などについての
話をする，将来についての話をするなど）

親密確認活動
（トイレに一緒に行く，教室を移動するとき
は一緒に行くなど）

図13-2　仲間関係の発達（榎本，1999）[9]

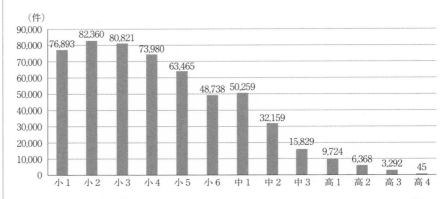

図13-3　平成30年度 学年別いじめの認知件数（文部科学省初等中等教育局児童生徒課，2019）[11]

9）榎本淳子（1999）．青年期における友人との活動と友人に対する感情の発達的変化　教育心理学研究，**47**，180-190.

10）この調査において，いじめは，「児童生徒に対して，当該児童生徒が在籍する学校に在籍している等当該児童生徒と一定の人的関係にある他の児童生徒が行う心理的又は物理的な影響を与える行為（インターネットを通じて行われるものを含む。）であって，当該行為の対象となった児童生徒が心身の苦痛を感じているもの。なお，起こった場所は学校の内外を問わない。」と定義されている（脚注11の文献による）。

11）文部科学省初等中等教育局児童生徒課（2019）．平成30年度児童生徒の問題行動・不登校等生徒指導上の諸課題に関する調査結果について　https://www.mext.go.jp/content/1410392.pdf（最終閲覧日：2021年2月10日）

よぶ。このギャンググループは，男児に特徴的にみられる。グループ内でだけわかる暗号を作ったり，グループ独自の規則を作ってそれを守ったりするなど，同一行動をとることで一体感や親密性を高め，グループ内の仲間から認められることが重要となる。児童期以降，このような友人関係においては，一緒に行う活動の質や友人に対する欲求や感情が徐々に変化する。トイレに一緒に行く，教室を移動するときは一緒に行くなど，友人との行動や趣味の類似点に重点をおき，仲が良いことを確認するような同一行動（図13-2では「親密確認活動」）は発達とともに減少して，互いの相違点を認め合い，価値観や将来の生き方などを語り合う行動（相互理解活動）が増加していく[9]。

　友人関係は児童期の社会性の発達を促進させる一方で，同時にネガティブな影響を与える可能性もはらむ。同年代の仲間との間に生じるトラブルの代表的なものとしていじめがある[10]。いじめの認知件数をみると，小学生の間は一貫して多く，中学1年生をピークとして，その後は減少する。これは児童期の時期とほぼ重なっており，児童期において，友人関係の中で生じる葛藤にどう対処するかが児童の適応にかかわる重要な問題であることを示している[11]（図13-3）。

他者にもこころがあることを理解する〈心の理論〉

　外からは見えない他者のこころを推測して，他者がどのように考えるか，なぜそのような行動をするのかをある程度一貫して説明・推測できること，つまり自分と他者にはこころがあることを理解していることを「**心の理論**」をもつという[1][2]。幼児期の子どもは自己中心的な思考をもち，他者と自分とを区別できないが，4歳以降になると他者が自分とは異なったこころをもっていることを理解できるようになる。心の理論をもっているのかどうかは，以下に示す**誤った信念課題**というもので測ることができる。

　この課題に4歳未満の子どもは，「箱」と答え，4歳以降の子どもは「カゴ」と答える。4歳未満の子どもは，自分の考えとサリーの考えが別であることがわからないため，サリーもビー玉が箱の中にあることを知っていると思ってしまう。しかし，4歳以降の子どもは，自分とサリーとは異なり，サリーは，ビー玉が出かける前に入れたカゴの中にあると思っていることを推測できる。他者のこころの存在を認識しているのである。

図　誤信念課題の例（Baron-Cohen et al., 1985に基づいて作成）[1]

◎ **column 引用文献** ･･
[1] Baron-Cohen, S., Leslie, A., & Frith, U. (1985). Does the autistic child have a "theory of mind"? *Cognition*, **21**, 37-46.
[2] 子安増生・木下孝司 (1997). 〈心の理論〉研究の展望　心理学研究, **68**, 51-67.

第14章

子どもから大人へ──青年期と成人期

学習目標　青年期の特徴と課題を理解しよう。
成人期の特徴と課題を理解しよう。

1. 青年期

1.1. 青年期とは

　青年期がどの年齢にあたるかは明確ではない。青年期とは，そもそもが社会の工業化によって，若者が労働や生産の場から解放されたことから生まれた発達概念であり，時代や社会の変化に合わせてその意義や過ごし方が変化する[1]。学校教育の長期化や親への長期的な経済的依存，晩婚化によって青年期の終わりを明確に定義できなくなりつつあり，青年期には終わりがないと述べる研究者や[2]，近年では青年期を成人期への移行とみなす「成人形成期」という概念も存在する[3]。しかし，ここでは，青年期を第二次性徴のはじまる中学生頃から，就職による経済的自立や結婚による新しい家族の形成などの社会的自立を遂げる25歳くらいまでをさすものとして扱い，以下にその特徴を述べていく。

1.2. 子どもから大人への移行

　青年期は身体的に大きく変化する時期である。**思春期スパート**とよばれる急激な体格の変化にともなって**第二次性徴**があらわれ，生殖能力が成熟する。このような急激な身体変化は，自分の性に対する関心の高まりに加えて，同性の友人，異性との恋愛，親との関係など，周囲の他者との関係性に変化を生じさせる。認知的には形式的操作期に入り，ほぼ成人へと近づく。子どもから大人へと変化していく狭間にあるこの時には自己に対する関心が高まる。それと同時に他者から自分がどうみられているかを気にするようになる。

　このような心身の成長にともない，青年期には親から離れてひとりの独立した人間になろうとする衝動がわき起こる。ホリングワースはこの青年期の特徴を**心理的離乳**と表現した[4]。青年は親から独立したいと思うが，一方でこころのよりどころである親に依存しつづけたいという気持ちをもつため，この相反する気持ちの葛藤から不安を生じやすくなる。青年は，親から情緒的に脱することによって自分と他者との境界をみつけ，自立へと一歩踏み出そうとするの

1) 溝上慎一(2014). 青年期　日本発達心理学会（編）発達心理学辞典　丸善出版

2) 岡田努(2007). 現代青年の心理学―若者の心の虚像と実像　世界思想社

3) Arnett, J. J. (2004). *Emerging adulthood: The winding road from the late teens through the twenties*. Oxford, UK: Oxford University Press.

4) Hollingworth, L. S. (1928). *The psychology of the adolescent*. New York: D Appleton & Company.

である。

1.3. アイデンティティ

　青年は，親とは異なる自分自身の考えや価値観に気がつき，自分の興味や関心を明確にし，自分のこれからの生き方を構想していく主体性を獲得する。エリクソンが漸成理論において示した青年期の発達課題は，**アイデンティティ対アイデンティティ拡散**である[5]（第11章参照）。アイデンティティの達成（第16章参照）とは，それまでの人生を振り返り，本当の自分を模索し，自分という存在を明確に理解し，人生をどう生きたいのかをしっかりつかんでいる感覚である。

　マーシャは，危機と積極的関与という2つの基準からアイデンティティの状態を分類する**アイデンティティステイタス理論**を示した[6]。**危機**とは，その人にとって意味のある多くの可能性について最も自分にとってふさわしいものは何かを迷い，決定しようと苦闘した，もしくは苦闘しているかという状態である。そして，**積極的関与**とは職業，政治，宗教などに関する自分自身の価値観や信念を明確に表現し，それに基づいて積極的に行動しているかという状態である。これらを経験しているかしていないかに基づき，アイデンティティの状態を，アイデンティティ達成，モラトリアム，フォアクロージャー，アイデンティティ拡散の4類型に分けている[7]（表14-1）。

　危機のさなかにいる青年は不安と動揺に満ちた状態にある。青年期から高齢期までを比較すると，理想の自分と現実の自分とのずれは青年期が最も大きい。そして自尊感情は最も低い[8]（図14-1）。つまり，青年にとって理想の自分は現在の自分よりもほど遠く，とても自信がもてないのである。しかしながら，青年期のこの理想の自分と現実の自分のずれは，今の自分を大きく超えて成長したいという気持ちからくるものであり，将来への希望のあらわれである。危機

5) Erikson, E. H. (1959). *Identity and the life cycle*. Psychological Issues. vol.1, Monograph 1. New York: International Universities Press.

6) Marcia, J. E. (1966). Development and validation of ego-identity status. *Journal of Personality and Social Psychology*, **3**, 551-558.

7) 無藤清子(1979).「自我同一性地位面接」の検討と大学生の自我同一性　教育心理学研究, **27**, 178-187.

8) 松岡弥玲(2006). 理想自己の生涯発達──変化の意味と調節過程を捉える　教育心理学研究, **54**, 45-54.

表14-1　マーシャによるアイデンティティステイタス （無藤, 1979に基づいて作成）[7]

ステイタス	危機	積極的関与	概略
アイデンティティ達成	経験した	している	幼児期からの在り方について確信がなくなり，いくつかの可能性について本気で考えた末，自分自身の解決に達してそれに基づいて行動している
モラトリアム	その最中	しようとしている	いくつかの選択肢について迷っているところで，その不確かさを克服しようと一生懸命努力している
フォアクロージャー	経験していない	している	自分の目標と親の目標の間に不協和がない。どんな体験も幼児期以来の信念を補強するだけになっている。硬さ（融通のきかなさ）が特徴的
アイデンティティ拡散	経験していない	していない	危機前：今まで本当に何者かであった経験がないので，何者かである自分を想像することが不可能
	経験した	していない	危機後：全てのことが可能だし，可能なままにしておかなければならない（選択をしない）

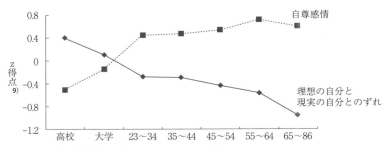

9) z得点とは，平均値を0に，標準偏差を1に換算した値。標準得点ともいう。数値が高いほど自尊感情が高いこと，理想の自分と現実の自分とのずれが大きいことを示す。

図14-1　理想の自分と現実の自分のずれと自尊感情の年齢差（松岡，2006に基づいて作成）[8]

の中で方向性を見いだそうとすることは，その後の人生を形成する基盤となる。

1.4. 恋愛

　私のどこが好きなの，俺のことどう思っているの，こんなことばかりをお互いに言い合っている青年期のカップルに出会ったことがあるだろうか。このような恋愛の仕方は青年期によくみられるものである。

10) 大野久(1995)．青年期の自己意識と生き方　落合良行・楠見孝(編)　講座生涯発達心理学4　自己への問い直し——青年期　金子書房　pp.89-123.

　大野は，他者からの評価によって自己のアイデンティティを定義づけしようとする未成熟な状態での恋愛を「アイデンティティのための恋愛」とよんだ[10]（表14-2）。この恋愛は，相手からの賞賛によって自分を支えようとする関係であることが特徴的である。自分をほめてほしい，認めてほしいという欲求が中心で，相手を大切にしようという気持ちに焦点があたっていない。このような関係は長く続けることが困難であり，双方ともに疲れて終わりを迎えてしまう。

　しかしながら，このような青年期の恋愛は，自分に合った相手はどのような人なのか，相手のことを大切にする関係性とは何かといったことを学ぶ貴重な機会となり，次の成人期の課題へとつながっていく。

表14-2　アイデンティティのための恋愛（大野，1995に基づいて作成）[10]

①相手からの賛美，賞賛を求めたい
（好きだと言ってほしい）

②相手からの評価が気になる
（自分のことをどう思っているのかが気になる）

③しばらくすると飲み込まれる不安を感じる
（自分が自分でないような緊張感にとらわれる）

④相手の挙動に目が離せなくなる
（相手が自分のことを嫌いになったのではないかと気になる）

2.　成人期

2.1. 成人期とは

　成人期は青年期と老年期の間の時期をさす。青年期と同様に，成人期をいつ

とするのかは研究者によってばらつきがあるが，**成人中期（中年期）**のはじまりは30歳代後半もしくは40歳からであり，60歳もしくは65歳くらいまでを終わりととらえる傾向がある[11]。そしてそれより前の大学卒業後，就職や結婚を経験する25歳から35歳くらいまでは**成人期前期（成人初期）**として扱われる。成人期は個人差があるが，就職，結婚，出産，育児と人生の節目となるような重要なライフイベントを経験する人が多い。

エリクソンは漸成理論における成人期前期の課題として，**親密さ対孤立**をあげている（第11章参照）。親密さとは，深く親密な関係を他者との間に築き，その関係性を継続できるまでに成熟することである。それができなかった場合に陥るのが孤立であり，他者を拒絶し表面的な関係しか築けなくなってしまう。

2.2. 結婚生活

近年は生涯独身で過ごす人も増えているが，成人期における深く親密な他者関係として最も重要なものは夫婦関係である。結婚は人生における重要なライフイベントであり，結婚生活満足度は，成人期の精神的健康を左右する要素である。しかし，結婚生活満足度は結婚生活が長いほど低下し，特に妻は夫と比較して低くなる[12][13]（図14-2）。このような傾向からは，幸せな結婚生活には努力が必要であることがうかがえる。また夫婦の仲のよさは，子どもの抑うつにも影響する。菅原らは313世帯の父親，母親，および子ども（平均年齢10.25歳）を対象に大規模な調査を行い，両親の互いへの愛情の深さが家庭の雰囲気を介して児童期の子どもの抑うつ傾向を低下させることを示している[14]。

ではどうしたら愛情深い夫婦関係を築くことができるのだろうか。良好な夫婦関係を築くかぎは，夫婦間の思いやりのあるコミュニケーションにあることがいくつかの研究から示されている[15]。悩みがあると相談する（依存・接近），悩みは親身になって一緒に考える（共感）などのコミュニケーションをとる夫婦は双方ともに夫婦満足度が高く，命令口調ですぐに怒る（威圧），いい加減な相づちをして話を無視するといったコミュニケーションをとる夫の妻は，夫婦関係満足度が低く，離婚を考えた経験が多い。互いを大切にし，日々のコミュ

11) 岡本祐子（1995）．人生半ばを越える心理　南博文・やまだようこ（編）講座生涯発達心理学5　老いることの意味——中年・老年期　金子書房　pp.41-80.

12) Kurdek, L. A. (1999). The nature and predictors of the trajectory of change in marital quality for husbands and wives over the first 10 years of marriage. Developmental Psychology, **35**, 1283-1296.

13) 加藤司（2009）．離婚の心理学——パートナーを失う原因とその対処　ナカニシヤ出版

14) 菅原ますみ・八木下暁子・詫摩紀子・小泉智恵・瀬地山葉矢・菅原健介・北村俊則（2002）．夫婦関係と児童期の子どもの抑うつ傾向との関連——家族機能および両親の養育態度を媒介として　教育心理学研究，**50**, 129-140.

15) 平山順子・柏木惠子（2004）．中年期夫婦のコミュニケーション・パターン——夫婦の経済生活及び結婚観との関連　発達心理学研究，**15**, 89-100.

図14-2　結婚生活満足度の変化 （Kurdek, 1999；加藤，2009に基づいて作成）[12][13]

ニケーションの中でそれを伝えていくという基本的なことが，良好な夫婦関係を作るといえるだろう。

2.3.　親となる——産み育てることでの発達

　エリクソンは，漸成理論において親密さの後の発達課題として，**生殖性対自己吸収**をあげている（第11章参照）。これは，次の世代（自分の子ども以外も含む）を世話し，育成することに対する関心と，そのことへエネルギーを注いでいるという自信をもつことである。次世代に関心のない部分での自己実現は自分の中でだけ吸収されるいわば自己満足となり，それ以上の発達を遂げることができない。

　柏木・若松は，育児経験をもつ親との面接から，子育てによる変化・成長についての質問項目を作成し，親になる前と後での変化を検討している[16]（表14-3）。その結果，親となったことによって，①小さなことにこだわらない柔軟さ，②自分の欲求や立場を抑制し，他者と協調する態度，③広い多角的な視野，④運命や信仰などの重視や謙虚さ，⑤生き甲斐と存在感，⑥自分の考えや立場の明確さや強さを身につけるようになったという。子どもの誕生は生活が一変する大きな出来事であり，喜びと困難が同居する経験であるが，親と子がともに成長する重要な営みであるといえる。

16) 柏木惠子・若松素子 (1994).「親となる」ことによる人格発達——生涯発達的視点から親を研究する試み　発達心理学研究, **5**, 72-83.

表14-3　親となることによる成長・発達の次元 （柏木・若松，1994に基づいて作成）[16]

①柔軟さ	考え方が柔軟になった 他人に対して寛大になった 精神的にタフになった
②自己抑制	他人の迷惑にならないように心がけるようになった 自分のほしいものなどを我慢できるようになった 他人の立場や気持ちをくみとるようになった
③視野の広がり	日本や世界の将来について関心が増した 環境問題（大気汚染・食品公害）に関心が増した 児童福祉や教育問題に関心をもつようになった
④運命・信仰伝統の受容	物事を運命だと受け入れるようになった 運の巡り合わせを考えるようになった 常識やしきたりを考えるようになった
⑤生き甲斐・存在感	生きている張りが増した 長生きしなければと思うようになった 自分がなくてはならない存在だと思うようになった
⑥自己の強さ	多少他の人と摩擦があっても，自分の主張は通すようになった 自分の立場や考えはちゃんと主張しなければと思うようになった 物事に積極的になった

恋人はいらない〈恋人をほしいと思わない青年たち〉

　青年期は恋愛への関心が高まり，異性を求める時期であるとされてきたが，近年，恋人をほしいと思わない青年が増えていることが報告されている。

　日本の結婚相談所のオーネットは新成人618名（男性309名，女性309名）に調査を実施した[①]。その結果，交際相手がいると答えた人は2000年の調査では47.3%であったのに対し，2021年の調査では24.8%であり，大幅に減少していた。また「今後異性との交際を積極的にしていきたい」と答えた人は41.1%であり，半数に満たなかった。

　髙坂は，恋人をほしいと思わない青年について，大学生を対象に研究を行った[②]。調査時点で恋人がおらず，さらに恋人をほしいと思わない青年は，1,343名中242名（男性128名女性114名）であり，全体の18%であった。調査結果によると，恋人をほしいと思わない青年は，交際中の青年や，恋人はいないがほしいと思っている青年に比べるとアイデンティティの尺度[③]のうち対他的同一性（自分は周囲の人々によく理解されていると感じる）や心理社会的同一性（現実の社会の中で自分らしい生き方ができると思う）などが低く，独断性（他者が自分の考えを何と思おうと気にしない，自分の信じるところを守り通す）が高かった。

　恋人をほしいと思わない理由は，表の通りである。これを見るとさまざまな理由があることがわかり，ひとくくりに語ることは難しい。また，背景にある要因については不明確であり，今後の研究に任されている。しかし，他者を受け入れる寛容さの欠如もしくは他者に対する不信感が本質的な理由である場合には，他者への肯定的感情の構築を目指すことが必要であろう。

表　「恋人をほしいと思わない理由」に関する記述の分類結果（髙坂，2011に基づいて作成）[②]

カテゴリー	記述数	恋人をほしいと思わない理由　記述例
A 現状維持の希求	31	必要だと思わないから
	31	今は友だちと遊んでいるほうが楽しい
	23	ひとりで静かにしているほうが好きだから
B 否定的イメージ	70	連絡を取り合うのが面倒
	8	長続きする気がしない
C リスク回避	34	恋人に割く時間がない
	31	自分の時間が減る
D 自己の志向優先	25	自分のやりたいことを今はやりたいから
	16	今は自分のことで手いっぱいだから
E 親密な関係構築への障害	13	人といるのは好きじゃない
	11	他人を信じていないから
F なりゆき志向	31	好きな人がいない
	6	そのうちできると思うから
G 恋愛準備性の低さ	15	自分は魅力のある人間ではない
	8	恋人との付き合い方がよくわからない
H 傷つきの抑制	7	相手が悲しむのを，もう見たくないから
	8	別れたばかりだから
I 恋愛指針のなさ	10	恋人とは何かわからないから
	3	大学がはじまったばかりでまだわからない

◎ column 引用文献
① オーネット広報グループ（編）(2021). ことぶき科学情報　vol.130　https://onet.co.jp/company/release/2021/pdf/20210104.pdf（最終閲覧日：2021年2月10日）
② 髙坂康雄 (2011). 恋人を欲しいと思わない青年の心理的特徴　青年心理学研究，**23**，147-158.
③ 谷冬彦 (2001). 青年期における同一性の感覚の構造　教育心理学研究，**49**，265-273.

第15章

加齢と老化——中年期から高齢期

学習
目標
歳をとることで起こる人生の変化について知ろう。
超高齢期の人のこころとはどのようなものかを理解しよう。

1. 中年期危機

40代以降の成人期中期に起こる変化として，岡本は身体的変化，時間的展望のせばまりと逆転，生産性における限界感の認識，老いと死への不安という4つの否定的変化と自己確立感・安定感の増大という肯定的変化をあげている[1]。この時期，身体的には体力の衰えを感じはじめ，残り時間が少ないという気持ちをもつ。若いころのような頂点を目指して登っていくような感覚はすぎ，今度は山を下っていくような感覚をもつようになる。成人期中期に起こるこのようなこころの苦悩を**中年期危機**という。

レヴィンソンは，成人期は生活構造が安定する時期（安定期：重要な人生の選択を行い，自分の目標を追求する時期）と模索する時期（過渡期：それまでの生活構造を終えて新しい生活構造を築く時期）が交互に繰り返される中で進んでい

1) 岡本祐子 (1985). 中年期の自我同一性に関する研究　教育心理学研究, **34**, 295-306.

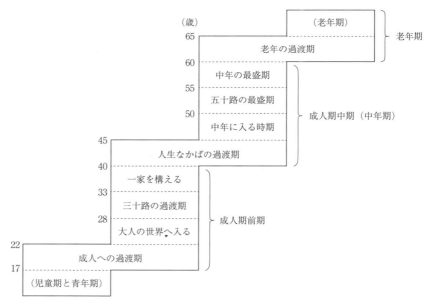

図15-1　レヴィンソンによる成人期の発達段階 (Levinson, 1978に基づいて作成)[2]

表15-1　成人期中期のアイデンティティ再体制化のプロセス
（岡本，1985に基づいて作成）[1]

段階	内容
Ⅰ	**身体感覚の変化の認識にともなう危機期** ・体力の衰え，体調の変化への気づき ・バイタリティの衰えの認識
Ⅱ	**自己再吟味と再方向づけへの模索期** ・自分の半生への問い直し ・将来への再方向づけの試み
Ⅲ	**軌道修正・軌道転換期** ・将来へ向けての生活・価値観などの修正 ・自分と対象との関係の変化
Ⅳ	**アイデンティティ再確立期** ・自己安定感・肯定感の増大

くと述べている[2]。中年期危機は，それまでの生活構造を組みなおす必要性に迫られる過渡期にあたる（図15-1）。

　しかし，中年期危機はネガティブな影響だけではなく，その後の老年期に向けて自己の方向性を見いだす重要な契機となる。岡本は，中年期危機をきっかけとして，自分の半生を問い直し，自分の残りの人生をどう生きていくのかを再度方向づける，アイデンティティの再体制化が起こると述べている[3]（表15-1）。中年期危機をどう受けとめるのかという点が重要であり，いかに深く自己の内的危機を認知するかが，心の発達を促すとしている。

2) Levinson, D. J. (1978). *The seasons of a man's life.* New York: Knopf.（南 博（訳）1992．ライフサイクルの心理学（上・下）講談社）

3) 岡本祐子（2002）．アイデンティティ生涯発達論の射程　ミネルヴァ書房

2. 獲得と喪失

　人は，一生の中で何かを**獲得**し，そして何かを**喪失**していきながら，生涯にわたって発達していく（生涯発達については第11章参照）。獲得とは何かができるようになること，良くなること，進歩していくことであり，喪失とは何かができなくなること，悪くなること，停滞していくことである。獲得と喪失のバランスは年齢によって変化し，獲得は年齢が若いほど多く，喪失は年齢が上がるにしたがって徐々に増加していく。図15-2は，年齢にともなう獲得と喪失のバランスをヘックハウゼンらが示したものである。高齢期において喪失が増加しながらも，獲得も同時に存在していることがわかる。たとえ90歳を超えてもさらに何かを獲得していることが報告されている[4]。

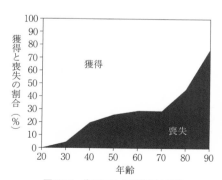

図15-2　生涯にわたる獲得と喪失
（Heckhausen et al., 1989に基づいて作成）[4]

4) Heckhausen, J., Dixon, R. A., & Baltes, P. B. (1989). Gains and losses in development throughout adulthood as perceived by different adult age groups. *Developmental Psychology,* **25**, 109-121.

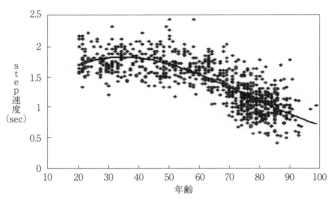

図15-3　敏捷性（Ten Step Test）の加齢変化（宮本ほか，2008に基づいて作成）[5][7]

表15-2　記憶の種類と加齢の影響（石原，2008に基づいて作成）

種類	内容	加齢の影響
短期記憶	数秒から数分の間覚えておく記憶	ほとんど加齢の影響なし
作動記憶	短い時間，あることを記憶にとどめておくと同時に，認知的な作業を頭の中で行う記憶 例えば，「5-4-3-2」という4個の数字を聞いたら，「2-3-4-5」と逆の順に答える（数の逆唱）	加齢の影響が顕著にみられる
エピソード記憶	ある特定の時間と場所での個人にまつわる出来事の記憶 例えば，「朝食で何を食べたか」「昨日どこへ行ったか」	加齢の影響が顕著にみられる。（成人期の比較的早い時期から徐々に衰退）
意味記憶	誰でもが知っている知識についての記憶 例えば，「消防車は赤色」「日本の首都は東京である」	加齢の影響は（ほとんど）ない
手続き的記憶	学習された運動機能の記憶 例えば，自転車に乗る，スポーツの技能	加齢の影響がなく，維持される
展望的記憶	将来に関する記憶 例えば，友人と会う約束の時間や場所，特定の時刻に薬を飲む	加齢の影響がみられるようであるが，理論的には議論の余地あり

7) Ten Step Testとは，10cmの高さの台の上に片足ずつかかとまで上げて下ろす動作を連続10回行い（片足の上げ下ろしで1回），所要時間を測定するもの。図15-3の縦軸のStep速度は，測定時間をステップ数で割ったものである。ここでは数値が高いほど敏捷性が高いことを示す。

5) 宮本謙三・高林秀晃・滝本幸治・井上佳和・宅間豊・宮本祥子・岡部孝生・盛岡周・八木文雄（2008）．加齢による敏捷性機能の変化過程—Ten Step Testを用いて　理学療法学，**35**，35-41.

6) 石原治（2008）．記憶　海保博之（監修）権藤恭之（編）高齢者心理学　朝倉書店　p.81.

8) Diener, E., & Suh, M. E. (1997). Subjective well-being and age: An international analysis. In K. W. Shaie & M. P. Lawton (Eds.), *Annual review of gerontology and geriatrics*, Vol. 17, New York : Springer. pp. 304-324.

　年齢とともに筋力などは低下し，加齢にともなう喪失は確かにある[5]（図15-3）。しかし，加齢と記憶との関連を扱った研究からは，すべての種類の記憶が一様に低下することは示されていない。エピソード記憶のように加齢の影響を顕著に受けるものと，意味記憶や手続き記憶のように加齢の影響がさほど認められないものがある[6]（表15-2，記憶については第6章参照）。

　さらに，いくつかの生涯発達心理学研究では，年齢にともなって喪失が増加しても，高齢者の人生満足度，自尊感情などの肯定的感情が高いという**エイジングのパラドックス**が多くの研究から見いだされている[8]。特に感情に関する研究では，高齢者は若年者と比較してネガティブ感情が少ないことが一貫して示されている（column15参照）。歳をとることをすべてが喪失していくようにとらえることは誤りなのである。

3. サクセスフルエイジング（SOC理論）

　加齢にともなうさまざまな喪失に上手に対処し，精力的で幸福な老後を送っている適応状態のことを**サクセスフルエイジング**とよぶ[9]。バルテスとバルテスは，サクセスフルエイジングとかかわるものとして，①寿命，②肉体的な健康，③精神的健康，④認知的効力感，⑤社会的コンピテンスと生産性，⑥自己制御，⑦人生満足度の7つをあげた。彼らはこれらの質的，量的なものがバランスをとっていることが必要であると述べている。

　フロイトとバルテスは，サクセスフルエイジングを説明するものとして，**SOC理論**（selection, optimization, compensation model）を提唱している[10]。これは人が自分の加齢変化を感じたときに，自分の求めるものを明確に見極め（選択），自分のもっているエネルギーをうまく配分し（最適化），手段を失ったときにはほかの方法を見いだそうとする（補償）ことによって，幸福感を保とうとするという理論である。この中で，選択は，吟味された選択（衰えを予感した場合，それがあらわになる前に自分が最もやりたいと思うことを選択し，そこにエネルギーを焦点化する）と喪失に基づく選択（衰えを経験したときに，ほかより見込みのあるものに方向転換しエネルギーを注ぐこと）とに分けられ，加齢にともなって前者が増加し，後者が減少することを示している[10]（図15-4）。つまり高齢者は「衰えを見越し」て，実際の衰えがはじまる前に自分の重要な選択を行っているといえる。これは自分の加齢を上手に調節して，幸福に生きるために工夫していることを示している。

　生涯発達心理学では，当初は記憶の加齢変化や知能の加齢変化などを扱う「歳をとるにつれてどうなるか」という観点からの研究がさかんになされていたが，近年では上に述べたバルテスらの研究のように，「歳をとることに対してどうするか」，つまり人が加齢による変化を見越して自分の発達のしかたや発達環境を制御するという視点が重要視されるようになっている[11]。人をただ老いて

9) Baltes, P. B. & Baltes, M. M. (1990). Psychological perspectives on successful aging: The model of selective optimization with compensation. In P. B. Baltes & M. M. Baltes (Eds.), *Successful aging: Perspectives from the behavioral sciences*. Cambridge, UK: Cambridge University Press. pp.1-34.

10) Freud, A. M., & Baltes, P. B. (2002). Life-management strategies of selection, optimization, and compensation: Measurement by self-report and construct validity. *Journal of Personality and Social Psychology*, **82**, 642-662.

11) 鈴木忠（2008）．生涯発達のダイナミクス——知の多様性 生き方の多様性 東京大学出版会

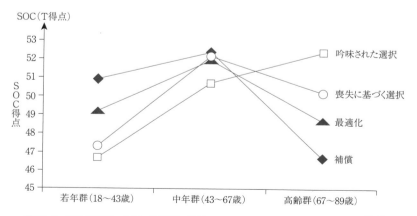

図15-4 SOCの若年，中年，高齢群の比較（Freund & Baltes, 2002に基づいて作成）[9] [10]

いく受動的な存在としてではなく，自分で加齢の影響を調節しようとする能動的な存在としてとらえようとしているのである。

4．老年的超越

　超高齢期とはおおよそ85歳以上をさす。この時期は認知機能が著しく低下し，有病率が増大するなど，困難が多くなる。しかし，トーンスタムは**老年的超越**という概念を見いだし，私たちが超高齢に至っても尊厳をもって生き抜ける可能性を示している[12]。これは社会との関係の変化，自己意識の変化，宇宙的意識の獲得の3次元からなり，超高齢期になってもより高まって，人生満足度を高めることがわかっている。日本における調査でも，老年期超越の一部が心理的ウェルビーイング（第29章参照）と関連し，その低下を緩衝する可能性が指摘されている[13]（表15-3）。

12) Tornstam, L. (2005). *Gerotranscendence: A developmental theory of positive aging*. New York: Springer.

13) 増井幸恵・権藤恭之・河合千恵子・呉田陽一・髙山緑・中川威・髙橋龍太郎・藺牟田洋美(2010)．心理的well-beingが高い虚弱高齢者における老年的超越の特徴——新しく開発した日本版老年的超越質問紙を用いて　老年社会科学，**32**，33-47.

表15-3　トーンスタムの老年的超越 （増井ほか，2010に基づいて作成）[13]

次元	超越の特徴	説明
社会との関係の変化	人間関係の意義と重要性の変化	友人の数や交友関係の広さといった表面的な部分は重視せず，少数の人と深い関係を結ぶことを重視する
	社会的役割についての認識の変化	社会的役割と自己の違いを再認識し，社会的な役割や地位を重視しなくなる
	無垢さの解放	内なる子どもを意識することや無垢であることが成熟にとって重要であることを認識する
	物質的豊かさについての認識の変化	物質的な富や豊かさは自らの幸福には重要でないことを認識する
	経験に基づいた知恵の獲得	なにが善でなにが悪であるかを決めるのは困難であることを認識する
自己意識の変化	自己認識の変化	自己のなかにこれまで知らなかった，隠された部分を発見する
	自己中心性の減少	自分が世界の中心にあるという考え方をしなくなる
	自己の身体へのこだわりの減少	身体機能や容姿の低下をそのまま受容できるようになる
	自己に対するこだわりの減少	自己中心的な考え方から利他主義的な考え方に変化する
	自己統合の発達	人生のよかったことも悪かったことも，すべて自分の人生を完成させるために必要であったことを認識する
宇宙的意識の獲得	時間や空間についての認識の変化	現在と過去，そして未来の区別や，「ここ」と「あそこ」といった空間の区別がなくなり，一体化して感じられるようになる
	前の世代とのつながりの認識の変化	先祖や昔の時代の人々とのつながりをより強く感じるようになる
	生と死の認識の変化	死は一つの通過点であり，生と死を区別する本質的なものはないと認識する
	神秘性に対する感受性の向上	何気ない身近な自然や生活のなかに，生命の神秘や宇宙の意思を感じるようになる
	一体感の獲得	人類全体や宇宙（大いなるもの）との一体感を感じるようになる

歳をとると，嫌なことは忘れる

　一般的には，歳をとることは嫌なことだと思われている風潮があり，いつまでも若いままでいたい，老いたくないという気持ちをもっている人は多いのではないだろうか。歳をとることで悪くなる面は確かにあるが，研究が進む中で一概に悪くなっていくわけではないことが示されている。特に感情と加齢に関する研究では，高齢者の感情状態は若年層よりも安定しており，ポジティブであることがわかっている[1]。

　チャールズらは青年期（19 〜 29歳），成人期（41 〜 53歳），高齢期（65 〜 85歳）の3つの群に対し，記憶の再生に関する研究を行った[2]。下のようなポジティブな感情をあらわした写真，ネガティブな感情をあらわした写真，どちらでもないニュートラルな写真をランダムに見せ，しばらくしてからどの写真を覚えているかを答えてもらった（図1）。その結果，思い出した写真の数は，青年ではポジティブな写真とネガティブな写真が同程度であったが，高齢者はポジティブな写真と比べてネガティブな写真が少なかった（図2）。このような傾向はほかの研究でも見いだされており，高齢者は，日常生活で感じるネガティブな感情が青年よりも少ないことがわかっている。

（a）ポジティブ　　　　　　　　（b）ネガティブ　　　　　　　　（c）ニュートラル

図1　チャールズらの研究で用いられた写真（Charles, et al., 2003）[2]

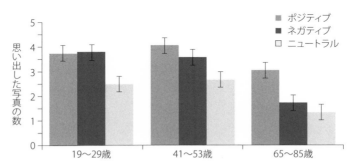

図2　思い出した写真の数と年齢との関係（Charles, et al., 2003に基づいて作成）[2]

◎ **column 引用文献** ・・・

① Mother, M., & Carstensen, L. L. (2005). Aging and motivated cognition: The positivity effect in attention and memory. *Trends in Cognitive Sciences*, **9**, 496-502.

② Charles, S. T., Mother, M. M. & Carstensen, L. L. (2003). Aging and emotional memory: The forgettable nature of negative images for older adults. *Journal of Experimental Psychology, General*, **132**, 310-324.

Ⅲ部

社会におけるこころの働き

第16章

社会の中の私——自己

> **学習目標** 自分についての認識の仕組みを理解しよう。
> 自尊感情とそれを維持する方法を知ろう。

1. 私は誰でしょう

1.1. 自分についての理解や知識

　最初に、「私は誰でしょう」という質問に対して、「私は＿＿＿＿＿＿」という形で、20個回答してみてほしい。「私は〇〇大学の学生である」や「私は足が速い」といったように、人によってさまざまな回答が出てくるであろう。これは、Who am I？テスト[1]とよばれ、回答者の自分自身に関する理解を得る方法の1つである。

　私たちは、自分がどのような人間であるかということに関して、ある程度まとまった理解をもっている。この理解のことを**自己概念**とよぶ。ただし、状況に応じて、頭に思い浮かぶ自己概念はさまざまである。そのため、状況に応じて意識される自己概念を特に、**作動的自己概念**という[2]。

　また、自分がどのような人間であるかという理解に加え、「私は来年で20歳になる」や「私は〇〇高校を卒業した」というように、今現在だけでなく、未来や過去における自分についての知識も私たちはもっている。自分について知っているさまざまな知識を**自己知識**とよび、自己概念はその一部であると考えられる。

1.2. 自分らしさを感じるとき

　自分についての概念や知識には、さまざまなものが含まれている。その中でも、自分らしさに関する理解のことを特に**アイデンティティ**とよぶ。アイデンティティには、ある集団の一員としての自分らしさである**社会的アイデンティティ**と、性格や能力に関する自分らしさである**個人的アイデンティティ**の2つがあると考えられている。例えば、上にあげた「私は〇〇大学の学生である」というのは、社会的アイデンティティにあてはまり、「私は足が速い」というのは、個人的アイデンティティにあてはまる。ターナーらの提唱した**自己カテゴリー化理論**によると、自分がおかれた状況をどのように認識するかによって、

1) Kuhn, M. H., & McPartland, T. S. (1954). An empirical investigation of self-attitudes. *American Sociological Review*, **19**, 68-76.

2) Markus, H., & Wurf, E. (1987). The dynamic self-concept: A social psychological perspective. *Annual Review of Psychology*, **38**, 299-337.

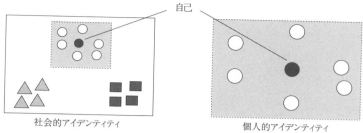

自己

社会的アイデンティティ　　　　　　　　個人的アイデンティティ

図16-1　自己カテゴリー化に基づくアイデンティティのとらえ方

（池上・遠藤，1998に基づいて作成）[4]

注）●を自己，その他の図形を他者とし，破線の内側を内集団，外側を外集団とする。

4) 池上知子・遠藤由美（1998）．自己認知　池上知子・遠藤由美　グラフィック社会心理学　サイエンス社　pp.99-116.

人がどちらのアイデンティティで自分を理解するかが決まってくるという[3]（図16-1）。例えば，自分と周囲にいる人たちの間に共通点や類似点が多くあり，自分たちを1つの集団（**内集団**）であるとみなし，自分たち以外の人々（**外集団**）との間には多くの違いが感じられるとき，社会的アイデンティティで自分を理解することになる。その一方で，同じ集団の人たちを見渡したときに，その人々と自分との違いや，自分だけの目立った特徴が意識されると，個人的アイデンティティで自分を理解する。

3) Turner, J. C., Hogg, M. A., Oakes, P. J., Reicher, S. D., & Wetherell, M. S. (1987). *Rediscovering the social group: A self-categorization theory.* Oxford, UK: Basil Blackwell.

1.3. 自分のことを正しく知りたいと思う気持ち

　人はなぜ自分についての概念や知識をもっているのだろうか。このことについて考えるためには，自分についての概念や知識がなかったらどうなるかを想像してみるとよいだろう。例えば，自分の長所を知らなければ，就職活動の場面で，自分をアピールすることができず，何度採用試験を受けても落とされてしまうかもしれない。このように，自分についての理解がなければ，社会で生きていくうえで，さまざまな失敗を重ねてしまう危険性が生じてしまう。人は，社会の中でよりよく生きていくために，自分の能力や性格について正しく知りたいと思う気持ちをもっていると考えられる。これを**自己査定動機**という[5]。

5) Trope, Y. (1983). Self-assessment in achievement behavior. In J. Suls & A. G. Greenwald (Eds.), *Psychological perspectives on the self.* Vol.2. Hillsdale, NJ : Lawrence Erlbaum Associates. pp.93-121.

2. 私っていい人ですか

2.1. 自分のことをよく思いたい気持ち

　人は，自分のことを正しく知りたいと思うだけでなく，ときには，自分に対するよい評価や評判を得たいと思うこともある。「自分はよい人間である」とか，「価値のある人間である」と思う気持ちは，**自尊感情**[6]とよばれている。自尊感情を測定する方法はいくつか開発されているが，ローゼンバーグが作成した

6) 自尊感情の定義は研究者によって少しずつ異なっており，自己に対する肯定的な態度だけでなく，否定的な態度を含める場合もある。状況に応じて変化する状態自尊感情と，安定的な特性としての特性自尊感情の区別もある。一般的によく見聞きする自尊心という語は，肯定的な自尊感情とほぼ同義で使われることが多い。

表16-1　自尊感情尺度日本語版の一部 （山本・松井・山成，1982に基づいて作成）[8]

	あてはまる	ややあてはまる	どちらともいえない	ややあてはまらない	あてはまらない
1. 少なくとも人並みには，価値のある人間である。	5	4	3	2	1
2. 色々な良い素質をもっている。	5	4	3	2	1
3. 敗北者だと思うことがよくある。(R)	5	4	3	2	1
4. 物事を人並みには，うまくやれる。	5	4	3	2	1
5. 自分には，自慢できるところがあまりない。(R)	5	4	3	2	1

注）(R) は得点を逆にして考える逆転項目である。

7) Rosenberg, M. (1965). *Society and the adolescent self-image*. Princeton, NJ: Princeton University Press.

8) 山本真理子・松井豊・山成由紀子(1982)．認知された自己の諸側面の構造　教育心理学研究，**30**, 64-68.

自尊感情尺度[7]は，アメリカや日本の研究で最もよく用いられている方法の1つである。表16-1は山本ら[8]がローゼンバーグの自尊感情尺度を日本語に翻訳したものの一部である。例えば，1・2・4項目で，「あてはまる」と回答し，3・5項目で「あてはまらない」と回答する人は高い自尊感情をもっているといえる。

　人はなぜ，自尊感情をできるだけ維持したり，高めようとしたりするのだろうか。このような欲求は，他者から認められたいという気持ちや，他者とつながっていたいという気持ちから生じるものであると考えられている。リアリーとバウマイスターによると，自尊感情は，自分が他者からどのくらい受け入れられているかをあらわす指標（**ソシオメーター**[9]）になっているという[10]。自尊感情が低下しているということは，他者からの拒絶や，その可能性があることを意味する。集団から仲間はずれにされてしまえば，他者からの支援が受けられなくなる。その危険性を回避するために，人は自尊感情の維持や回復を図ろうとするのである。

9) ソシオメーター (sociometer)とは，社会をあらわすsocioと，何らかの量や度合を測る器材をあらわすmeterを組み合わせた言葉である。

10) Leary, M. R., & Baumeister, R. F. (2000). The nature and function of self-esteem: Sociometer theory. In M. P. Zanna (Ed.), *Advances in experimental social psychology*. Vol. 32. San Diego, CA: Academic Press. pp. 1-62.

2.2. 自尊感情を保つ方法その1──他者と比べる

　私たちは普段，どのように自尊感情を保っているのだろうか。その方法の1つは，自分の周囲にいる人と比べることである。テッサーの**自己評価維持モデル**によると，人は，親しい他者と自分の行為を比較することによって，自己評価をできるだけ維持したり，高くしたりするという[11]。特に，自分にとって重要な事柄に関して，自分が親しい他者よりも優れた成果をあげた場合には，自分の優れた点と他者の劣った点を比較することによって自尊感情が維持される（**比較過程**）。ただし，親しい他者が，自分よりも優れた成果をあげた場合には，その比較によって，自尊感情が低下することがある。ところが，自分にとってあまり重要でない事柄に関して，親しい他者が優れた成果をあげた場合には，人は他者の成果を自分のことのように考えることで，むしろ自尊感情を高くすることがある（**反映過程**）。例えば，勉強が得意で，スポーツが不得意な人で

11) Tesser, A. (1988). Toward a self-evaluation maintenance model of social behavior. In L. Berkowitz (Ed.), *Advances in experimental social psychology*. Vol. 21. San Diego, CA: Academic Press. pp. 181-227.

あれば，テストの点数をクラスメートと比較することで，自尊感情を高く維持することがあるだろう。また，その人のクラスメートが，運動部で全国大会に出場するようなことがあれば，そのことを誇りに思い，自尊感情を高く維持することがあるかもしれない。

○○さんはバレエが得意だけど　私はバイオリンが得意

2.3. 自尊感情を保つ方法その2——自分の価値を確認する

　人は，いつどんなときでも，自尊感情の向上を試みようとするわけではない。何かに失敗するなどして，自尊感情が脅威にさらされたときにこそ，自尊感情を回復しようとするのである。ところが，自分よりも劣った他者との比較などによって自尊感情を回復することには，副作用がともなうことがある。例えば，他者を見下してしまうことにより対人関係が悪化したり，失敗を反省せず成長が妨げられたりする可能性がある。しかしながら，ある方法をとることによって，自尊感情の回復にともなう副作用を抑えることができる場合がある。**自己肯定化理論**によると，人は，全体的な自己価値を肯定的にとらえることができれば，ある特定の領域で自己価値が脅かされたとしても，自尊感情を維持することができるという[12][13]。

　スペンサーらは，以下のような実験で，自己肯定化の効果を検証した[14]。彼らは，実験参加者に，知的能力を測定するテストを受けさせた。そして，実際の成績とは無関係に，全参加者に対し，テストの成績が平均よりも下であったと告げた。これが実験参加者の自尊感情を脅かすための操作になっていた。次に，自己肯定化の手続きを行った。半数の参加者には，自分にとって重要な価値とは何であるかを回答させ，なぜその価値が自分にとって重要であるかを簡単に説明するよう求めた。残りの半数の参加者には，自分にとって重要でない価値を回答させ，それがなぜ自分以外の誰かにとって重要であるかを説明させた。今度は別の課題として，他者に対してよい印象を与えることを目標に，インタビューに回答するよう求めた。その際，参加者はインタビューの流れを理

12) Steele, C. M. (1988). The psychology of self-affirmation: Sustaining the integrity of the self. In L. Berkowitz (Ed.), *Advances in experimental social psychology*. Vol. 21. San Diego, CA: Academic Press. pp. 261-302.

13) Sherman, D. K., & Cohen, G. L. (2006). The psychology of self-defense : Self-affirmation theory. In M. P. Zanna (Ed.) *Advances in experimental social psychology*. Vol. 38. San Diego, CA: Academic Press. pp. 183-242.

14) Spencer, S. J., Fein, S., & Lomore, C. D. (2001). Maintaining one's self-image vis-à-vis others: The role of self-affirmation in the social evaluation of the self. *Motivation and Emotion*, **25**, 41-65.

解するため，すでにこの課題に参加した人たちのインタビューの録音を聞く機会を与えられた。録音は2種類用意されており，一方でインタビューされていた人物は，とても印象が悪い人であり，もう一方は，きわめてよい印象の人であった。参加者は，両方の録音を少しずつ聞いたあとで，どちらの録音の内容をすべて聞くかを選択した。

　実験の結果，自己肯定化の手続きにおいて，自分にとって重要な価値を確認する機会がなかった参加者の多くは，よい印象の人ではなく，悪い印象の人のインタビューを聞くことを選んだ。その反対に，自分にとって重要な価値を確認し，自己肯定化をする機会があった参加者の大半は，悪い印象の人より，よい印象の人のインタビューを選択した。すなわち，知的能力を測るテストで，自尊感情が脅威にさらされたあと，自己肯定化ができなかった参加者は，自尊感情の回復を図るために，自分より劣った人との比較を行おうとしたと考えられる。しかし，自己肯定化をすることができた参加者は，自分より劣った人との比較をするのではなく，自分より優れた人の情報を得ることで，次の課題にうまく取り組もうとしたといえる。

　自己のある側面が脅威にさらされると，作動的自己概念がその側面に限定されてしまうため，その分脅威による自己への影響が大きく感じられる。しかしながら，自己を肯定化する機会があれば，自己のさまざまな側面について考えることにより作動的自己概念が拡大され，脅威の影響がさほど大きくは感じられなくなる[15]。このために，自己の価値を確認することが，自尊感情の維持にとって有効であると考えられる。

15) Critcher, C. R., & Dunning, D. (2015). Self-affirmations provide a broader perspective on self-threat. *Personality and Social Psychology Bulletin*, **41**, 3-18.

column
16

自分についてのホンネとタテマエ

　表16-1の最初の質問に「5. あてはまる」と回答した人は，どれほどいるだろうか。自己評価をする場合，それが他人にみられてしまうような状況では，つい自分を低く評価してしまうことがある。もしくはその反対に，実際には自分に自信がないにもかかわらず，見栄を張って自分を高く評価することもあるだろう。一般的に，質問紙などへの意識的な回答によって得られる値は，自分のことをよくみせようとする気持ちや，「この場面ではこういうふうに回答しておいたほうが好まれるだろう」といった気持ちが邪魔をして，純粋な認知や感情を表す指標にならないことがある。そのような余計な影響を取り除き，意識下の認知や感情を測定するための方法として，**潜在連合テスト**（Implicit Association Test：IAT）という方法が開発されている[1]。IATは，自分に対する認知や感情以外にも，特定の集団に対する差別的な態度などを明らかにする際にも用いられる。

　IATは主にコンピュータを用いて実施される。図（a）のように，コンピュータの画面の上部に，「自分」と「快」または「他人」と「不快」といった組み合わせの文字が呈示される。参加者は，画面の中央（＋）に次々と呈示される単語が，画面上部の左右いずれのカテゴリーと関連するかを判断し，できるだけ早くキーを押して反応しなければならない。そして，図（b）のように，画面上部の単語の組み合わせを変えて，同じように反応することが求められる。自分に対してよい認知や感情をもっている人は，（b）の課題に比べて，（a）の課題での反応時間が速くなる。なぜなら，自分についてよい認知や感情をもっている人は，自分に関する表象とよい認知や感情に関する表象が頭の中で結びついており，（b）の課題のように，自分と悪い認知や感情に関する単語を組み合わせて判断することは難しいからである。このようにして，IATを利用することによって，自分についてのホンネを明らかにすることができる。

図　コンピュータでのIATの模式図

注）＋の部分には，自分または他人に関連する単語と，快または不快に関連する単語が次々と呈示される。参加者は，それらの単語が画面上部の左右いずれのカテゴリーをあらわすものかを判断し，キーを押して反応する。

◎ **column 引用文献**
[1] Greenwald, A. G., McGhee, D. E., & Schwartz, J. L. K. (1998). Measuring individual differences in implicit cognition: The implicit association test. *Journal of Personality and Social Psychology*, **74**, 1464-1480.

第17章

他者を知る——対人認知

他者を理解する手がかりを知ろう。
他者を理解するメカニズムとその特徴を把握しよう。
対人認知に動機が及ぼす影響を理解しよう。

1. 対人認知の手がかり

人が他者の特性について考えたり，他者に対する全体的な印象を形成したりすることを，**対人認知**という。シュナイダーらによれば，対人認知には6つの種類がある[1][2]（表17-1）。これらのこころの働きがあるからこそ，私たちは，自分に協力をしてくれる仲間をみつけたり，危険な人を避けたりすることによって，円滑な社会生活を送ることができるのである。

1) Schneider, D. J., Hastorf, A. H., & Ellsworth, P. C. (1979). *Person perception.* 2nd ed. Reading, MA: Addison-Wesley.

2) 山本眞理子・原奈津子 (2006). 他者を知る——対人認知の心理学　サイエンス社

表17-1　対人認知の種類 (山本・原, 2006に基づいて作成)[2]

対人認知	内容
注目	人物の存在に気がつき，注意を向けること。
速写判断	人物の外見やそのときの行動を見て，どのようなタイプの人物であるかを判断すること。
原因帰属	人物が，なぜそのような行動をしたのかについて考え，判断すること。
特性推測	ある特性から，その人物の他の特性をも推測すること。
印象形成	人物に対する全体的な判断をすること。
今後の行動の予測	その人物がある特定の状況に置かれたときに，どのように行動しそうかを予測すること。

注）原因帰属については，第18章でくわしく述べる。

1.1. 行動から理解する

他者の特性を知る際の最も基本的な手がかりの1つは，行動である。私たちには，行動から特性を非意識的に推論する傾向がある。このこころの働きを**自発的特性推論**という。これを示したユルマンらの実験では，「彼は，出発する前に，全員のシートベルトを確認した」のような「注意深い」という特性を暗示する文章と，「シートベルトを確認する前に，全員出発した」のような特性語を暗示しない文章が複数用意された[3]。実験参加者は，どちらか一方の文章を読み，その直後に呈示される特性語が，先に呈示された文章に含まれていたかどうかを判断するよう求められた。実験の結果，特性を暗示しない文章を呈示された場合に比べ，特性を暗示する文章を呈示された場合では，特性語が直前の文章に「なかった」と判断するまでの時間が長いことが明らかになった。

3) Uleman, J. S., Hon, A., Roman, R. J., & Moskowitz, G. B. (1996). On-line evidence for spontaneous trait inferences at encoding. *Personality and Social Psychology Bulletin*, **22**, 377-394.

すなわち，特性を暗示する行動文が示された時点で，実験参加者は，非意識的に特性を推論していたのである。そのため，特性語が実際には「なかった」と判断するのに時間がかかったと考えられる。このように，私たちには，他者についてじっくり考えようとする意思がなくても，自動的に他者の特性を推論するメカニズムがそなわっているといえる。

1.2. 見た目から理解する

速写判断の際には，他者の行動だけでなく，外見的な特徴も手がかりになることがある。例えば，図17-1の左側のように幼児のような特徴をもった顔の人は，純真で正直，温厚であると判断されやすい（ベビーフェイス効果）[4]。また，色白で口が小さいといった特徴をもつ人は，消極的な性格と結びつけられやすく，その反対に，色黒で口が大きいといった特徴の人は，積極的であると判断されやすいことがわかっている[5]。

4) Berry, D.S., & McArthur, L. Z. (1986). Perceiving character in faces: The impact of age-related craniofacial changes on social perception. *Psychological Bulletin*, **100**, 3-18.

5) 大橋正夫・長戸啓子・平林進・吉田俊和・林文俊・津村俊充・小川浩 (1976). 相貌と性格の仮定された関連性(1) ——対をなす刺激人物の評定値の比較による検討 名古屋大学教育学部紀要，**23**, 11-25.

6) McArthur, L. Z., & Apatow, K. (1983/1984). Impressions of baby-faced adults. *Social Cognition*, **2**, 315-342.

幼児的な特徴の顔　　　　成熟した特徴の顔

図17-1　幼児的な特徴の顔と成熟した特徴の顔の典型例（McArthur & Apatow, 1983/1984）[6]

1.3. 集団やカテゴリーから理解する

初めて出会った人に対する判断を行う際には，その人がどのようなカテゴリー（職業，性別，国籍など）に所属しているかが，有用な手がかりとなることがある。それは，私たちが，特定のカテゴリーとそれに対するイメージを結びつけ，知識として保持しているためである。カテゴリーに対する知識や信念のことを**ステレオタイプ**という。私たちはステレオタイプを利用して，目の前の個人に対する判断を行うことがある。例えば，「関西人は明るい」というステレオタイプをもっていれば，初対面の人が大阪府の出身だとわかると「この人も明るい性格なんだろう」と判断することがある。

ステレオタイプを利用すれば，比較的短時間で，簡単に，他者の特性を推論したり，全体的な印象を形成したりすることができる。しかし，ステレオタイプの内容自体が，そもそも極端化されていることが多いため，個人を判断する際に，事実とは違った判断が下されることがある（column9参照）。先ほどあげた大阪府出身の人の例でいうと，「関西人は明るい」というステレオタイプが

あるために，関西地方の1つである大阪府出身というだけで，その人も「明るい」と判断されてしまう。しかしながら，関西出身の人が全員明るい性格であるとは限らない。大阪府出身の人の中には，引っ込み思案でおとなしい性格の人もいるはずである。そのような人に対して，「関西人は明るい」というステレオタイプを適用して判断をすると，事実とは異なる判断を行うことになる。

1.4. 事前に与えられた情報から理解する

実際に会うのははじめての相手であっても，その人に関する情報をあらかじめ聞いているような状況では，その情報を手がかりにして，印象を形成することがある。ケリーが，これを実験によって示している[7]。この実験は，大学の講義を利用して行われた。ある日の講義において，実験者が教室に行き，「今日は担当教員が出張で不在のため，代理の講師が来ている」という旨を学生に伝えた。そして，講義の最後にその講師に対する印象を尋ねることを伝えた。実験者は，講師を教室に招き入れる前に，講師の紹介文を学生に配付した。その紹介文は2種類用意されており，1つにはその講師が「あたたかい」人物であると書かれており，もう1つには「つめたい」人物であると書かれていた。講義を受ける学生には，紹介文が2種類あることは伏せられていた。講師が教室に入ると，20分程度のディスカッションをふまえた講義を行った。その後，講師が退室し，実験者は学生に対し，講師の印象を評定するよう求めた。分析の結果，「つめたい」と書かれた紹介文を受け取った学生に比べ，「あたたかい」と書かれた紹介文を受け取った学生は，その講師に対し，「思いやりがある」「社交的」「人気のある」というように，より肯定的な印象を形成していたことが明らかになった。このように，人物に関する直接的な事前情報が呈示されることにより，人はその期待に沿って人物を観察し，印象を形成することがある。

しかし，印象形成に影響を与えるのは，人に関する直接的な事前情報だけではない。一見，直接的には関係しないような情報も，後の印象形成に影響を与えることがわかっている。ヒギンズらが行った実験では，最初に，参加者に対し，ある課題をこなしながら，同時にいくつかの単語を記憶するよう教示を行った[8]。参加者に呈示された単語のリストは2種類あり，1つは，「勇敢」に関連する望ましい特性語が含まれるものであり，もう1つは「むこうみず」に関連する望ましくない特性語が含まれるものであった。その後，別の実験として，ある人物について記述した文章を与え，そこに記述されている人物に対する印象を回答するよう求めた。その文章は，「勇敢」とも「むこうみず」とも解釈できるようなものであった。すると，事前の課題で「勇敢」に関連する語にふれていた参加者は，「むこうみず」にふれていた参加者に比べ，文章に含まれる人物に対して望ましい印象を形成していた。これは，事前に呈示されていた特性語により，頭の中でその特性概念が思い浮かびやすい状態になったために

7) Kelley, H. H. (1950). The warm-cold variable in first impressions of persons. *Journal of Personality*, **18**, 431-439.

8) Higgins, E. T., Rholes, W. S., & Jones, C. R. (1977). Category accessibility and impression formation. *Journal of Experimental Social Psychology*, **13**, 141-154.

生じた効果であると考えられる（column17参照）。このように，先に与えられた情報が，後の記憶や判断などの情報処理に影響を与えることを**プライミング効果**[9]という。対人認知を行う前の状況をはじめ，さまざまな要因が，対人認知の非意識的な手がかりとなりうるといえる。

9）プライミング効果のうち，閾値を超えない意識下の刺激による効果をサブリミナル効果，閾値を超えた意識可能な刺激による効果をスプラリミナル効果という。

2. 対人認知のメカニズムと動機

2.1. 連続体モデル

　1節でみたように，対人認知の手がかりとなるものは，多数存在する。また，私たちは，それらを使って，あまり労力をかけずに他者を判断している。しかしながら，私たちの判断のすべてが自動的に行われているわけではない。フィスクとニューバーグは，私たちが，他者に対して，どのようなときに自動的な判断を行い，どのようなときにより意識的で詳細な判断を行うかについて，その情報処理過程をモデル化した[10]。彼女らが提唱した**連続体モデル**（図17-2）では，対人認知の過程を連続的なものとしてとらえている。まず，対人認知の対象となる刺激人物と出会うと，その人物を何らかのカテゴリーにあてはめて理解する初期カテゴリー化が生じる。これは，自動的に生じる過程である。このとき，その人物への関心や関連性が特になければ，そこで処理は停止する。しかし，人物への関心がある場合には，その人物の属性に注意を向け，初期カ

10）Fiske, S. T., & Neuberg, S. L. (1990). A continuum of impression formation, from category-based to individuating processes: Influences of information and motivation on attention and interpretation. In M. P. Zanna (Ed.), *Advances in experimental social psychology*. Vol. 23. San Diego, CA: Academic Press. pp. 1-74.

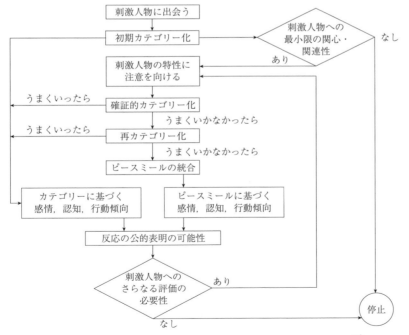

図17-2　印象形成の連続体モデル（Fiske & Neuberg, 1990に基づいて作成）[10]

テゴリー化であてはめたカテゴリーが適切であったかが確認される（確証的カテゴリー化）。初期カテゴリー化との矛盾が特になければ，そのまま，カテゴリーに基づく判断や評価が行われるが，矛盾があった場合には，別のカテゴリーへのあてはめが行われる（再カテゴリー化）。これもうまくいかなかった場合には，その人物に関する断片的で詳細なピースミール[11]情報に基づいて判断や評価を行う。これは，意識的な情報処理過程であるといえる。

11) ピースミールとは「ばらばらの」「断片的な」という意味である。

2.2. すでにもっている期待を使って判断しようとする動機

　連続体モデルでも示されているように，基本的に，私たちは認知的な負担をかけずに対人認知を行う場合が多い。とりわけ，他者に対する判断ができないでいることによって負担が増える場合には，期待に基づいた判断を行おうとする動機（**期待一致動機**）が高まる[12]。例えば，時間的な制約がある状況や，同時に複数の課題をこなさなければならない状況では，他者の詳細な情報を集め，それを統合して考えることは難しい。それによって，他者に対する評価や判断ができないでいるよりは，すでにもっている期待を利用して判断を行ったほうが，他者に対するある程度の理解を迅速に得ることができる。

12) Fiske, S. T. (1993). Social cognition and social perception. *Annual Review of Psychology*, **44**, 155-194.

2.3. 他者を正確に理解しようとする動機

　期待一致動機の一方で，人は，状況に応じて他者を正確に理解しようとする動機（**正確性志向動機**）に基づいて対人認知を行うこともある。この動機によって，ピースミールに基づいた意識的な判断が行われる。では，どのような場面で，他者を正確に理解しようとする動機が高まるのだろうか。フィスクによれば，それは，**結果依存性**が高い場面であるという。結果依存性とは，認知者の将来の成果に対して，被認知者である刺激人物の行動や判断が影響を及ぼす状態をさす。例えば，就職活動の場面であれば，面接を受けに来た応募者が採用されるかどうかは，面接官の判断によって決まる。このような場合，応募者は，面接官に対して結果依存しているといえる。認知者が被認知者に対して結果依存している状況において，たいていの場合，認知者は勢力が弱い立場にあり，被認知者は勢力の強い立場にある。よって，勢力の弱い認知者は，被認知者のことを詳細に観察し，判断することにより，少しでも自分の力で結果をコントロールできるように努めるのである。

　先にあげた就職活動の例でいえば，面接を受けに来た応募者は，面接官を観察することによって面接官からの質問を予測し，それに対してうまく答えられるように発言の内容を考えることがあるだろう。このようにして，応募者は面接の結果をよいものにするために，能動的かつ正確に面接官を認知しようとすることがある。

頭の中の表象と対人認知

　感覚や知覚を通して得られた情報や，人や物に対する態度，思考の結果として形成された信念など，私たちが頭の中で保持していると想定されるものを心的表象という[1]。心的表象を記述するモデルの1つに，スキーマ・モデルがある。**スキーマ**とは，個人が保持している構造化された知識のことである。例えば，1.2.で紹介したような「童顔の人は，純真で正直，温厚」といった知識も，スキーマの一種である。また，1.3.に登場したステレオタイプも，社会的カテゴリーや集団に対するスキーマであるといえる。スキーマがあるおかげで，私たちは，認知的な負担をかけずに情報を処理することができる。

　このように，スキーマという概念を適用することで，人間の情報処理の特徴をとらえることが可能になった。しかしながら，スキーマ・モデルでは，表象が具体的にどのような形で保持されているのかまではわからない。記憶に関する研究領域において，長期記憶は，各概念（ノード）と概念同士の意味的なつながり（リンク）によって保持されているという連合ネットワーク・モデル（活性化拡散モデル）が提唱されている[2]。人や集団に関する知識も，この連合ネットワーク・モデルによってあらわすことができると考えられる[3][4]。このモデルによると，ある概念が活性化されると，それに関連する概念が拡散的に活性化するという。それゆえ，例えば，「関西人」という概念が活性化すると，「明るい」といった特性や「おもしろいことを言う」といった行動などが自動的に連想される（図）。

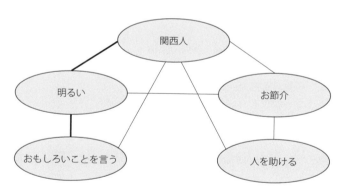

図　関西人ステレオタイプを例としたステレオタイプ表象
注）ノードを結ぶ線が太いほど関連が強いことをあらわす。

◎ **column 引用文献**
[1] 唐沢穣(2001). 認知的表象　唐沢穣・池上知子・唐沢かおり・大平英樹　社会的認知の心理学──社会を描く心のはたらき　ナカニシヤ出版　pp.152-171.
[2] Collins, A. M., & Loftus, E. F. (1975). A spreading-activation theory of semantic processing. *Psychological Review*, **82**, 407-428.
[3] Devine, P. G. (1989). Stereotypes and prejudice: Their automatic and controlled components. *Journal of Personality and Social Psychology*, **56**, 5-18.
[4] Srull, T. K., & Wyer, R. S. (1989). Person memory and judgement. *Psychological Review*, **96**, 58-83.

第18章

出来事の原因について考える——原因帰属

学習目標 自分や他者の行動の原因について考えるこころの働きを理解しよう。
原因について考える際に生じやすい認知のゆがみを知ろう。

1. 原因帰属の古典的な理論

　タバコの吸い殻を道に捨てる人を見かけると，「なぜ，あのようなマナーの悪いことをするのか」と思ったり，交通事故が起きたというニュースを見聞きすると，「なぜ，事故が起こったのだろう」と考えたりすることがあるだろう。私たちは，他者の行動や出来事を見聞きすると，自然に，その原因について考えることがある。このようなこころの働きは，**原因帰属**とよばれている。

1.1. 原因の帰属先

　人の行動に関する原因帰属の過程について，最初に議論を行ったのは，ハイダー[1]である。彼は，人の行動の原因が，行為者自身の能力や性格といった**内的要因**か，それ以外の**外的要因**のいずれか，またはその両方に帰属されることを指摘した[2]。

1.2. 対応推論理論

　ハイダーの理論を受け，ジョーンズとデーヴィスは，行動の原因が内的要因に帰属される条件を記述した[3]。彼らは，行為と行為者の属性を結びつける論理的な必然性（**対応性**）が高い場合には，内的要因への帰属が行われやすく，対応性が低い場合には，内的要因への帰属が行われにくいことを指摘した。対応性を規定する要因には，社会的望ましさ，外的圧力の有無，非共通効果の数の3つがあるという。例えば，社会的に望ましくない行為は，対応性が高く感じられ，内的要因に帰属されやすい。その反対に，社会的に望ましい行為は，社会のルールやマナーにしたがっただけであるとみなされやすいため，対応性が低く感じられ，内的帰属がされにくい。また，外的圧力の有無に関しては，誰かに強制された行為や役割に基づく行為は，対応性が低く感じられるため，内的帰属がされにくい。そして，その行為をすることによって，他の行為では得られない非共通効果の数が少ないほど，対応性が高く感じられ，内的要因へ

1) ハイダー (Heider, F., 1896-1988)：オーストリア・ウィーン出身。1930年からアメリカで教育・研究に携わり，1947年以降はカンザス大学で勤務した。1958年に出版した「*The psychology of interpersonal relations*」は，その後の社会心理学研究の発展に大きな影響を与えた。

2) Heider, F. (1958). *The psychology of interpersonal relations*. New York: Wiley. （大橋正夫（訳）(1978). 対人関係の心理学　誠信書房）

3) Jones, E. E., & Davis, K. E. (1965). From acts to dispositions: The attribution process in person perception. In L. Berkowitz (Ed.), *Advances in experimental social psychology*. Vol. 2. New York: Academic Press. pp. 219-266.

表18-1 対応推論の「非共通効果」の例

A大学英語学科の特徴	B大学英語学科の特徴
・ネイティブの英語教員がいる	・ネイティブの英語教員がいる
・多くの講義が英語のみで行われる	・多くの講義が英語のみで行われる
・充実した留学プログラムがある	・外資企業へのインターンシップ制度がある

注）ある人がA大学とB大学の両方の入学試験に合格していたとき，A大学を選んだならば留学に対する興味・関心が強いという内的帰属が行われる。

の帰属が行われやすくなるが，非共通効果が多いと，対応性が低く感じられ，内的帰属がされにくくなる（表18-1）。

1.3. 共変モデル

対応推論理論では，内的帰属に主な焦点があてられていたのに対し，ケリー[4]は，より包括的な原因帰属のモデルを提唱した[5]。このモデルでは，行為者，行為の対象，状況のいずれかに原因が帰属されると考える。どの要因に原因が帰属されるかを判断するためには，原因と結果の共変関係を吟味する必要があるという。このとき，**一貫性，弁別性，合意性**という3つの次元の情報が，判断の手がかりとなる。一貫性とは，時や場所が変わっても，同様の現象や行為が生じるかに関する情報である。弁別性とは，他の対象に対しても，同じ現象や行為が生じるかに関する情報である。そして，合意性とは，同じ状況において，他の人にも同様の現象が起きたり，もしくは他の人も同じ行動をとったりするかに関する情報である。原因と結果は共に変化するものであるという認識に基づき，一貫性，弁別性，合意性の3つの次元の高低の組み合わせを考慮すると，原因を判断することができる。

例えば，Aさんが心理学の講義の単位を落としたとする。この出来事の原因を，先ほどあげた3つの次元の情報を手がかりにして考える。Aさんは，何度も心理学の単位を落とし（一貫性高），心理学以外の単位は落としておらず（弁別性高），Aさんのまわりの友人の多くも心理学の単位を落としている（合意性高）ならば，行為の対象である「心理学の講義」に原因を帰属することができる。また，Aさんは，何度も心理学の単位を落とし（一貫性高），心理学以外の単位も落としており（弁別性低），Aさんのまわりの友人の多くは心理学の単位を落としていない（合意性低）ならば，行為者である「Aさん」に原因を帰属することができる。

1.4. 達成行動に関する帰属理論

これまでに紹介した原因帰属理論は，どのような行為の原因を判断する際に

4）ケリー（Kelley, H. H., 1921-2003）：アメリカの心理学者。カリフォルニア大学バークレー校で修士号を取得し，第二次世界大戦後，マサチューセッツ工科大学で博士号を取得した。原因帰属をはじめ，対人認知や対人関係，態度変容に関しても重要な理論を提唱した。

5）Kelley, H. H. (1967). Attribution theory in social psychology. *Nebraska Symposium on Motivation*, **15**, 192-238.

表18-2　達成行動に関する原因の分類（Weiner, 1979に基づいて作成）[7]

	内的		外的	
	安定	不安定	安定	不安定
統制不可能	能力	気分	課題の困難さ	運
統制可能	持続的な努力	一時的な努力	他者からの偏見	他者からの援助

6) ワイナー（Weiner, B., 1935-）：アメリカの心理学者。1963年にミシガン大学で博士号を取得。1965年よりカリフォルニア大学ロサンゼルス校に勤めている。ワイナーの提唱した達成行動の原因帰属と動機づけに関する理論は，社会心理学だけでなく，教育心理学にも大きな影響を与えた。

7) Weiner, B. (1979). A theory of motivation for some classroom experiences. *Journal of Educational Psychology*, **71**, 3-25.

8) Weiner, B. (1985). An attributional theory of achievement motivation and emotion. *Psychological Review*, **92**, 548-573.

9) Ross, L. (1977). The intuitive psychologist and his shortcomings: Distortions in the attribution process. In L. Berkowitz (Ed.), *Advances in experimental social psychology*. Vol.10. New York: Academic Press. pp. 173-220.

10) バイアスとは「ゆがみ」や「偏り」のことである。

も適用可能なものであった。それに対し，ワイナー[6]が提唱したのは，成功や失敗という達成行動の原因に特化した理論であった[7]。達成行動の原因は，所在，安定性，統制可能性という3つの次元の組み合わせで分類することができるという。所在とは，達成行動の原因が内的要因または外的要因のいずれに帰属されるのかを示す次元である。安定性とは，原因が時や状況を超えて変化するものであるかをあらわす次元である。原因が変化しない場合には，安定性が高いということができる。統制可能性とは，行為者自身や他者が，原因を統制することができるかどうかをあらわす次元である。これら3つの次元を考慮すると，達成行動の原因は，表18-2のように分類することができる。

また，成功または失敗の原因をどの要因に帰属するかによって，その後の行動への動機づけが異なることがわかっている[8]。例えば，自分の成功を，能力という内的，安定的，統制不可能な要因に帰属すると，自分のことを非常に肯定的にとらえることができるため，次の活動への動機づけが高まる。一方で，失敗を能力に帰属してしまうと，自分をダメな人間であるとみなしてしまい，次の行動への動機づけが高まらない可能性が高い。

2. 原因帰属のバイアス

2.1. 基本的な帰属のエラー

対応推論理論や共変モデルは，「原因帰属とはこうあるべきだ」という規範的な法則を示したといえる。しかしながら，原因帰属研究が進むにつれ，実際に人が行っている原因帰属は，必ずしもその規範的な法則にしたがっているわけではないことが明らかになってきた。とりわけ，人が他者の行動の原因について考える際，行為者がおかれた状況などの外的要因よりも，行為者自身の能力や性格などの内的要因の影響を過大視する傾向があることが明らかになってきた。このような傾向は，**基本的な帰属のエラー**とよばれている[9]。

基本的な帰属のエラーの1つに，**対応バイアス**[10]とよばれる現象がある。これは，ある人が，他者からの要請や与えられた役割などの外的な要因によって行動をとったことが明らかな状況であっても，その行動と対応する内的な態度や性格が推論されてしまう現象である。ジョーンズとハリスが，対応バイアス

を示す実験を行っている[11]。彼らは，実験参加者に対し，政治学の講義を受けている学生が書いたものとして，キューバの政治的指導者であったカストロ[12]に対する賛成または反対の態度を記した文章を呈示した。その文章が，学生の自由な意志によって書かれたものであると紹介する条件と，教員から「賛成」または「反対」の立場で書くよう強制されて書かれたものであると紹介する条件が設けられていた。実験参加者は，その文章を読んだあとで，文章の書き手が，実際にはどの程度カストロ政権に賛成または反対しているかを推測して回答するよう求められた。実験の結果，いずれの条件においても，カストロ政権に賛成の文章の書き手は，実際に賛成の立場であるとみなされ，反対の文章の書き手は，実際に反対の立場であるとみなされることが示された。原因帰属の規範的な法則にしたがって判断が行われるならば，強制的に態度を指定されて文章を書いた書き手に対しては外的な要因の影響が考慮されるはずである。つまり，強制的に賛成の立場で文章を書いていることがわかれば，実際にはその書き手の態度がどの程度賛成または反対であるかをはっきりと判断することはできないはずである。しかしながら，強制的に賛成の文章を書かされた場合であっても，その書き手に対しては，カストロ政権に賛成の態度をもっているという推論が行われていたのである。

2.2. 利己的な帰属バイアス

基本的な帰属のエラーは，一般的に，他者の行動を観察した場合に生じやすい。自分が同じ行動の行為者になった場合には，基本的な帰属のエラーが抑制されることがある。これを**行為者—観察者バイアス**という[13]。例えば，友人が告白相手にふられたと知ったときは，「友人に魅力がなかったのだろう」と考えるが，自分がふられたときには，「相手に見る目がなかった」と考えることがあげられる。

一般的に人は，他者の失敗はその人の内的要因のせいであると考えるのに対し，自分の失敗は外的要因に帰属することが多い。ところが，成功に関しては，その反対の帰属が行われる。すなわち，他者が成功したときには，「運がよかった」といったように，外的要因に帰属をするが，自分が成功したときには「自分の実力だ」などと，内的要因に帰属をすることがある。このように，自分にとって都合がよいように原因帰属することを**セルフ・サービングバイアス**（自己奉仕バイアス）という。このような帰属バイアスがあるおかげで，人は自尊感情を維持することができると考えられる。また，自分の過失により，誰かに迷惑をかけた場合には，外的で統制不可能な原因を用いて事態を説明することにより，他者から許しを得やすくなるという効果も期待することができる[14]。

11) Jones, E. E. & Harris, V. A. (1967). The attribution of attitudes. *Journal of Experimental Social Psychology*, **3**, 1-24.

12) フィデル・カストロは，アメリカによるキューバ支配を解くため，1959年にキューバ革命を起こし，キューバを社会主義体制に導いた人物である。キューバとアメリカは1961年以降国交を断絶してきたが，2015年4月に両国の首脳会談が行われ，和解に向けての第一歩が踏みだされた。

13) Jones, E. E. & Nisbett, R. E. (1972). The actor and the observer: Divergent perceptions of the causes of the behavior. In E. E. Jones, D. E. Kanouse, H. H. Kelley, R. E. Nisbett, S. Valins & B. Weiner (Eds.), *Attribution: Perceiving the causes of behavior*. Hillsdale, NJ: Lawrence Erlbaum Associates. pp. 79-94.

14) Weiner B., Amirkhan J, Folkes V. S., & Verette J. A. (1987). An attributional analysis of excuse giving: Studies of a naive theory of emotion. *Journal of Personality and Social Psychology*, **52**, 316-324.

3. 原因帰属の情報処理過程

　ハイダー以降，原因帰属の規範的な法則が理論化・モデル化されてきた。その後，人が実際に行う原因帰属が，それらの法則にしたがっているかを検証する試みが繰り返されてきた。しかしながら，多くの研究の結果，実際の原因帰属には，さまざまなバイアスがみられることが明らかになってきた。

　原因帰属のバイアスの中でも，基本的な帰属のエラーが最も頻繁にみられるものであることから，人は他者の行動を観察すると，そこから行為者の内的な特性を推論する傾向が強いと考えられる。この考え方は，第17章で紹介した自発的特性推論を示した研究によっても支持される。しかしながら，人は，行為者がおかれた状況について，きちんと考えることができる場合には，最初に行った推論の結果を修正することができるという。ギルバートは，この一連の過程を図18-1のようにモデル化している[15]。このモデルによれば，人は，他者の行動を観察すると，まず，その行動がどのような意味をもつものであるかを考えるという（行動のカテゴリー化）。そして，その行動に対応する特性を推論する（特性の推論）。これらの情報処理は，多くの認知的な労力をかけずに行われる自動的な過程であると考えられている。ただし，これらの自動的な過程で推論が終わってしまうわけではなく，認知的な余裕がある場合には，推論が修正される。この段階において，人は，行為者を取り巻く状況などの外的要因を考慮し，第2段階の推論の結果を修正することから，意識的で統制的な情報処理を行っているといえる。同時に複数のことを考えていたり，時間的なプレッシャーがかかっていたりする状況では，推論の修正を行うことは難しいが，いったん立ち止まって考えれば，他者の行動の原因を正しく見極めることもできるはずである。

15) Gilbert, D. T. (1998). Ordinary personology. In D. T. Gilbert, S. T. Fiske, & G. Lindzey (Eds.), *The handbook of social psychology*. 4th ed. Vol.2. New York: McGraw-Hill. pp. 89-150.

図18-1　原因帰属の3段階モデル（Gilbert, 1998に基づいて作成）[15]

裁判員裁判と心理学

　2009年5月21日から日本でも裁判員制度が開始された[①]。これにより，裁判官だけでなく一般市民も有罪・無罪および量刑の判断を行うことになった。事件の原因がどこにあるのか考え，その責任を何に対してどの程度帰属するかを考えるとき，その判断は，さまざまな要因の影響を受け，容易に変化する。どのような要因が原因帰属や責任帰属に影響を与えるかを調べることは，きわめて重要な研究課題の1つである。

　一般市民が裁判に参加する制度が古くから実施されているアメリカでは，事件の当事者に対する原因帰属や責任帰属に関する研究知見が多数蓄積されてきた。一方で，日本では裁判員制度がはじまるまで，この領域の研究がさほど必要とされてこなかったといえる。

　しかし裁判員制度開始前後から，日本でも，一般市民が行う司法判断に関するこころの仕組みを明らかにする研究への関心が高まってきた。例えば，浅井と唐沢は，法教育を受けていない一般の大学生を実験参加者とし，事件についての物語の構築しやすさが量刑判断に与える影響を調べた[②]。実験では，ある被告人が起こした刑事事件（犯行動機のある殺人または正当防衛による殺人）の概要と事件関係者の証言が書かれた用紙を参加者に配付した。このとき，事件が発生するに至る因果関係や，出来事の時間的な流れに沿って証言を呈示する条件と，それらの順序をランダムにして証言を呈示する条件が設けられていた。つまり，前者の条件は後者に比べて，証言を読んだ参加者が，事件についての物語を頭の中で構築しやすい条件となっていた。参加者は，証言をすべて読み終えたあとで，被告人に科すべき刑罰の重さを判断した。分析の結果，犯行動機のある殺人事件の場合，事件についての物語を構築しやすい条件では，そうでない条件に比べ，参加者は被告人に対し，より重い刑罰を科すべきであると判断することがわかった。反対に，正当防衛による殺人の場合は，物語を構築しやすい条件のほうが，参加者は被告人に対してより軽い刑罰が妥当であると判断することが示された。以上の結果から，事件についての物語が構築しやすいように証言を呈示することで，量刑に関する判断が極端になることが明らかになった。

　このような研究知見が日本でも蓄積されていくことによって，一般市民への法意識の教育や道徳教育がより広く行われるようになると考えられる。その第一歩として，大学における心理学教育の中で，第5章で記述された人間の思考の特徴，第18章でとりあげた原因帰属に関するこころの仕組み，そして第30章の犯罪心理学に関する研究知見を提示していくことは，重要な意義をもつと考えられる。

◎ column 引用文献
① 日本弁護士連合会　裁判員制度ホームページ　http://www.nichibenren.or.jp/ja/citizen_judge/index.html（最終閲覧日：2020年11月26日）
② 浅井暢子・唐沢穣（2013）．物語の構築しやすさが刑事事件に関する判断に与える影響．社会心理学研究，**28**，137-146．

第19章

「好き」「嫌い」ということ——態度と態度変化

学習
目標 態度の心理学的な定義や機能について説明できるようになろう。
態度変化に関するさまざまなこころの仕組みを理解しよう。

1. 態度の定義と機能

1.1. 態度の定義

　一般的に, **態度**とは, 人やものなどに対する「好き—嫌い」「良い—悪い」「賛成—反対」といった評価的な反応のことをいう。態度を心理学的に定義すると, ある対象に対する行動を説明するために想定される概念のことで, 感情, 認知, 行動への準備状態の3つの要素によって構成されているものである[1]。例えば, 「タバコを吸う」という事柄に対して否定的な態度をもつ人は, 「タバコは嫌だ（感情)」,「タバコを吸うと病気になる（認知)」,「タバコを吸おうとしない（行動への準備状態)」という3つの要素をもち合わせている。

1.2. 態度の機能

　態度をもっていることで, 一体どのようなメリットがあるのだろうか。態度にそなわっている知識, 価値, 社会性に関する機能から考えてみよう[2]。
　知識機能とは, ある対象に対する態度に基づいて, 情報を収集したり, それに関連する判断をすばやく行ったりするという機能である。例えば, A社という飲料メーカーに対して好意的な態度をもっている場合, さまざまなメーカーの飲料水が売られているのを見ても, 「A社のものが一番おいしい」という判断ができ, スムーズに商品を購入することができる。価値に関する機能は, **価値表出機能**とよばれている。態度があるおかげで, 自分の価値観を表出することができ, 他人に自分のことを理解してもらうことができる。社会性に関する機能は, **社会適応機能**とよばれるものである。例えば, 初対面の人との会話の中で, あるものに対して, その人と自分が同じ態度をもっているとわかると, 一気に会話

1) Rosenberg, M. J. (1960). Cognitive reorganization in response to the hypnotic reversal of attitudinal affect. *Journal of Personality*, **28**, 39-63.

2) Fiske, S. T., & Taylor, S. E. (2008). *Social cognition: From brains to culture*. New York: McGraw-Hill.（宮本聡介・唐沢穰・小林知博・原奈津子（編訳)(2013). 社会的認知研究——脳から文化まで　北大路書房)

が弾み，仲がよくなることがある。このような社会的な関係の構築にも，態度が一役買っている。

2．態度形成・変容に関する古典的な理論

2.1.学習理論による説明

　それでは，態度は，どのようにして形成されたり，変容したりするのだろうか。態度の形成・変容の過程を説明する理論はいくつか提唱されているが，その1つは，古典的条件づけやオペラント条件づけなどの学習理論（第4章参照）に基づくものである[3]。例えば，幼稚園くらいの小さな子どもが，絵を描いて母親に見せたところ，母親がそれをほめてくれたとする。するとその子どもは，絵を描いては母親に見せ，母親にほめてもらうということを繰り返すようになる。その結果，子どもは，絵を描くという行為に対して，好意的な態度をもつようになると考えられる。これは，オペラント条件づけによる態度形成の例である。

2.2.バランス理論

　学習ではなく，認知的な要素から態度の形成・変容を説明する理論もある。このタイプの理論では，「人間は矛盾よりも一貫性を好む」という考え方が採用されている。これを代表する理論に，ハイダーの**バランス理論**がある[4]。ハイダーは，ある人（P）のある対象（X）に対する態度は，他者（O）との関係によって決まると主張した。そして，この3者の関係は，図19-1に示したようなきわめて単純な図式によって理解することができるという。例えば，ある人（P）が，高校時代の親友（O）とともに，同じ大学に入学したとする。そして，どのようなサークルに入ろうかと悩んでいたとき，親友が，「テニスをやってみたいから，テニスサークルに入ろうかな」と言い出したとする。すると，あ

3) Lott, A. J., & Lott, B. E. (1968). A learning theory approach to interpersonal attitudes. In A. G. Greenwald, T. C. Brock, & T. M. Ostorm (Eds.), *Psychological foundations of attitudes.* New York: Academic Press. pp.67-88.

4) Heider, F. (1958). *The psychology of interpersonal relations.* New York: Wiley. （大橋正夫（訳）(1978)．対人関係の心理学　誠信書房）

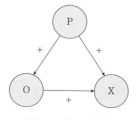

（a）Oが親友の場合

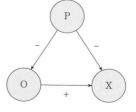

（b）Oが仲の悪かった
　　　クラスメートの場合

図19-1　バランス理論によるPのXに対する態度形成の説明

注）図中の＋は好意的な関係性や態度を，－は非好意的な関係性や態度をあらわす。

まり興味をもっていなかったテニスサークル（X）に対して，興味をもつようになるだろう。Oに該当する人物が親友ではなく，高校時代に仲の悪かったクラスメートだった場合はどうだろうか。そのクラスメートがテニスサークルに興味を示していることを知れば，「あんなやつが入るサークルなんて，ろくなもんじゃない」と考えるだろう。

2.3. 認知的不協和理論

「人間は矛盾よりも一貫性を好む」という考え方に基づいたもう1つの態度理論に，フェスティンガー[5]による**認知的不協和理論**がある[6]。この理論に基づくと，人は，客観的な事実と自分の態度や信念の間に不協和（矛盾）を認識すると，不快感を覚え，それを低減するために態度を変えることがあるという。これを示した有名な実験がある[7]。

この実験に参加した人は，きわめて単純でつまらない作業を課題として与えられた。実験参加者は，その課題を終えたあとで，実験者から，「あなたの次に実験に参加しに来る人がいるので，その人に対して，『おもしろい課題だった』と伝えてほしい」と依頼された。このとき，うそをつくことの謝礼として，実験者から20ドルを渡される条件と，1ドルを渡される条件が用意されていた。ただし，どちらの場合にも，実験参加者は，こころにもないことを言わされるため，「つまらない課題だった」という本心と，「おもしろい課題だった」と伝える言動の間に不協和を感じることになる。そして，あとになって，実験参加者は，最初に行った課題がどの程度楽しかったかを評定するよう求められた。分析の結果，謝礼として20ドルをもらった条件や，うそをつかず，謝礼も受け取らなかった条件に比べ，1ドルをもらった条件の参加者のほうが，より最初の課題を「楽しかった」と評価していることがわかった（図19-2）。

うそをつく謝礼として，20ドルをもらった人たちは，「お金のためにうそをついた」というふうに，自分がついたうそをお金によって正当化することができたため，最初に行った課題への評価をわざわざ変える必要がなかったのであ

5) フェスティンガー（Festin-ger, L., 1919-1989）：アメリカの心理学者。巧妙な実験によって人のこころの働きを明らかにし，その功績は多くの賞によって讃えられた。しかし晩年は実験室を閉鎖し，考古学的な観点から人間を理解することに関心をもつようになった。

6) Festinger, L. (1957). *A theory of cognitive dissonance.* Stanford, CA: Stanford University Press. (末永俊郎（監訳）(1965). 認知的不協和の理論——社会心理学序説　誠信書房)

7) Festinger, L., & Carlsmith, J. M. (1959). Cognitive consequences of forced compliance. *Journal of Abnormal and Social Psychology*, **58**, 203-210.

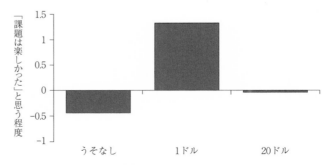

図19-2　フェスティンガーらの実験の結果（Festinger & Carlsmith, 1959に基づいて作成）[7]

る。これに対し，1ドルしかもらっていない人たちは，自分が本心とは違うことを言ってしまったという事実に対して，「お金のため」と正当化することは難しかったと考えられる。しかし，「おもしろい課題だった」と言ってしまった事実を変えることはできないため，「あの課題は本当におもしろいものだった」と，課題に対する態度を変えることによって，最初に抱いていた本心と自分がついたうそとの間にある不協和を解消したのである。

3．説得と態度変容に関する情報処理理論

3.1.精緻化見込みモデル

　2節で紹介した3つの理論は，人が，自ら他者との関係性を考慮したり，自分の行動を客観的に観察したりすることによって，態度を形成したり変容させたりすることを示したものであった。しかしながら，日常においては，態度を変えるよう他者に働きかけたり，逆に，そのように働きかけられたりすることがある。例えば，タバコを吸うことをやめられない父親に対して，子どもが「お父さん，体に悪いから禁煙して」と説得することがあるだろう。このような説得は，うまくいくときもあるが，いつも相手が応じてくれるとは限らない。では，説得が態度変容に効果をもたらすには，どのような条件が必要なのだろうか。

　ペティとカシオッポが提唱した**精緻化見込みモデル**（Elaboration Likelihood Model：ELM）によると，与えられた説得メッセージの内容を吟味しようとする動機と，吟味するための認知的な能力や余裕があるかによって，どのような態度変化が生じるかが決まるという[8]。メッセージについて考える動機や認知的な能力などが高い場合には，中心ルートという情報処理の経路をへた態度変化が生じる。中心ルートでは，与えられたメッセージの説得力が入念に吟味されるため，説得の根拠が弱いメッセージを与えるとかえって反発されてしまう可能性がある。そのかわり，非常に説得力のあるメッセージを吟味した結果，態度変化が生じた場合には，その態度は安定的に維持されることが多い。一方，メッセージについて考える動機や能力が低い場合には，周辺ルートという経路をへた態度変化が生じることがある。周辺ルートでは，メッセージの内容そのものよりも，メッセージの送り手が魅力的な人物であるかどうかといったような周辺的な手がかりに依存した判断が行われる。周辺的な手がかりを使った判断によっても態度変化は生じるが，この場合の態度は，持続性がなく不安定なものであることが多い。

8) Petty, R. E., & Cacioppo, J. T. (1986). The elaboration likelihood model of persuasion. In L. Berkowitz (Ed.), *Advances in experimental social psychology*. Vol. 19. Orland, FL: Academic Press. pp. 123-205.

3.2. ヒューリスティック―システマティックモデル

ELMと多くの共通点をもつモデルに，チェイキンらの**ヒューリスティック―システマティックモデル**（Heuristic-Systematic Model：HSM）がある[9]。HSMも，ELMと同様に，比較的認知的な労力を必要としない情報処理過程と，多くの認知資源を必要とする情報処理過程を想定している。前者はヒューリスティック処理とよばれ，後者はシステマティック処理とよばれている。ヒューリスティック処理では，手近な情報を使って説得内容が判断される。例えば，テレビである医師が「ダイエットにはバナナが効く」と話していたとしよう。すると，「医師が勧めているから，本当なんだろう」といったように「医師＝信用できる」という信念に基づいて安直な判断を行ってしまうことがあるだろう。HSMでは，このような情報処理で説得内容に確信が得られれば，それ以上の情報処理は行われないと考える。ただし，ヒューリスティック処理で確信が得られない場合には，システマティック処理に移行するという。先ほどの医師の例でいうと，「医師が言っているからって，本当に正しいのか」または「この医師は，ちゃんとしたデータに基づいて話をしているのか」といったように，テレビの中で話している医師やその人物の話の内容に対して確信が得られないとすれば，システマティック処理が行われる。

ELMでは，説得メッセージの内容が吟味される場合と，それ以外の周辺的な情報に注意が向けられる場合を区別することが重要なポイントであった。これに対し，HSMでは，人が与えられた情報についてどの程度深く考えるかという情報処理のレベルに焦点があてられている。よって，HSMに基づくと，人はメッセージの内容だけではなく，メッセージの送り手などに関する周辺的な情報についても深く考えることがあるといえる。先にあげたテレビに出演している医師の例は，メッセージの送り手に対して，ヒューリスティック処理とシステマティック処理の両方が行われる可能性を示したものである。

9) Chaiken, S., Liberman, A., & Eagly, A. H. (1989). Heuristic and systematic information processing within and beyond the persuasion context. In J. S. Uleman & J. A. Bargh (Eds.), *Unintended thought*. New York: Guilford. pp. 212-252.

人を好きになるメカニズム

　人やものを好きになるメカニズムは，バランス理論や認知的不協和理論によっても説明することはできるが，より単純な原理でも説明できる場合がある。例えば，初対面の人と話をしていて，同じ趣味をもっていることや，出身地が同じであることがわかったりすると，その人に対して急に好意を抱くようになることがある。これは，態度や境遇などが類似している人には，自分の意見を認めてもらいやすく，コミュニケーションも円滑にとれることが予想されるためである（**類似性**[1]）。

　また，自分に対して優しくしてくれる人や，自分のことをほめてくれるような人に対しても好意を感じることがあるだろう。人間にとって，金銭や物品といった目に見えるものだけが報酬になるのではなく，社会的な評価や承認といった目に見えないものも報酬になるのである。このように，さまざまな意味での報酬や利益を与えてくれる人物には，魅力を感じやすくなる（**報酬性**[2]）。

　ときには，類似性や報酬がなくとも，人を好きになることがある。例えば，よく行くコンビニエンスストアで働いている店員のことが気になったり，通学の電車でよく見かける人を好きになったりした経験はないだろうか。このように，何度もその人物を目にしているうちに，直接話したことはなくても好きになってしまうことがある。これは，**単純接触効果**[3]といって，ある対象を繰り返し見聞きすることによって魅力的に感じられるようになる現象である。「以前に見たことがある」という感覚自体が人に快感情をもたらし，その感情が対象そのものへの好意として感じられることで生じる効果であると考えられる。単純接触効果は，人だけでなくものに対しても生じ，また，意識的に見聞きする必要はなく，意識下で繰り返し接触しているだけでも生じる。ただし，最初に見たときに不快に感じられるような人やものに対しては，単純接触効果が生じにくいことがわかっている[4]。

　これらの要因以外にも，物理的な距離の近さが，他者に対する好意を生む場合がある。近くにいる人とは会う機会が多いため，単純接触効果が生じやすいのが理由の1つである。また，近くにいるということは，会いに行くための労力や費用がかからず，実際に会ったり話したりする機会が多くなるために，関係性が発展しやすいのである（**近接性**[5]）。

　また，ジェットコースターに乗るなど，心臓がドキドキするような体験を一緒にすると，物理的な要因によって生じた心臓の鼓動を一緒にいる人物に対するときめきと勘違いすることによって，その人を好きになることもある（**つり橋効果**[6]）。

◎ **column 引用文献** ···
① Byrne, D., & Nelson, D. (1965). Attraction as a linear function of proportion of positive reinforcements. *Journal of Personality and Social Psychology*, **1**, 659-663.
② Aronson, E., & Linder, D. (1965). Gain and loss of esteem as determinants of interpersonal attractiveness. *Journal of Experimental Social Psychology*, **1**, 156-171.
③ Zajonc, R. B. (1968). Attitudinal effects of mere exposure. *Journal of Personality and Social Psychology*, **9**, 1-27.
④ Perlman, D., & Oskamp, S. (1971). The effects of picture content and exposure frequency on evaluations of Negroes and whites. *Journal of Experimental Social Psychology*, **7**, 503-514.
⑤ Festinger, L., Schachter, S., & Back, K. W. (1950). *Social pressures in informal groups: A study of human factors in housing.* Stanford, CA: Stanford University Press.
⑥ Dutton, D. G., & Aron, A. P. (1974). Some evidence for heightened sexual attraction under conditions of high anxiety. *Journal of Personality and Social Psychology*, **30**, 510-517.

第20章

影響し合う──対人的影響

学 習
目 標

人が他者から受ける影響について理解しよう。
どのような他者からの影響を強く受けやすいのかを知ろう。

1. 他者の存在が課題の遂行に与える影響

1.1.社会的促進と社会的抑制

　1人でランニングをするよりも，誰かと一緒に走ったほうが，速く走れたり，いつもより長い距離を走れたりするという経験をしたことはないだろうか。このように，単独で課題を遂行する場合に比べ，他者とともに課題に取り組んだほうが，課題の速さや量などが促進される現象を**社会的促進**という。しかしながら，他者の存在が，いつも個人の課題遂行によい影響をもたらすとは限らない。例えば，大学の定期試験の前に，友人と一緒に英語の試験対策をしようとして，図書館に集まったとする。このようなとき，なかなか集中できず，すぐに友人に話しかけてしまい，結局勉強が進まないということがある。この例のように，単独で課題を遂行する場合に比べ，他者とともに課題に取り組んだほうが，課題の速さや量が抑制される現象を**社会的抑制**という。

　社会的促進が生じる場合も，社会的抑制が生じる場合も，他者とともに行動をするという状況自体は変わらないはずである。では，これら2つの現象を規定する要因は，一体何なのだろうか。その要因の1つは，課題の難しさであると考えられている[1]。単純な課題では，他者の存在が社会的促進をもたらし，複雑な課題では，社会的抑制をもたらすという。

　社会的促進や社会的抑制は，どのようなメカニズムによって引き起こされるのであろうか。これには，いくつかの説がある。ザイアンスは，他者が存在するだけで，個人の生理的な覚醒水準が高まるという**動因説**によって説明をしている[2]。覚醒水準が高まると，個人がある状況におかれたときに優勢な反応が出やすくなるという。例えば，普段から成功することが優勢な反応である課題の場合，他者の存在が課題の遂行を促進するだろう。しかし，普段から失敗することが優勢な反応となっている課題であれば，他者の存在によって課題の遂行が抑制されると考えられる。また，覚醒水準が高まるためには，他者が存在するだけでは不十分であり，他者から評価されているという懸念（**評価懸念**）が必要であるという説もある。その一方で，評価懸念の存在を必ずしも仮定す

1) Hunt, P. & Hillery, J. (1973). Social facilitation in a coaction setting: An examination of the effects over learning trials. *Journal of Experimental Social Psychology*, **9**, 563-571.

2) Zajonc, R. B. (1965). Social facilitation. *Science*, **149**, 269-274.

る必要はなく，他者に対して向けられる注意と課題に対して向けられる注意との間に生じる葛藤によって覚醒水準が高まると主張する説もある[3]。いずれの説も，他者の存在によってもたらされる生理的な覚醒水準の高まりが，社会的促進や社会的抑制を引き起こすという点は共通している。また，これらの説は，互いに矛盾するわけではなく，状況によっていずれかのメカニズムが作用していると考えられる。

3) Baron, R. S. (1986). Distractionconflict theory: Progress and problems. In L. Berkowitz (Ed), Advances in experimental social psychology. Vol. 19. Orland, FL: Academic Press. pp. 1–40.

1.2. 社会的手抜きと調整の失敗

1.1.であげたランニングや試験対策の勉強は，何人かが協力して達成するような行動ではない。しかし，日常生活では，複数人で1つの課題をこなさなければならないときもある。例えば，綱引きなどの団体競技では，チームの全員が力を合わせることによって，勝利の獲得を目指さなければならない。ところが，このような場面では，チームとしての勝敗は明らかになるが，個々人の力の入れ具合や努力量のようなものが明確になるわけではない。実は，こういった場面では，1人で同じ行為を行う場合に比べて，課題の遂行量や努力量が少なくなってしまうことがある。

この現象の背景には，2つの理由があると考えられている[4]。1つは，「私1人くらい手を抜いても大丈夫」というように，責任の拡散が生じ，課題に取り組む動機づけが低下するためである。動機づけの低下によって1人あたりの努力量が減少することを**社会的手抜き**という。一方で，お互いが力を出すタイミングがずれてしまったり，そのタイミングを合わせようとすること自体に気を取られてしまったりすることによって，個人の遂行量や努力量がうまく全体に反映されない場合もある。これを**調整の失敗**という。実際には，複数人で1つの課題に取り組むときには，両方の理由によって，1人あたりの遂行量や努力量が減少してしまうと考えられる。

4) Steiner, I. D. (1972). *Group processes and productivity.* New York: Academic Press.

2. 集団が個人に与える影響・個人が集団に与える影響

2.1. 集団規範

綱引きのチームのように，複数人が集まって1つの集団を作ると，しだいにその集団の中での暗黙のルールができることがある。集団の中で互いが共有しているルールのことを**集団規範**という。集団規範は，集団内の各成員が，互いの行動や判断を参照し合うことによって，しだいに1つの方向にまとまっていくことによって形成される[5]。また，いったん規範ができあがると，個人は，集団の規範にしたがって判断を行ったり，行動したりするようになる。このこと自体が，集団そのものの維持につながっていく。

5) Sherif, M. (1935). A study of some social factors in perception. *Archives of Psychology*, **27**, 1-60.

2.2. 同 調

8) Asch, S. E. (1955). Opinions and social pressure. *Scientific American*, **193**, 31-35.

6) アッシュ（Asch, S. E., 1907-1996）：ポーランドに生まれたが13歳でアメリカに亡命。1932年にコロンビア大学で博士号を取得。印象形成や同調に関する実験を実施し，実験社会心理学の基礎を築いた人物のひとり。

7) Asch, S. E. (1951). Effects of group pressure upon the modification and distortion of judgments. In H. Guetzkow (Ed.), *Groups, leadership and men: Research in human relations*. Pittsburgh, PA: Carnegie Press. pp.177-190.

9) Deutsch, M., & Gerard, H. B. (1955). A study of normative and informational social influences upon individual judgment. *Journal of Abnormal and Social Psychology*, **51**, 629-636.

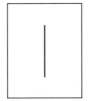

図20-1　同調の実験で用いられた刺激の例
（Asch, 1955に基づいて作成）[8]

　私たちは，普段，集団規範をさほど意識しなくとも，集団規範に沿った行動をとっていることが多い。しかし，人は，自分がおかれた状況しだいでは，意識的に他者の発言や行動に**同調する**ことがある。アッシュ[6]は，人が個人としての考えや態度を明確にもっているにもかかわらず，周囲の反応に同調することを実験によって示した[7]。実験参加者に与えられたのは，図20-1のような2枚のカードのうち，左側のカードに描かれた線分と同じ長さの線を右側のカードから選ぶという課題であった。この課題は，1人で回答するとほとんどの人が100％正解するような簡単なものであった。例えば，図20-1では，誰もが「2」と回答すると考えられる。アッシュは，複数人が同席した状態で，この課題を実施し，1人ずつ順に口頭で回答するよう求めた。ただし，真の実験参加者は1名のみであり，それ以外の参加者は実験協力者であった。実験協力者は，18回実施された課題のうち12回は間違った答えを言うように指示されていた。すると，50名いた真の参加者のうち37名もの人が，少なくとも1回は多数派の回答に引きずられて，誤った答えを言ってしまった。

　ドイッチらによると，人が他者に同調する理由として，**規範的影響**と**情報的影響**の2つがあると考えられている[9]。規範的影響とは，集団の中で，他者から拒絶されるのを避け，むしろ協調的に振る舞おうとする動機に基づいた影響である。規範的影響による同調の場合，個人の態度まで変化するような**私的受容**をともなうことは少なく，むしろうわべだけの**外面的同調**にとどまる場合が多い。情報的影響とは，多くの人がとる行動を社会的に「正しいもの」として受け入れることによる影響である。例えば，はじめて入ったレストランで，まわりにいるほとんどの客がオムライスを注文していたら，このレストランに来たらオムライスを食べるのが正しい行動だと考え，自分もオムライスを注文することがあげられる。

2.3. 少数者の影響

　日常生活を振り返ると，1人ではできないことであっても，他者と協力すれば達成できることがたくさんある。他者と円滑に協力行動をとるためには，集団規範を参照したり，同調したりすることが，重要な要因となってくる。しかし，集団規範に縛られたり，本来の自分の意見を曲げて他者に同調したりすることを続けていると，人はストレスを感じるようになるだろう。その結果，集

団そのものも，全体として悪い方向に進んでしまうかもしれない。このように考えると，集団規範や同調は，人にとってよい作用ばかりをもたらすとは限らない。集団にとっては，変革が必要な時もあると考えられる。

　多数者への同調を低減させ，集団に変革をもたらすのは，一体どのような要因なのだろうか。それは，少数者が一貫した態度で，異論を主張し続けることであると考えられている[10]。また，その少数者が，他の集団成員と人種や性別などが一致しており，主張内容が論理的であるほど，少数者の影響が大きくなるという。

10) Moscovici, S., Lage, E., & Naffrechoux, M. (1969). Influence of a consistent minority on the responses of a majority in a color perception task. *Sociometry*, **32**, 365-380.

3. 社会的勢力の影響

3.1. 服 従

　人が他者に合わせた態度や行動をとるのは，集団における多数派に同調するときだけではない。ときには，一対一の人間関係であっても，他者からの直接的な命令や圧力があれば，それにしたがった行動をとることがある。このように，他者の命令や意思にしたがうことを服従という。同調と同じように，服従することも，他者とうまくやっていくためには，ある程度必要なことであろう。しかし，他者からの命令が個人の善良な態度や判断をしのぎ，反社会的な行動を誘発することがあるならば，服従は非常に恐ろしい結果をもたらすことになる。

　ミルグラム[11]は，どのような人でも，ある特定の状況下では服従してしまう可能性があることを実験によって示した[12]。実験に参加したのは，一般の成人男性40名であった。彼らは，「記憶と学習に関する実験」が行われるという名目で出された新聞広告を見て，応募してきた人たちであった。実験にやってきた参加者は，2名1組で実験に参加した。そして，「この研究の目的は，罰が学習に与える効果を検証することである」と告げられ，くじ引きによって，教師役と生徒役を割り振られた。しかし，実際には2名のうち1人は実験協力者であった。くじ引きでは，真の実験参加者が必ず教師役になるように工夫がされていた。

　教師役を割り振られた参加者は，隣の部屋にいる生徒役の人に対して問題を出し，生徒役が間違えると，送電盤を操作して電気ショックを与えるよう実験者から指示されていた。生徒役の実験協力者は，あらかじめ決められたシナリオ通りに，何度か間違った答えを言った。そのたびに，教師役の参加者は，電圧を上げなければならなかった。電圧が300ボルトを超えると，生徒役は壁を叩いて実験の中止を求めた。しかし，実際には生徒役に電気ショックは与えられておらず，生徒役の反応はすべてあらかじめ準備された演技によるものであった。ところが，教師役は，本当に自分の与えた電気ショックにより，生徒

11) ミルグラム (Milgram, S., 1933-1984)：アメリカ・ニューヨーク出身。1955—1956年にアッシュがハーヴァード大学に客員教授としてよばれた時，そこで助手を務めていた。

12) Milgram, S. (1963). Behavioral study of obedience. *Journal of Abnormal and Social Psychology*, **67**, 371-378.

役が苦しんでいると思いこんでいた。教師役の参加者のほとんどが，電圧を上げることに抵抗を感じ，送電盤を操作することをためらったが，実験者は淡々とした態度で，実験を続けるよう命令した。

　では，このような状況で，40名の参加者のうち，一体何名が実験者の命令にしたがい，最後まで実験を続行し，450ボルトもの電気ショックを生徒役に与えたのだろうか。実際には，40名のうち，なんと26名もの実験参加者が，450ボルトまで電圧を上げ続けたのであった。すなわち，約6割もの人が，生徒役に強い電気ショックを与え，苦痛を与えることに関して，実験者からの命令に服従したのであった。

　この実験は，参加者の精神的健康に害を及ぼす可能性があったとして，多くの批判を受けた。ミルグラムは，実験終了後に，参加者に実験の本当の目的を説明して理解を求めた。また，実験中や実験後の感想を尋ねた結果，実験中はたしかに強いストレスを感じた参加者もいたが，実験終了後も長期にわたって影響を受けた参加者はほとんどいなかった[13]。心理学の実験や調査を行う際には実験参加者の心身の健康や人権などに配慮する必要がある（序章参照）。

3.2. 社会的勢力

　ミルグラムの実験に参加した人たちは，生徒役に苦痛を与えることに抵抗を感じながらも，なぜ実験者の命令に服従し，最後まで実験を続けたのであろうか。実験が行われたのが，アメリカの名門・イェール大学であったことから，実験参加者は，その権威に影響を受けて服従をしてしまったと考えられる。

　権威を含め，個人の態度や行動に影響を与える可能性のある力を**社会的勢力**という。レイヴンは，勢力を生じさせる源泉が何であるかに着目し，表20-1に示すような6つの社会的勢力の存在を指摘した[14]。これらの勢力があると，人は，勢力者や情報自体に影響を受けて，それらに服従しやすくなる。ミルグラムの実験では，イェール大学で行われた心理学の実験であるという専門勢力が実験者の正当勢力を高め，それらによって生じた権威が実験参加者に影響したと考えられる[15]。

13) Milgram, S. (1974). Obedience to authority: An experimental view. New York: Harper and Row. (山形浩生（訳）(2008). 服従の心理 河出書房新社)

14) Raven, B. H. (1965). Social influence and power. In I. D. Steiner ＆ M. Fishbein (Eds.), *Current studies in social psychology*. New York: Holt, Rinehart, and Winston. pp. 371-382.

15) 今井芳昭 (2020). 影響力の解剖——パワーの心理学 福村出版

表20-1　社会的勢力の種類（Raven, 1965に基づいて作成）[14]

社会的勢力	勢力の源泉
情報的影響	情報そのものの有用性
報酬勢力	被勢力者に対する報酬
強制勢力	被勢力者に対する罰
専門勢力	勢力者が持つ専門的な知識や能力
参照勢力	勢力者の魅力や，被勢力者との類似性
正当勢力	社会的に認められた役割や責任

スタンフォード監獄実験

2002年に日本で公開されたドイツ映画『es（エス）』を観たことはあるだろうか。これは，1971年にアメリカで行われたある心理学実験を題材にして書かれた小説を原作としている。その心理学実験とは，スタンフォード大学のジンバルドーらにより行われたものであり，通称「スタンフォード監獄実験」または「模擬刑務所実験」とよばれている[1]。この実験では，犯罪歴がなく，心身ともに健康な男子大学生が一般公募によって参加者に選ばれた。参加者たちは，スタンフォード大学に作られた模擬刑務所で看守役と囚人役を割り振られた。そして，囚人役の学生が，実際に警察によって突然逮捕・連行されるところから実験がはじまった。囚人役は，ワンピースのような囚人服を着せられ，囚人服には個人を認識するためのID番号が書かれていた。また，髪の毛を剃ったように見せるため，ストッキングをかぶらされていた。看守役の参加者は，カーキ色の制服とサングラスを身に着け，警笛と警棒をもたされていた。看守役には，暴力の禁止など必要最低限の指示だけが伝えられていたが，それ以外の特別な指示は行われなかった。

実験開始からまもなく，看守役は囚人役をID番号で呼ぶことで点呼をとったり，指示にしたがわない囚人役に対して罰を与えたりするなど，しだいに威圧的な振る舞いを見せるようになっていった。それに対して，囚人役の参加者たちは，反抗を示すようになった。しかし，看守役の参加者たちは，そのような反抗を鎮圧するために，さらに威圧的な行動をとるようになった。その結果，囚人役の参加者の中には，しだいに心身のバランスを崩す者が出てきてしまった。ジンバルドーらの予想を超えて，参加者たちの健康が失われるほどの大きな変化が生じたため，当初2週間予定されていた実験は，6日間で中止となった。

実験終了後の分析により，囚人役に対する看守役の侮辱的な行為が，研究者の見えないところで行われていたことがわかった。このことから，看守役の参加者は，研究者に対する同調や服従によって，それらの行為をしていたというよりも，看守という役割を自ら果たそうとしていたといえる。このようにして，社会的な状況が人々に与える影響がいかに強いものであるかが示された。

ジンバルドーらは，状況の力が強く働く原因の1つとして，没個性化をあげている。つまり，自分が何者であるかというアイデンティティが喪失されると，人は容易に状況の力に巻き込まれ，通常では思いもよらないような行動をしてしまうと考えられる[2]。

この実験も，ミルグラムの服従実験と同様に，研究の倫理性について大きな議論を巻き起こした。実験開始前にスタンフォード大学の倫理審査委員会によって承認を得ており，実験の参加者からも同意書にサインをしてもらっていたが，この実験が参加者に与えた影響は事前の想定以上のものであったといえる。

◎ **column 引用文献** ･･
① Zimbardo, P. G. Stanford Prison Experiment, http://www.prisonexp.org/（最終閲覧日：2020年11月26日）
② Haney, C., Banks, C., & Zimbardo, P. (1973). Interpersonal dynamics in a simulated prison. *International Journal of Criminology and Penology*, **1**, 69-97.

第21章

社会の動き──集合現象とマスメディア

学習目標
うわさを広めるかぎを知ろう。
新しいものごとが普及する過程を理解しよう。
マスメディアが社会に与える影響を理解しよう。

1. うわさ

1.1. うわさとは

日常会話などでやりとりされる根拠のあいまいな情報を一般的にうわさという。一口にうわさといっても，実は，いくつかの種類があると考えられる。川上によると，うわさは「流言」「ゴシップ」「都市伝説」の3つに分けられるという[1]。

流言[2]とは，社会情報としてのうわさのことである。例えば，「駅前に新しいショッピングビルができるらしい」とか，「あの会社は，経営が危ないらしい」といった類のうわさが，これに該当する。社会情報としてのうわさは，常に存在しているわけではなく，特定の社会状況の中で生じることが多く，場合によっては差別や偏見，風評被害[3]，パニック（第27章参照）といった社会問題へと発展することがある。

これに対して，**ゴシップ**とは，おしゃべりとしてのうわさのことで，主に他人についてのうわさをさす。「Aさんは，Bさんのことが好きらしい」といった恋愛についてのうわさや，「Cさんは，テストの日に寝坊したらしい」といった失敗についてのうわさなどが例にあげられる。ゴシップの話題になっている人にしてみると，その内容はとりわけ重要であったり，他者に知られたくないものであったりする一方，ゴシップについて語る人々は，さほど重要な話題であるとは感じていないことが多い。悪意をもって語られるゴシップは，話題の対象となっている人を傷つけてしまう可能性がある。

3つめの分類に該当する**都市伝説**とは，楽しみとしてのうわさのことである。例えば，埋蔵金に関する伝説や，口裂け女についてのうわさなど，多種多様なものがある。都市伝説の場合，流言やゴシップとは違い，その情報自体に価値があるというわけではない。それよりも，語られることによって人々に楽しみをもたらすということ自体が，都市伝説の価値なのである。また，流言は何らかの事実をもとに語られることが多いが，都市伝説の場合は，事実に基づいている必要性はない。

1) 川上善郎 (1997). うわさが走る──情報伝播の社会心理学　サイエンス社

2) 流言とデマは異なる意味をもつ。デマは，誰かをおとしめようとして，意図的に広められるうわさをさす。

3) 風評被害とは，世間の評判やうわさによって，商品の売上減少などの被害を受けることである。

1.2. うわさを広めるかぎ

オルポートとポストマンは，社会でうわさが流通する量を定式化し，「$R \sim i \times a$」とあらわした[4]。この式は，「うわさの社会全体での流通量（rumor）は，ある話題について重要性（importance）を感じている人の割合と，話題についてあいまいさ（ambiguity）を感じている人の割合のかけ算によってあらわされる」ということを意味している。たしかに，情報のあいまいさがうわさを広めるかぎとなっていることは，多くの研究によって示されている。一般的に，人はあいまいな情報に出くわすと，それに関する解釈や説明を行おうとして，互いにコミュニケーションをとるために，うわさが広まると考えられる[5]。一方で，情報の重要性がかぎとなることを示した研究は少ない。情報の重要性に代わって，うわさを広めるかぎとなるのは，不安であると考えられる[6]。例えば，不安を感じやすい特性をもつ人が多くいる集団では，うわさが流通しやすいことが明らかになっている[7]。また，人々の不安を喚起するような情報もうわさとして広まりやすいことがわかっている[8]。さらに，あいまいさと不安に加えて，情報の信用度も，うわさを広めるかぎとなることが明らかになっている。イエーガーらの研究によると，うわさに含まれる情報の信用性が低い場合に比べて，高い場合のほうが他者に伝達されやすいことが示されている[9]。

2. 流行

2.1. 流行とは

うわさ以外にも，いつのまにか世の中に広まっていくものがある。それは，流行である。国語辞典では，「一時的に急に世間にひろがりふえること。はやり」と定義されている[10]。流行も，さまざまなタイプに分けられる。英単語を手がかりにした分類を表21-1にあげる。

表21-1　英単語を手がかりにした「流行」の分類（関谷，2011に基づいて作成）[11]

分類	意味・特徴
ファッション（fashion）	行動様式や服飾の流行がある程度，一般化した状態
モード（mode）	服飾などの流行の初期，シーズン初期
スタイル（style）	デザインや服飾など特に「形」「型」の流行
ファッド（fad）	一次的，短期的，小規模な流行
クレイズ（craze）	広範囲，重大な熱狂的流行
ブーム（boom）	株ブーム，新書ブームなど服飾以外の物に関する流行

4) Allport, G. W., & Postman, L. (1947). *The psychology of rumor.* New York: Russell & Russell.（南博（訳）(1952). デマの心理學　岩波書店）

5) Shibutani, T. (1966). *Improvised news: A sociological study of rumor.* New York: Bobbs-Merrill.（広井脩・橋元良明・後藤将之（訳）(1985). 流言と社会　東京創元社）

6) Rosnow, R. L. (1988). Rumor as communication: A contextualist approach. *Journal of Communication,* **38**, 12-28.

7) Anthony, S. (1973). Anxiety and rumor. *Journal of Social Psychology,* **89**, 91-98.

8) Kimmel, A. J., & Keefer, R. (1991). Psychological correlates of the transmission and acceptance of rumors about AIDS. *Journal of Applied Psychology,* **21**, 1608-1628.

9) Jaeger, M. E., Anthony, S., & Rosnow, R. L. (1980). Who hears what from whom and with what effect: A study of rumor. *Personality and Social Psychology Bulletin,* **6**, 473-478.

10) 西尾実・岩淵悦太郎・水谷静夫（編）(2009). 岩波国語辞典 第7版　岩波書店

11) 関谷直也(2011).　集合行動　唐沢穣・村本由紀子（編著）展望 現代の社会心理学3　社会と個人のダイナミクス　誠信書房　pp.138-164.

2.2. 普及過程

　ある物や出来事が世の中で広まったり，流行したりする背景には，人間のどのような行動およびこころの働きが隠されているのだろうか。一般的には，人と人とのつながりである**ソーシャル・ネットワーク**を通して流行や世論が形成されていく。ロジャースによると，新しいものごとを採用する時期に応じて人々をいくつかのカテゴリーに分類することができるという[12]（図21-1）。まずは，新しいものごとを誰よりも早く採用する**イノベーター**[13]の存在が必要不可欠となる。ただし，イノベーターは，閉鎖的で人づきあいの少ない人物であることが多いため，他者への影響力はそれほど大きくない。そこで重要になるのが，かなり初期の段階で新しいものごとを採用する**初期採用者**の存在である。初期採用者は，**オピニオン・リーダー**[14]といって，何らかのものや出来事について，他者よりも少しくわしく知っており，周囲の人々から意見を求められやすい人物であることが多い。そして，オピニオン・リーダーの意見を見聞きして，自分の態度を決めたり，行動をしたりする人々がいる。このような人々のことを**フォロワー**[15]という。こうして，ソーシャル・ネットワークの中で，新しいものごとや世論が普及していく。

12) Rogers, E. M. (1983). *Diffusion of innovations*. 3rd ed. New York: Free Press.

13) イノベーターとは，革新者という意味である。

14) オピニオンとは，意見という意味である。SNSを介して多くの人に影響を与える人物をさすインフルエンサーという言葉が，オピニオン・リーダーとほぼ同義で使われることがある。

15) フォロワーとは，後に続くという意味のfollowに〜する人をあらわすerがついた単語である。

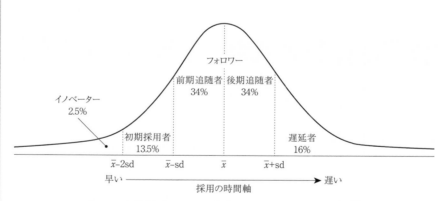

図21-1　採用者カテゴリーの分類（Rogers, 1983に基づいて作成）[12]
注）$\bar{x}$ は採用時期の平均値，sd は標準偏差をあらわす。くわしくは終章参照。

3. マスメディアの影響

3.1. 限定効果論

　流行や世論の形成に，テレビや新聞，インターネットなどのマスメディアが大きく影響していると感じる人は多いだろう。しかしながら，実際には，マスメディアが個々の市民に直接的に大きな影響を与えているわけではない。多くの一般市民が影響を受けるのは，オピニオン・リーダーの意見である。例えば，

マスメディアが発信した「ダイエットにはバナナが効く」という情報をオピニオン・リーダーが肯定的にとらえたとする。すると，オピニオン・リーダーの意見を参照するフォロワーによって，その情報が広く受け入れられるようになる。その反対に，オピニオン・リーダーが「ダイエットにはバナナが効くというのはうそっぽい」と否定的なとらえ方をすると，バナナダイエットは広まらない。すなわち，マスメディアが市民に与える影響は，オピニオン・リーダー次第で変わってくるのである。マスメディアによる影響は，オピニオン・リーダーの存在を媒介とした間接的なものであることから，**限定効果**とよばれる。

3.2. マスメディアのさまざまな影響

　マスメディアが市民や社会全体にもたらす影響は，本当に間接的なものでしかないのだろうか。1970年代頃から，マスメディアのさまざまな影響は，**新効果論**として研究されるようになってきた。その発端となったのが，マコームズとショーによる研究である。この研究では，アメリカの地方新聞に掲載される政治に関する記事と，その新聞の読者が重要だと考える政治問題の争点との間に関連があるかが調べられた[16]。新聞社は，記事を第何面に掲載するかによって記事の重要性を操作することができるが，この研究から，新聞社が操作する記事の重要性と，読者が重要だと考える政治問題の争点の順位には対応関係があることが明らかになった。すなわち，マスメディアが強調して伝えている争点や話題は，それを受け取った人々にとって，重要であると認識されやすいということが示された。このように，マスメディアによる報道は，人々がどのような事柄について思考するかに影響を与えているといえる。これをマスメディアの**議題設定効果**という。

　議題設定効果以外にも，マスメディアが人々に与える影響がある。ガーブナーらの研究によると，テレビなどで描かれる現実とは異なる世界観に長時間ふれることで，その視聴者の現実の認知に影響が及ぼされることがわかっている[17]。例えば，暴力的なシーンが含まれるテレビ番組を長時間視聴している人々は，そのような番組をあまり視聴しない人々に比べて，実際の世の中の犯罪率を高く見積もったり，他者に対する不信感が高かったりする傾向があるという。このように，マスメディアからの情報に長期間ふれることで，それに沿って個人の現実に対する認識が形作られていくことをマスメディアの**培養効果**という。培養効果が生じるメカニズムは，利用可能性ヒューリスティック（第5章参照）で説明される。つまり，テレビなどを通して特定のシーンや情報を多く見聞きしている人は，それに関連する場面がより簡単に頭に思い浮かぶため，実際にもそのような出来事が起こりやすいと判断する傾向があると考えられる[18]。

　それでは，なぜ，マスメディアを通してある情報をよく見聞きしている人は，その情報を重要だと感じたり，それに関連する場面などを簡単に想起したりす

16) McCombs, M. E., & Shaw, D. L. (1972). The agenda-setting function of mass media. *Public Opinion Quarterly*, **36**, 176-187.

17) Gerbner, G., & Gross, L. (1976). Living with television: The violence profile. *Journal of Communication*, **26**, 172-199.

18) Shrum, L. J. (1995). Assessing the social influence of television: A social cognition perspective on cultivation effects. *Communication Research*, **22**, 402-429.

るのだろうか。その理由は，**プライミング効果**（第17章参照）や**フレーミング効果**で説明することができると考えられる。

　プライミングによる影響は，対人認知や態度形成など日常のさまざまな場面でもみられるが，マスメディアもプライミングによって人々に影響を与えているといえる。つまり，マスメディアがある特定の情報を多く報道することにより，人々の注意が暗黙のうちにその情報に向けられたり，その情報が想起されやすくなったりするのである。その結果，人々は，その情報に沿った形で現実の世界を認識したり，その情報が重要であると感じたりするようになると考えられる。

　フレーミング効果（第25章参照）とは，言語表現などによって，人々の思考や認知に枠組みを与えることである。例えば，試験の残り時間が「あと10分しかない」という場合と，「まだ10分もある」という場合では，同じ10分という時間であっても，その時間の感じ方や，その状況での感情状態などが違ってくるだろう。マスメディアにおいても，同じ事柄を異なるフレームで報道することによって，視聴者への影響を変化させることができる。例えば，政治に関する報道には，政策の論争に焦点をあてた「争点型フレーム」と，政党同士の対立や勝ち負けに焦点をあてた「戦略型フレーム」があるという[19]。そして，戦略型フレームの報道の視聴者は，争点型フレームの報道の視聴者に比べて，政治に対し冷ややかな考えをする傾向が明らかになっている。

　マスメディアが人々に与える影響は，オピニオン・リーダーを媒介した間接的なものであったり，個人の認知に与える直接的なものであったりと，実際には社会全体に一斉にインパクトをもたらすようなものではないかもしれない。しかし，ソーシャル・ネットワークを介せば，その影響は一気に拡散する。また，人間の情報処理の仕組みがある程度決まっているならば，結果として，多くの人がマスメディアによって同じような影響を受けることになる。やはりマスメディアが社会全体に与える影響は大きいといえるのではないだろうか。情報を受け取る個人が，その影響に気づき，適切な判断力を養うことが重要であると考えられる。

19) Cappella, J. N. & Jamieson, K. H. (1997). *Spiral of cynicism: The press and the public good.* New York: Oxford University Press.（平林紀子・山田一成（監訳）(2005)．政治報道とシニシズム──戦略型フレーミングの影響過程　ミネルヴァ書房）

インターネットの心理学

　マスメディアの「メディア」とは，「媒体」「手段」という意味であり，情報を伝達する手段のことをさして使われることが多い。メディアをそのように定義すると，テレビや新聞に加え，インターネットの存在を抜きにすることはできないだろう。インターネットが普及する以前は，人々は，マスメディアからの情報を受動的に受け取るだけの傾向が強かったと考えられる。しかし，誰もが簡単にインターネットを利用できるようになった現代では，人々は能動的に情報を取捨選択できるようになった[①]。それと同時に，誰もが情報の発信者になることが可能になり，インターネット上でのうわさやデマ，流行，口コミなど，さまざまなコミュニケーションに関する研究がさかんに行われるようになった。インターネット上のコミュニケーションはコンピュータを介して行われることから，この種の研究は，**CMC**（Computer Mediated Communication）研究とよばれている。

　CMC研究の内容は多岐にわたるが，典型的なものとしては，CMCの匿名性の高さが脱抑制化をもたらすことを示す研究があげられる。脱抑制とは，自分の行動を統制することができず，感情や衝動が抑えられなくなった状態をさす。例えば，対面でのコミュニケーションに比べ，メールでのコミュニケーションでは，攻撃的な言動が多くなることがわかっている[②]。また，TwitterやFacebook，LINEなどのSNS（Social Networking Service）の普及により，CMCを通じた対人関係の構築や，それが人々の精神的健康に及ぼす影響を調べる研究も行われている。例えば，もともと外向的な性格の人は，CMCをはじめ，インターネット上のサービスの利用により，現実の場面においても，他者とのつながりをもち，精神的健康を維持できることが示されている[③]。このことは一見，内向的で対人関係に不安をもつような人にとって，CMCを利用するメリットはないことを示しているかのようである。しかし，対人関係に関する不安が強く，孤独を強く感じているような人に対しても，CMCの利用が精神的健康によい影響をもたらすことがある。実は，このような人々は，インターネット上のCMCでこそ真の自分を表現し，対人関係を維持することができるのである[④]。インターネットの世界においてこそ他者からの援助を受けることができるために，精神的健康を維持することができると考えられている。

　インターネット上でのコミュニケーションツールの開発は，とどまるところを知らないようにみえる。開発の進化にともなって，インターネット世界に関する心理学の研究知見も継続して蓄積されていくことであろう。

◎ column 引用文献 ･･
① 池田健一（2010）．マスメディアとインターネット——巨大に見える影響力はどこまで実像か　池田健一・唐沢穣・工藤恵理子・村本由紀子（著）New Liberal Arts Selection 社会心理学　有斐閣　pp.243-289.
② Castellá, V., Abad, A. M. Z., Alonson, F. P. & Silla, J. M. P. (2000). The infuluence of familiarity among group members, group atmosphere and assertiveness on uninhibited behavior through three different communication media. *Computers in Human Behavior*, **16**, 141-159.
③ Kraut, R., Kiesler, S., Boneva, B., Cummings, J., Helgeson, V., & Crawford, A. (2002). Internet paradox revisited. *Journal of Social Issues*, **58**, 49-74.
④ McKenna, K. Y. A., Green, A. S., & Gleason, M. E. J. (2002). Relationship formation on the Internet: What's the big attraction? *Journal of Social Issues*, **58**, 9-31.

| 学習
目標 | 家族の形成に影響を与える心理的要因について理解しよう。
家族内の代表的な問題について理解しよう。
家族の問題の解決方法について理解しよう。 |

1. 家族心理学の着眼点

1.1.「家族[1]」とは

どこにでもいる平凡な家族として，あなたはどのような家族を想像するだろうか。政府や企業のさまざまな統計では，「会社員の夫と専業主婦の妻，子ども2人」のような，「4人世帯・有業者数1人」の家族を「標準世帯」としている。しかし実際は，夫婦共働きの世帯や単身世帯，高齢者のみの世帯など，家族の形態は多様である。

家族心理学では，家族を物理的な境界線と心理的な境界線によって定義する。物理的な境界線の基準としては，婚姻関係や血縁関係といった対外的に示せる関係の存在が必要となる。心理的な境界線は，**ファミリーアイデンティティ**[2]ともよばれ，「自分の家族の一員である」と認める人（や生きもの）の範囲をさす。例えば，同居している仲の悪い夫や，血縁関係があっても長年交流が無いきょうだいはファミリーアイデンティティに含まれず，日々癒しを与えてくれるペットの犬は含まれるといったように，ファミリーアイデンティティは主観的に定義される。

1.2. 家族心理学が扱うテーマ

家族心理学では，時代を経て変わる家族の概念や特徴をとらえるための研究がなされている。研究領域は多岐にわたり，基礎理論，家族発達，家族の多様化，現代家族の特徴，家族の問題，家族療法，家族支援，法と倫理などに分類することができる（表22-1）。本章では，現代家族の特徴として，家族団らんの様子や家族内の役割に関する意識が変化したことを紹介する。また，家族の問題として，児童虐待を取り上げる。さらに，家族の問題を解決するための実践的な方法を提案する家族療法を概説する。

1) 家族は社会構成の基本単位とされ，一般的には，配偶関係や親子，きょうだいなどの血縁関係による親族関係を基礎にして成立する小集団のことをさす。

2) ここでのアイデンティティとは，自分らしさに関する理解のことである（第14章参照）。

表22-1　家族心理学の研究領域とキーワード（柏木，2010に基づいて作成）[3]

領域	キーワード
基礎理論	精神力動論，システム論，認知行動論，ナラティヴ論（物語理解）
家族発達	新婚期，養育期（乳幼児期，児童期，青年期），成人期，中年期，高齢期
家族の多様化	子どものいない家庭，生殖補助医療，同性婚，ステップファミリー
現代家族の特徴	ワーク・ライフ・バランス，性役割分業，晩婚化・非婚化，共働き
家族の問題	児童虐待，高齢者虐待，DV，離婚・再婚，貧困，災害，非行・犯罪
家族療法	構造的モデル，多世代モデル（文脈療法），コミュニケーションモデル，解決思考ブリーフセラピー，心理教育的アプローチ，ナラティヴ・アプローチ，総合的アプローチ
家族支援	保育，学校，大学，産業，医療，法
法と倫理	夫婦別姓，事実婚，同性婚，離婚，DV防止法，ストーカー規制法，国際結婚，成年後見制度，介護保険制度，生活保護制度，相続・遺言，安楽死・尊厳死

3) 柏木恵子（編著）(2010) よくわかる家族心理学　ミネルヴァ書房

2. 現代家族の特徴

2.1. 共食行動の変化

　家族がそろって食卓を囲む様子を思い浮かべてほしい。食物を独り占めせず，他者に分け与え，共に食べる**共食**という行動は，ヒト[4]にしかみられない。食にまつわるヒト以外の動物の行動は，いずれも文化的な意味をもたない。親鳥がヒナに食物を運ぶという行動は，繁殖期に限った行動であり，ライオンなどの肉食動物が共同で狩りを行うのは効率的に食物を手に入れるためである。共食はヒトが文化[5]を形成して生活していることの証といえる。

4)「ヒト」のカタカナ表記は，他の動物と比較した場合の人間をさす。

5) 文化の定義については第23章を参照。

　共食を可能にしてきたのは，ヒトの高次な認知機能の発達である。ヒトは，**心の理論**（column13参照）を用いて，他者が「お腹が空いているだろう」と考えたり，「食べ物をあげれば喜ぶだろう」と想像したりすることができる。共食を通して他者の欲求や感情に応えることで，家族として共に生活をするための関係を築くことができる。

　しかし，食卓を囲んで食事をするという家族の光景は変わりつつある。家族の個人化[6]傾向が強まり，それぞれの生活パターンや志向が異なることがその背景にある。家族が不在の食卓で，ひとりで食事をする**孤食**や，同じ食卓を囲んでいるものの食べているものがそれぞれ違うという**個食**が増えている。

6) 自分らしく生活を編成したいという個人的価値の実現をさす。（長津美代子(2004). 変わりゆく夫婦関係　袖井孝子（編）ミネルヴァ書房）

2.2. 家族の役割の変化

　かつては，「男性は社会に出て働き，女性は家で育児や家事をするものだ」というように，性別によって家族が担うべき役割が異なると考える**性別役割分業観**[7]が一般的なことのようにとらえられていた。しかし，社会の仕組みが変化し，女性の社会進出が増えるにつれ，そのような性別役割分業観は薄れてきている。2020年に内閣府が発表した調査結果によると，「夫は外で働き，妻は

7) 性別役割分業意識や性別役割分担意識などともよばれる。

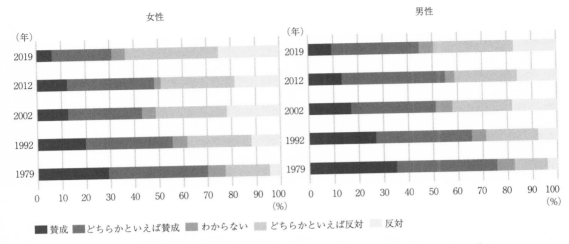

女性　男性

（年）　（年）

2019
2012
2002
1992
1979

0 10 20 30 40 50 60 70 80 90 100
(%)

■賛成 ■どちらかといえば賛成 ■わからない □どちらかといえば反対 □反対

図22-1　性役割分業観についての意識の変化（内閣府, 2020, 男女共同参画白書に基づいて作成）[8]

8) 内閣府　男女共同参画局 (2020)「男女共同参画白書 (概要) 令和2年版」

家庭を守るべきである」という考え方に「反対」する人や「どちらかといえば反対」する人の割合は，「賛成」する人や「どちらかといえば賛成」する人の割合を男女ともに上回っている（図22-1）。

　子育てについても，妊娠・出産・授乳は女性にしかできないからといって，女性だけで行うものではないという考え方に変化してきている。子育てに必要な能力や性質として，**母性**[9]は子どもをありのままに受け入れて愛情をもつことを，**父性**は社会的なルールを教えることをさす。子どもの発達にはどちらの働きかけも必要であり，母親だけが母性を，父親だけが父性をもつわけではない。性別にかかわらず，親は子どもが健やかに育つよう支え，自立して社会生活を送れるよう助ける役割を担っている。また，生物学的な繋がりがなくても子どもを育てることはできる。母性や父性の発達を促す**養護性**[10]は，生き物を飼って育てることや，年下の子どもを世話する経験など，「養護する経験」を重ねることで形成される。加えて，養護性は他者から世話をされるという「養護される経験」によっても形成される。

9) 子どもを育てる際に必要な能力のことをさす。妊娠や出産など女性に備わった機能をさして母性という場合もある。

10) 相手の健全な発達を育もうとする心の働きを意味する。子どもに対してだけではなく，障害をもつ人や老人，元気をなくした友人や動植物に対しても発揮される。

3. 家族の問題

3.1. 児童虐待の特徴

　家族の問題の1つに，虐待や暴力の問題があげられる。虐待や暴力といった家族の病理は古くから存在していたが，警察や児童相談所，支援センターの対応件数の増加により，広く知られる現象になったといえる。子どもに対する不適切な養育である児童虐待の特徴は，配偶者からの暴力を意味するドメスティック・バイオレンス（DV）（column22参照）の特徴と類似しているが，法律はこれらを区別している。

児童虐待はその内容により4つに分類される。打撲や，やけどなど，子ども
の身体に外傷が生じる（または生じる可能性のある）暴力を加えることを**身体的
虐待**といい，児童にわいせつな行為をしたり，させたりする**性的虐待**と区別さ
れる。また，家に閉じ込めたり重大な病気になったりしても受診させないといっ
た育児放棄にかかわる行為は**ネグレクト**とされる。暴言や著しい拒絶反応に
よって心理的な外傷を与えることを**心理的虐待**という。2004年の法改正によ
り，心理的虐待の内容として，配偶者への暴力を子どもに目撃させることが加
えられた。いずれも，子どもが健康に発達する権利を阻害する行為である[11]。

　児童虐待は法律によって定義されているものの，見過ごされやすい虐待の
ケースも存在する。例えば，過度に激しく揺さぶることによって乳幼児の脳内
に出血や血腫を生じさせてしまう，乳幼児ゆさぶられ症候群による虐待は，外
傷が少ないため見逃されることがある。また，健康なわが子に病気やけがをさ
せることによって献身的な親を演じ，自己満足を得る代理性ミュンヒハウゼン
症候群[12]による虐待も，専門家の判断でなければ見抜くのは難しいとされる。
ほかに，加害者が「しつけのつもりだった」と虐待の意図を否定する場合もある。
しつけと虐待の境界線を明確にするために，虐待の通告を受けた機関や担当者
は，子どもの身体の傷や発達状況，および子どもが抱く恐怖心などについても
複合的に考慮しなければならない（column30参照）。近年は，不適切な養育態
度を**マルトリートメント**とよび，虐待の事実が明確に確認できないケースも含
めて社会全体で注意深く見守る取り組みがなされている。

3.2. 児童虐待の心理的原因

　多くの虐待に共通する養育環境として，経済的困窮（失業，不安定就労），親
族や地域社会からの孤立，夫婦間葛藤の3つが考えられる。児童虐待は都市社
会で多く発生している。その理由として，都市社会では定着して住み続ける家
庭が少ないこと（流動性），隣近所に興味関心がないこと（匿名性），また家庭
外に相談相手を見つけにくいこと（閉塞性）が指摘されている。

　環境だけではなく，加害者の特性も児童虐待の要因となる。例えば，攻撃性
や衝動性の高さ，知的および認知の発達的な未熟さ，子どもへの敵対的感情，
また，虐待を受けた経験などは，児童虐待の加害者にみられやすい特徴である。
このうち，虐待を受けた経験（被虐待経験）の影響については慎重な解釈が必
要である。被虐待経験があっても加害者になるとは限らないし，経験がなくて
も加害者になる場合もある。被虐待経験そのものが世代間で連鎖するのではな
く，被虐待経験による自己評価や考え方が虐待行為の原因であると考えられて
いる[13]。被虐待経験者の多くは，養育者との間に愛着（第12章参照）が形成さ
れにくく，親になったときに自尊感情（第16章参照）が低くなったり，孤立し
やすくなったりする。

11）児童虐待を受けている
子どもがいると判断した周
囲の人は，はっきりとはわ
からなくても，児童相談所，
福祉事務所，市町村に虐待
を通告する義務がある。

12）虚偽性障害に分類され
る精神疾患の1つ。1951年
イギリスの医師リチャード・
アッシャーにより「ほらふき
男爵」の異名をもつミュンヒ
ハウゼン男爵という実在の
人物にちなんで命名された。

13）日本家族心理学会（編）
（2019）．家族心理学ハンド
ブック　金子書房

4. 家族の問題の解決方法

4.1. 家族システム論と家族療法

　家族に問題を抱えた人がいる場合，どのようにして問題の解決方法を提案するのだろうか。家族心理学では，**家族システム論**に基づいて，家族全体を1つのシステムとしてとらえる方法がある[3]。社会がさまざまな集団の階層性や相互作用によって成り立っているように，家族も，親子関係やきょうだい関係，また家族以外の人との関係など，さまざまな関係性が影響しあうことによって成り立っている。したがって，家族システム論によると，例えば児童虐待を，親の養育態度や親子関係のみに注目して解決しようとするのではなく，夫婦関係やきょうだいからの影響，学校や地域など家族を取り巻く社会のシステムとの関係を考慮して解決しようとする。

　家族システム論を取り入れた**家族療法**（家族カウンセリング）[14]では，家族内の人間関係や社会との相互作用を視野に入れて問題を抱えた家族を支援する。したがって，家族療法は，問題の原因を1つに限定せず，さまざまな要因が互いに働きあって連鎖的に影響を及ぼすという考え方を取り入れている。問題の原因に対するこのような考え方を**円環的因果律**とよび，犯人を探すような原因追究の方法ではなく，問題を維持する悪い循環や連鎖を断ち切ることを目的としている。例えば，子どもの問題行動について，母親の過干渉が減ることで父親の無関心が改善され，その結果子どもの非行が改善されることがある。さらに，子どもの問題が改善することで，母親の過干渉がより改善されるといったように，家族のメンバーそれぞれの行動や態度に連鎖的な波及効果が見込まれると，悪循環から抜け出すことが期待できる。

4.2. ライフサイクルの中で変化する家族の問題

　個人の心や身体が発達の段階を経て変化するように（第11章参照），家族の在り方もさまざまな段階を経て変化する。家族の結びつきが形成される初期の段階では，家族に新たなメンバーを受け入れたり，家族と社会システムとの関係を築いたりする。さらに，子どもが巣立ち，家族のメンバーが減る段階においては，家族内の関係性やコミュニティとの関係を再構築することになる。このような家族のライフサイクルの中で，個人の心身は発達し，それに伴って個人や家族の社会的役割も変化する。したがって，家族の問題をとらえる際にも，ライフサイクルの段階を把握することで，問題の背景を多角的な視点から理解することができる。

14) 心理療法やカウンセリングについては第27章を参照のこと。

ドメスティック・バイオレンス（DV）

・・・・・・・・・・・・・・・・・・・・・・・・・・・・・・・・・・・・・・

　ドメスティック・バイオレンス（domestic violence：DV）は，配偶者や同居している者の間で起こる暴力行為である。暴行や殺人などの犯罪に至るケースも多く見受けられる。DVには，殴る，蹴るなどの身体的暴力，避妊の拒否，中絶の強要などの性的虐待，暴言，行動の監視，無視などの心理的暴力，生活費を渡さないなどの経済的暴力がある。2001年にDVを取り締まる法律が施行され，違反した者には接近禁止や退去命令などが出されるようになった。なお，恋人間でのDVと類似した暴力行為は，**デート・バイオレンス**とよばれる。

　DVの原因としては，加害者の心理的要因や，被害者のおかれる社会的要因がかかわると考えられている。加害者の心理的要因としては，加害者のパーソナリティ上の問題があげられる。特に，自他のイメージの不安定さ，感情や思考の制御の困難さなどの特徴がある**境界性パーソナリティ障害**や，自己の重要性に対する誇大な感覚などの特徴がある**自己愛性パーソナリティ障害**が，DVの原因となるとされている。被害者のおかれる社会的要因としては，男女の経済格差があげられる。夫婦の収入の多くを男性が占めている場合が多く，女性がDVを受容しやすい状況を作り出す原因となっている。

　DVの特徴として，加害者は以下の3つの期間を繰り返すとされている（図）。緊張形成期では，ささいなことからストレスを蓄積し，緊張を高めていく。その緊張が爆発すると，配偶者に暴力をふるう，爆発期に至る。その後，加害者は暴力をふるったことを謝罪し，極端に優しくなる，ハネムーン期になる。被害者がこころを許してしまい，DVが生じる関係から抜け出せなくなるのはこのためである。しかし，時間が経過すると緊張形成期に至り，同じ循環が繰り返される。被害者はこの悪循環を断ちきる努力をすることが求められる。また，加害者と別居することや加害者にカウンセリングを受けさせることよりも，警察などの第三者に介入してもらうことが有効であるとされている。

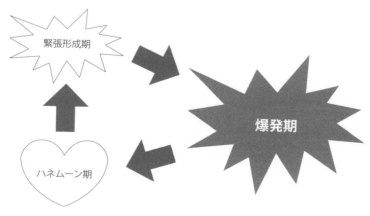

図　DVにみられる3つの期間

第23章

文化とこころ──文化心理学

学習目標 文化とこころがどのように影響しあっているのかを理解しよう。
文化によって異なるこころの働きや仕組みの違いについて知ろう。

1.「私」のとらえ方の違い

1.1.文化によって異なる「私」

1) 一般的に文化心理学では，文化を「人々によって暗黙のうちに共有されている慣習や規則などの総体」と考える。

2) マーカス (Markus, H. R., 1949-)：イギリス・ロンドン出身。スタンフォード大学教授。自己に関する研究で多くの優れた業績を残している。夫は社会的促進や単純接触効果などを示したザイアンス (Zajonc, R. B.)。

3) Markus, H. R., & Kitayama, S. (1991). Culture and the self: Implications for cognition, emotion, and motivation. *Psychological Review.* **98**, 224-253.

4) Triandis, H. C., McCusker, C., & Hui, C. H. (1990). Multimethod probes of individualism and collectivism. *Journal of Personality and Social Psychology*, **59**, 1006-1020.

　1990年代以降，文化[1]と人のこころの働きが相互に影響し合っているという議論がさかんになり，文化心理学という研究領域が確立されてきた。文化心理学の基礎を作った理論の1つに，マーカス[2]と北山による**文化的自己観**がある[3]。彼女らは，アメリカをはじめとした欧米諸国と日本などの東アジア諸国で，人に関する理解の仕方に違いがあることを指摘した。欧米諸国では，「個人は周囲の人やものから独立して存在しているものである」という人間観が一般的で，自己を，知人や友人とはもちろん，家族である父親や母親，兄弟・姉妹とも明確な境界線で区切られた独自の存在であると理解する傾向がある。このような考え方は，**相互独立的自己観**とよばれている。その一方で，東アジア諸国では，「個人は周囲の人やものと結びついて存在しているものである」という人間観が一般的で，自己は，周囲の人々と明確に切り離されてはおらず，他者との関係や，他者からの期待が自己にとって重要な意味をもつようになると考えられる。このような人間観は，**相互協調的自己観**とよばれている。

　第16章で紹介した，Who am I ？テストを用いて，文化的自己観が，自己に関する認識の仕方に影響を与えていることを示した研究がある。トリアンディスらは，欧米人と東アジア人を対象としてWho am I ？テストを実施した。このテストに対する回答の内容を分析したところ，欧米人は，主に「私はスポーツが得意です」といったように，個人の性格や能力などをあらわす記述の割合が多く，東アジア人は「私は大学生です」というように，自分が所属している集団や，集団での役割，肩書といった社会的属性による記述の割合が多いことが明らかになった[4]。このように，相互独立的自己観の優勢な文化圏では，個人の安定的な性質によって自己が定義されることが多く，相互協調的自己観が優勢な文化では，ある集団の一員であることや，対人関係において果たすべき役割および他者からの期待によって自己が定義されることが多いといえる。

1.2. 文化的自己観と認知的不協和の解消

　文化的自己観は，自分自身に関する理解の仕方だけでなく，人一般に関する理解の枠組みを呈示していると考えられている。それゆえ，相互独立的自己観が優勢な文化においては，人一般が安定的な特性で理解されることが多く，態度なども一貫してもっているものととらえられやすい。その一方で，相互協調的自己観が優勢な文化においては，人は必ずしも一貫して安定した特性や態度をもっている必要はないと考えられることが多い。

　例えば，第19章で紹介したように，自分がとった行動と，自分の本心の間に一貫性を感じられないからこそ，人は不協和を感じ，それを解消しようとすると考えられる。このような傾向は，相互独立的自己観の優勢な欧米諸国では顕著にみられるはずである。しかしながら，相互協調的自己観が優勢な文化圏では，自分のことを状況に応じて変化しうるものであるととらえる傾向があるため，必ずしも不協和を解消しようとする必要がないかもしれない。実際，ハイネとレーマンが，この点を検証している[5]。CDのマーケティング調査と称して実施した実験で，実験者は，参加者に10枚のCDをランクづけするよう求めた。作業が終わると，調査参加のお礼として，CDを1枚もって帰れると伝えた。ただし，残念ながら今は2枚しか在庫がないと伝えた。このときに呈示した2枚のCDは，どの参加者の場合でも，参加者本人がランクづけしたCDのうち5位と6位に選ばれたものであった。そして，参加者が2枚のうち1枚を選択したあとで，もう一度，先ほどの10枚のCDのランクづけを行ってもらった。5位と6位のCDは，参加者にとって好ましさの程度は同じくらいであったと考えられる。それにもかかわらず，そのうち1つを選んだとすれば，参加者には不協和が生じている可能性があり，自分が選んだCDをより「良いものだった」と思い，選ばなかったほうをより「良くないものだった」と考えることで，不協和を解消する必要がある。よって，最後のランクづけで，自分が選んだCDのランクを上げ，選ばなかったCDのランクを下げたとすれば，参加者は不協和を解消したことになる。カナダ人と日本人を対象にしてこの実験を実施した結果，カナダ人の参加者では，不協和を解消する傾向が顕著にみられたが，日本人の参加者では，最後のランクづけで自分が選んだCDを上位にするという傾向はみられなかった。

　この実験結果からは，相互協調的自己観が優勢な文化圏において，人々は認知的不協和を解消しようとしないことを示しているようにみえる。しかしながら，実際にはそうではない。北山らは，アメリカ人と日本人を対象にして同様の実験を行った[6]。その結果，日本人の参加者は，他者にみられていることが明らかな状況においては，アメリカ人やカナダ人と同様に，不協和を解消することが示された。興味深いことに，この実験が行われた部屋に人の顔（特に目）が印刷されたポスターが貼ってあるだけで，日本人参加者にも認知的不協和の

5) Heine, S. J., & Lehman, D. R. (1997). Culture, dissonance, and self-affirmation. *Personality and Social Psychology Bulletin*, **23**, 389-400.

6) Kitayama, S., Snibbe, A. C., Markus, H. R., & Suzuki, T. (2004). Is there any "free" choice? Self and dissonance in two cultures. *Psychological Science*, **15**, 527-533.

だれにも見られていなければ・・・

自分が選んだCDは
まあまあかな。
〈正当化しない〉

だれかの「目」があると・・・

自分が選んだCDは
すごくいい
〈正当化する〉

コンサート

図23-1　日本人における認知的不協和の解消の例

解消がみられることがわかった（図23-1）。すなわち，相互独立的自己観が優勢な文化においては，自分自身にとっての一貫性が重要であるのに対し，相互協調的自己観が優勢な文化では，他者からの期待や評価が重要であるため，他者からみられたときに，自分が一貫した態度をもっていることを示す必要性が感じられるのである。

2.「世界」のとらえ方の違い

2.1. 文化によって異なる思考様式

　人に関する理解の仕方だけでなく，周囲の環境を理解したり認識したりする方法にも，文化による違いがある。ニスベットによると，主に欧米文化圏では，「ものごとには，それを特徴づける性質が内部にそなわっている」という考えに基づいた思考や認識の仕方が一般的であるという[7]。これは，西洋のギリシャ哲学に端を発する思考および認識のパターンであり，**分析的思考**とよばれている。その一方で，東アジア文化圏では，「あるものごとを理解するためには，その周囲にあるものごととの関係をみることが重要である」という考えに基づいた思考や認識が顕著である。これは，儒教や仏教などの古代中国思想に基づく思考・認識のパターンであり，**包括的思考**とよばれている。これらのように，長い年月をかけて各文化の特徴が反映された思考や認識のパターンを**文化的思考様式**という。

2.2. パンダ・サル・バナナ……仲間はどれ

　文化的思考様式は，個人のさまざまな心理過程に影響を及ぼす。その例として，次の課題に回答してみてほしい。パンダ，サル，バナナの3つのうち2つをグループにして，残りの1つをそのグループから区別するならば，どの2つをグループと考えるだろうか（図23-2）。

7) Nisbett, R. E. (2003). *The geography of thought: How Asians and Westerners think differently…and why*. New York: Free Press. （村本由紀子（訳）(2004). 木を見る西洋人森を見る東洋人──思考の違いはいかにして生まれるか　ダイヤモンド社）

図23-2　分類課題の例（同じグループはどれでしょう）

これは，ジらが，ヨーロッパ系のアメリカ人と東アジア系の人々（主に中国人）を対象にして行った研究で用いられた課題である[8]。実験の結果，アメリカ人はサルとパンダをグループとして選び，東アジア人はサルとバナナをグループにする傾向がみられた。ヨーロッパ系のアメリカ人には，分析的思考様式が一般的であり，この場合には，ものごとの「性質」や「属性」に着目した分類が行われやすい。そのため，動物という共通した属性をもっているサルとパンダがグループとみなされ，植物であるバナナは区別されたと考えられる。その一方で，東アジア系の人々にとっては，包括的思考様式が一般的であり，ものごとの本質よりもそれらの関係性に基づいた分類が行われたと考えられる。つまり，「サルはバナナを食べる」というサルとバナナの関係が強く意識されたために，パンダが区別して認識されたのである。

2.3. 文化はものの見方にまで影響するか

何らかの基準に基づいてものごとを分類するというこころの働きは，比較的高度な認知であると考えられる。文化的思考様式は，そのような高度な認知にのみあらわれるわけではない。何かを見たり聞いたりする「知覚」とよばれるより基礎的な心理過程にさえも，文化的思考様式は影響を与えることがある。

北山らは，文化によってものの見方が異なることを示す興味深い研究を行っている[9]。この研究では，「枠の中の線課題」という名称の課題が用いられた。実験者は，正方形の枠の中に1本の線が描かれた図を参加者に呈示した（図23-3）。そして，その図を呈示した後，別の大きさの正方形の枠が描かれた紙を呈示した。2つめに呈示した正方形の中には，線が描かれていなかった。そのかわりに実験参加者には，最初に呈示した枠の中にあった線と物理的に同じ長さの線（**絶対判断課題**），または，先に呈示した枠に対する線の比率と同じ長さの線（**相対判断課題**）を描くように指示した。絶対判断課題をうまく行うためには，先に呈示された図の枠をできるだけ無視して，中心に描かれた線そのものにだけ注意を向ける必要がある。その一方で，相対判断課題をうまく行うためには，先に呈示された図の枠と線の両方に目を向け，枠に対する線の比率をきちんと見積もる必要がある。アメリカ人と日本人を対象に実験を行った結果，アメリ

8) Ji, L.J., Zhang, Z., & Nisbett, R. E. (2004). Is it culture, or is it language? Examination of language effects in cross-cultural research on categorization. *Journal of Personality and Social Psychology*, **87**, 57-65.

9) Kitayama, S., Duffy, S., Kawamura, T., & Larsen, J. T. (2003). Perceiving an object and its context in different cultures: A cultural look at new look. *Psychological Science*, **14**, 201-206.

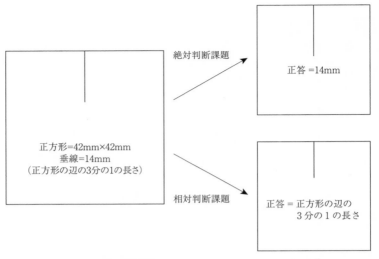

絶対判断課題

正答 =14mm

正方形=42mm×42mm
垂線=14mm
（正方形の辺の3分の1の長さ）

相対判断課題

正答 = 正方形の辺の
3分の1の長さ

図23-3　枠の中の線課題 （Kitayama et al., 2003に基づいて作成）[9]

カ人の参加者は，日本人の参加者に比べ，絶対判断課題で比較的正確な長さの垂線を描き，その反対に，日本人の参加者は，相対判断課題で正答からのずれの少ない垂線を描いた。すなわち，アメリカ人は絶対判断課題が得意で，日本人は相対判断課題が得意であったといえる。

　北山らの研究で示された結果は，文化的思考様式の違いから生じたものであると考えられる。アメリカのように分析的思考が優勢な文化圏では，人々は，ものごとは周囲の環境から独立して存在しているという世界観を共有している。そのため，ある対象に目を向けた場合にも，周囲にある情報を無視することが比較的容易にできる。それとは逆に，日本のように包括的思考が優勢な文化では，ものごとは互いに関連しあっているという認識が共有されているため，ある対象を見ようとした場合にも，その対象のまわりにある情報に目が向けられやすい傾向があると考えられる。このように，文化的思考様式が異なると，周囲の人やものへの注意の向け方，すなわち，ものの見方までが違ってくることがある。

謙遜するアジア人は自尊感情が低いか

　第16章では，人が自尊感情を追求したり，維持したりするこころの働きについて述べた。しかしながら，日本人である私たちの日常を振り返ると，誰かにほめられたりしても，「私なんて大したことありません」とか，「まだまだです」などと，自分の能力を低く表現することが多々ある。このように，自分のことを謙遜する傾向は，日本をはじめとしたアジア人に顕著にみられる。

　では，自分の能力を低く表現しているアジア人は，本心から自分のことを否定的にとらえているのだろうか。山口らは，これを検証するために，アメリカ人，中国人，日本人を対象に，一般的な質問紙への回答による顕在的な自尊感情の測定と，**潜在連合テスト**（IAT，column16参照）による潜在的な自尊感情の測定を行った[1]。

　一般的な質問紙への回答による自尊感情の高さを３つの文化圏の人々の間で比較したところ，日本人や中国人の参加者の顕在的な自尊感情は，アメリカ人参加者の顕在的な自尊感情よりも低いことが示された。とりわけ，日本人参加者の顕在的な自尊感情は中国人参加者の自尊感情よりも低かった。これは，日本や中国のアジア文化圏でみられるコミュニケーション行動に一致する結果である。その一方で，IATによる潜在的なレベルでの自尊感情の測定結果は，３つの文化圏のいずれの参加者も高い潜在的自尊感情をもっていることを示していた。さらには，IATで自己（例：私は，私の）と内集団（例：私たちは，私たちの）が比較対象となる条件では，アメリカ人や中国人の参加者と比べ，日本人参加者の潜在的な自尊感情が高くなることも示された。すなわち，表向きには謙遜するアジア人は，実際に自分のことを否定的にとらえているわけではなく，ホンネの部分ではそれなりに高い自尊感情をもっているといえるのである。

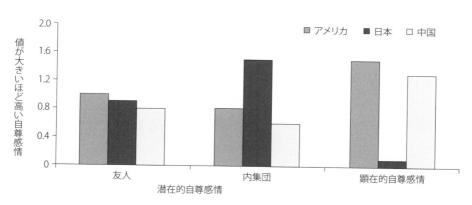

図　山口らの実験の結果（Yamaguchi et al., 2007に基づいて作成）[1]

◎ **column 引用文献** ••

[1] Yamaguchi, S., Greenwald, A. G., Banaji, M. R., Murakami, F., Chen, D., Shiomura, K., Kobayashi, C., Cai, H., & Krendl, A. (2007). Apparent universality of positive implicit self-esteem. *Psychological Science*, **18**, 498-500.

IV部

心理学の社会的役割

第24章

チームで働く――産業・組織心理学

産業・組織心理学の着眼点を理解しよう。
組織行動としてのチームワークを理解しよう。
キャリア発達の特徴を理解しよう。

1. 産業・組織心理学の着眼点

1.1. 組織とは

　組織とは，単に人が集まったものではない。組織を構成する**メンバー**に共通の目標があり，目標達成のためにメンバー同士が協力しあうことが必要とされる。会社や役所のようなメンバーが役割や責任を受けもっている集団をさす。

　組織の目標を効率よく達成するためには，メンバーに役割を割り当てる分業が必要となる。分業は，以下の2つに分けられる。1つは，メンバーを営業，財務，人事などの部署に振り分けて仕事を割り当てる，**水平方向の分業**である。もう1つは，それぞれの部門の特定のメンバーに部長などの職位を与えて意見の決定などの権限を割り当てる，**垂直方向の分業[1]**である。組織の目標を効率よく達成するためには，この2つの分業が機能することが不可欠となる。

1.2. 産業・組織心理学が扱うテーマ

　1920年代に，アメリカのシカゴ郊外の工場で，労働者の生産性を向上させる要因を調べる研究が行われた。研究の結果，職場の明るさといった物理的環境を改善しても生産性は向上しないこと，労働とは直接関係ない職場内の人間関係が良好であると生産性が向上することが明らかとなった。この研究は，工場のあった街の名前にちなみ，**ホーソン研究**とよばれる。

　ホーソン研究により，仕事の効率化を図るうえで，組織内で働く人の対人関係や心理状態といった，心理的要因に着目する重要性が理解されるようになった。**産業・組織心理学**は，心理学の知識を応用し，組織経営や産業活動の効率化を目指す分野である。労働環境や労働効率に着目する産業心理学，個人の仕事への態度や個人に及ぼす組織の心理的影響に着目する組織心理学の視点を総合的に取り入れている。

　産業・組織心理学の分野は，組織行動，人的資源管理，安全衛生，消費者行動の4つに分けられる[2]（表24-1）。ここでは，組織行動と人的資源管理に関す

1) 水平的関係や垂直的関係は，職場の組織図で示される客観的な役割構造で，フォーマル構造とよばれる。一方，メンバー同士の個人的な感情によって自然に作られる関係の構造は，インフォーマル構造とよばれる。インフォーマル構造を把握する方法としては，モレノが開発したソシオメトリック・テストがあげられる。ソシオメトリック・テストによって把握される構造は，ソシオメトリック構造とよばれる。

2) 山口裕幸（2007）．産業・組織心理学の歴史とテーマ　山口裕幸・金井篤子（編）よくわかる産業・組織心理学　ミネルヴァ書房　pp. 2-23.

表24-1　産業・組織心理学の分野（山口，2007に基づいて作成）[2]

分野	内容	代表的な研究テーマ
組織行動	・組織内で働くときの行動の特徴や心理状態を明らかにする ・組織内での議論や判断の特徴を解明する	ワーク・モチベーション／職場の人間関係とコミュニケーション／リーダーシップ／チームワーク
人的資源管理	・働く意欲を高め，組織の高い効率性につながる業績や処遇を探る ・効果的な人材育成方法を検討する	採用や選抜の方法／適性検査／人事評価／キャリア発達
安全衛生	・働く人の安全を守り，心身の健康をケアするための効果的な方法を探る	産業場面での事故の抑止／職務上のストレス／安全工学
消費者行動	・消費者の心理や行動の特性を明らかにする ・消費を促進する宣伝方法を探る	購買行動／商品価値判断／宣伝・広告効果／購買意思決定

る代表的な研究テーマを紹介する。なお，安全衛生に関する研究テーマのうち，産業場面での事故の発生にかかわる心理的要因を第27章，ストレスを第29章で紹介する。また，消費者行動に関する研究テーマのうち，商品価値判断をcolumn25で紹介する。

2．組織行動

2.1.組織行動を考える視点

　組織に所属する人の組織内での行動（**組織行動**）をとらえる視点として，山口は，以下の3つの視点をあげている[2]。第1に，組織内で個人がとる行動という視点である。組織に所属する個人の心理や行動に着目し，仕事をする際のやる気（**ワーク・モチベーション**），与えられた仕事をやり遂げる能力（**コンピテンシー**），所属する組織にふさわしい言動を示すこと（**組織コミットメント**）などを研究対象とする。第2に，組織内で人間集団が示す行動という視点である。組織全体で形成される「心理的な場」の特徴に着目する。第3に，組織全体が示す行動という視点である。組織全体としての方針の決定や状況判断に着目し，不正の偽装や隠ぺいが生じる背景を研究対象とする。ここでは，組織内で人間集団が示す行動という視点から，チームワークに関する研究を紹介する。

2.2.チームワーク

　組織では，メンバー同士が目標達成のために共同して作業する。その中で，「私1人くらい手を抜いても大丈夫」とメンバーの努力量が減少する**社会的手抜き**や，話し合いで他者の意見に安易に合わせる**同調**など，効果的　な共同作業を妨げる対人的影響がみられることもある（第20章参照）。
　メンバー同士が効果的に協力するためには，チームワークを十分に発揮する

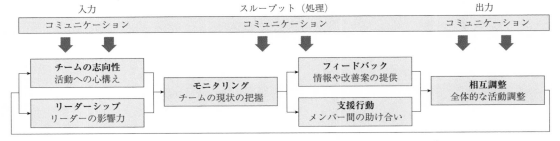

図24-1　チームワークモデル（Dickinson & McIntyre，1997に基づいて作成）[4]

3) Morgan, B. B., Jr., Salas, E., & Glickman, A. S. (1993). An analysis of team evolution and maturation. *Journal of General Psychology*, *120*, 277-291.

4) Dickinson, T. L., & McIntyre, R. M. (1997). A conceptual framework for teamwork measurement. In M. T. Brannick, E. Salas, & C. Prince (Eds.), *Team performance assessment and measurement: Theory, methods, and applications*. Mahwah, NJ: Lawrence Erlbaum Associates. pp.19-43.

5)「符号化」と訳されることもある。

6) Gilovich, T., Savitsky, K., & Medvec, V. H. (1998). The illusion of transparency: Biased assessments of others' ability to read one's emotional states. *Journal of Personality and Social Psychology*, **75**, 332-346.

7) 三隅二不二 (1984). リーダーシップ行動の科学(改訂版)　有斐閣

必要がある。**チームワーク**とは，チーム内のメンバー間での情報交換や相互支援などの対人的な活動である[3]。ディキンソンとマッキンタイアは，チームワークの7つの構成要素を仮定し，それらの関係を示している[4]（図24-1）。

　図24-1のチームワークモデルでは，それぞれの要素を結びつけるため，メンバー間の情報伝達である**コミュニケーション**の重要性が強調されている。コミュニケーションは，情報を相手に送る**記号化**[5]，相手からの情報を受け取って読み取る**解読**の循環で成立する。記号化，解読は，メンバーがもつ前提の影響を受ける。例えば，お互いがもっている既有知識が前提にあたる。前提が共有されていないと，「相手に伝わった」と思ったことが実際には伝わっていないという誤解が生じる可能性がある。この誤解は，自己の内面を他者に知られている程度を過大評価するバイアスである，**透明性の錯覚**[6]の一例である。組織内でのコミュニケーションで透明性の錯覚が生じることを防ぐため，メンバー同士が前提を共有するように働きかけることや，前提が共有されていない可能性を考慮することが必要である。

　また，図24-1のチームワークモデルでは，**リーダーシップ**を，組織内で上位の役割にある**リーダー**の発揮する力としている。チームのリーダーと組織の生産性の関係について，生産性の高いリーダーとそうではないリーダーの行動に着目する考え方（行動アプローチ）がある。三隅の**PM理論**では，リーダーの行動を，目標達成（performance）にかかわる**P機能**，人間関係の維持（maintenance）にかかわる**M機能**に分けている[7]。具体的な行動例をあげると，P機能の行動は，目標の明確化や共有化への働きかけをすることや，情報や意見を関連づけたりまとめたりすることである。一方，M機能の行動は，他のメンバーの参加を促すことや，メンバー間の葛藤の調整を図ることである。PM理論では，リーダーがP機能もM機能も高いことが組織の生産性を高めるために重要であるとされている。その他，状況によって効果的なリーダーシップが異なるとする考え方（**状況即応アプローチ**）も提唱されている。

　なお，リーダーシップは，集団目標の達成に向けて個々のメンバーが他のメンバーに影響を及ぼす過程であるという考え方もある。この考えに基づくと，リーダーの行動のみがリーダーシップ行動ではなく，個々のメンバーの役割行

動こそがリーダーシップ行動となる。

3. 人的資源管理

3.1. 人的資源管理とは

経営には，ヒト・カネ・モノ・情報が必要な資源とされる。このうち，ヒト（人材）の資源を管理することは，**人的資源管理**とよばれる。組織はヒトの存在なしには成り立たないため，人的資源管理は重視される。人的資源管理に必要な仕組みや制度には，採用・人材配置，教育・訓練，モチベーション管理，報酬管理，労働者と使用者の関係調整，職場の安全衛生の維持などがある[8]。

3.2. キャリア発達

人的資源管理において，組織内のメンバーの人材育成は重要な課題の1つとなる。ある人が経験した仕事の経歴や将来の構想は，**職業的キャリア**[9]とよばれる。職業的キャリアは，人生全体の経歴や将来の構想（ライフ・キャリア）の重要な要素である。したがって，メンバーの職業的キャリアを充実させることは，人的資源管理において重要である。

職業的キャリアは生涯にわたって続く。**キャリア発達**では，職業的キャリアの連続に着目している。キャリア発達の過程を説明したモデルでは，生涯をある一定の段階に分けて，それぞれの段階で直面する課題をあげている。課題にうまく対処すると職業的キャリアの成長につながる一方，うまく対処できないと不適応に陥る恐れがあると考えられている。ここでは，組織内キャリア発達段階を説明した，シャインのモデルを紹介する[10]（表24-2）。

近年では，メンバーの職業的キャリアを支援する必要性が叫ばれている。その背景として，年功序列，終身雇用が前提とされた雇用形態が変化して多様な職業的キャリアがみられるようになったことや，女性の社会進出にともなって仕事と家庭のバランスをとることの重要性が意識されてきたことがあげられる[11]。

メンバーのキャリアを支援する方法として，**キャリア・カウンセリング**[12]がある。キャリア・カウンセリングには，相談者の**キャリア開発志向**（どのようなキャリアを構築したいか）を明確化させる段階，**キャリア・ストレッサー**（構築したいキャリアを阻害している要因）を明確化させる段階，将来を考慮して今からできることをはじめるように促す段階がある[13]。相談者が，キャリア・カウンセリングを通して，キャリアに対する見通し，すなわち**キャリア・パースペクティブ**が形成できるように，また，自分が成長すれば今はできないこともできるようになるという**自己効力**（column26参照）が得られるように支援することが求められる。

8) Dessler, G. (2012). *Human resource management*, 13th ed. Upper Saddle River, NJ: Prentice Hall.

9) キャリアの語源は，道についた車輪の跡の「わだち」である。

10) Schein, E. H. (1978). *Career dynamics: Matching individual and organizational needs*. Reading, MA: Addison-Wesley.（二村敏子・三善勝代（訳）(1991). キャリア・ダイナミクス——キャリアとは，生涯を通しての人間の生き方，表現である。白桃書房）

11) 仕事と家庭を両立する際に生じる葛藤は，ワーク・ファミリー・コンフリクトとよばれる。

12) キャリア・カウンセリングにかかわる公的な資格を有する人は，キャリア・コンサルタントとよばれる。キャリア・コンサルタントは，産業現場，職業紹介機関などでキャリア発達の支援に携わっている。

13) 金井篤子（2000）. キャリア・ストレスに関する研究——組織内キャリア開発の視点からのメンタルヘルスへの接近　風間書房

14) 金井篤子(2007). キャリア発達 山口裕幸・金井篤子(編)よくわかる産業・組織心理学 ミネルヴァ書房 pp.76–97.

表24-2 組織内キャリア発達の諸段階（金井，2007に基づいて作成）[14]

発達ステージ	直面する問題	具体的課題
成長 空想 探索 （21歳頃まで）	・職業選択基盤の形成 ・現実的職業吟味 ・教育や訓練を受ける ・勤労習慣の形成	・職業興味の形成 ・自己の職業的能力の自覚 ・職業モデル，職業情報の獲得 ・目標，動機づけの獲得 ・必要教育の達成 ・試行的職業経験（アルバイトなど）
仕事世界参入 （16～25歳）	・初職につく ・自己と組織の要求との調整 ・組織メンバーとなる	・求職活動，応募，面接の通過 ・仕事と会社の評価 ・現実的選択
基本訓練 （16～25歳）	・現実を知ったショックの克服 ・日常業務への適応 ・正規のメンバーとして認められる	・不安，幻滅感の克服 ・職場の文化や規範の受け入れ ・上役や同僚とうまくやっていく ・組織的社会化への適応 ・服務規程の受け入れ
初期キャリア （30歳頃まで）	・初職での成功 ・昇進のもととなる能力形成 ・組織にとどまるか有利な仕事に移るかの検討	・有能な部下となること ・主体性の回復 ・メンター（助言者）との出会い ・転職可能性の吟味 ・成功，失敗に伴う感情の処理
中期キャリア （25～45歳）	・専門性の確立 ・管理職への展望 ・アイデンティティの確立 ・高度な責任を引き受ける ・生産的人間となる ・長期キャリア計画の形成	・独立感，有能感の確立 ・職務遂行基準の形成 ・適正，専門分野の再吟味 ・次段階での選択（転職）検討 ・メンターとの関係強化，自分自身もメンターシップを発揮 ・家族，自己，職業とのバランス
中期キャリア危機 （35～45歳）	・当初の野心と比較した現状の評価 ・夢と現実の調整 ・将来の見通し拡大，頭打ち，転職 ・仕事の意味の再吟味	・自己の才能，動機，価値の自覚 ・現状の受容か変革かの選択 ・家庭との関係の再構築 ・メンターとしての役割受容
後期キャリア （40歳～定年）		
A. 非指導的役割の人	・メンター役割 ・専門的能力の深化 ・より高度な責任を引き受ける（管理者の役割を受容する場合） ・自己の重要性の低下を受容する（現状を維持し，仕事以外での成長を求める場合）	・技術的有能性の確保 ・対人関係能力の獲得 ・若い意欲的管理者への対処 ・年長者としてのリーダー役割の獲得 ・家庭の「空の巣」問題への対応
B. 指導的役割の人	・他者の努力の統合 ・長期的，中核的問題への対処 ・有能な部下の育成 ・広い視野と現実的思考	・自己中心から組織中心の見方へ ・高度な政治的状況への対応力 ・仕事と家庭のバランス ・高い責任と権力の享受
下降と離脱 （～定年）	・権限，責任の減少の受容 ・減退する能力との共在 ・仕事外の生きがいへの移行	・仕事以外での満足の発見 ・配偶者との関係再構築 ・退職準備
退職	・新生活への適応 ・年長者役割の発見	・自我同一性と自己有用性の維持 ・社会参加の機会の維持 ・能力，経験の活用

注）各段階の年齢は大まかな目安であり，柔軟に考える必要がある。

組織にこころはあるのか

・・・

　ある会社の不祥事が明るみになったとき，「会社は知っていたはずだ」「会社として責任をとるべきだ」「会社は反省していない」などと報道されることがある。しかし，会社は複数のメンバーによって構成される組織であるため，組織自体に肉体もなければ，「知ること」や「反省する」ためのこころもない。それにもかかわらず，組織に個人のこころのような働きを想定する表現について，私たちが違和感を覚えないのはなぜなのだろうか。

　人が組織にこころのような働きを想定することは，**実体性**の認知によって説明される。実体性の認知が高まると，組織は単なる個人の集合体ではなく，固有の意思をもった人間のような存在であると感じられる。実体性を高めるメンバーの特徴として，類似性，近接性，共通運命，閉合性などの要因が指摘できる（第3章参照）（表）。人の集合である組織も，物の知覚と同様に，まとまりとして理解されやすい場合がある。

表　組織に対する実体性認知を高めるメンバーの特徴

要因	具体例
類似性	専門用語を使用する／行動や思考のパターンが似ている
近接性	テレワークではなく対面での仕事が多い
共通運命	個人の行動は他の社員の行動に影響し，その逆もみられる
閉合性	社内の機密事項が多い／外部から内部の様子が推測しにくい

　メンバーの特徴やメンバー同士の関係性だけでなく，組織の構造も実体性の認知を高める要因となる。具体的には，「重役会」や「捜査本部」など，組織の方向性を左右する何らかの機関が存在することが明らかな場合，組織の実体性が感じられやすくなる[1]。「会社のブレイン」といった表現にみられるように，組織に意思決定をつかさどる脳（こころ）があるかのように感じられると，組織による行為に対しても「○○をしたかったから」「○○という確信があったから」など，心的状態を前提とするような説明がなされやすくなる。

　同じ組織が同じ不祥事を起こしたとしても，組織の実体性が感じられやすくなるほど非難されやすくなる。ある研究では，直前の課題で"they"という単語を含む文の並び替えを行うことで無意識のうちに実体性に注意を向けるプライミング（第17章参照）操作をおこなった[2]。すると，実験参加者は複数人の不当な行為を（実体性が喚起されない場合や個人の同じ行為よりも）攻撃的であると評価しやすくなることが示された。同じ行為であっても，実体性のある組織による行為は，より悪質に感じられるのである。つまり，不祥事が発覚した組織の実体性が高く感じられるほど，メディアはその組織に対して責任を追及したがるのだろう。

◎ column 引用文献 ・・

[1] 寺前桜・唐沢穣（2008）．集団の行為に対する意図性認知——自由記述による説明内容の分析　人間環境学研究, **6**, 35-41.
[2] Abelson, R. P., Dasgupta, N., Park, J., & Banaji, M. R. (1998). Perceptions of the collective other. *Personality and Social Psychology Review*, **2**, 243-250.

第25章

買う・買わない──消費者心理学

消費者心理学の着眼点を知ろう。
消費者の意思決定過程を理解しよう。
消費者は商品の価値をどのように評価しているのかを理解しよう。

1. 消費者心理学の着眼点

1.1.消費者行動とは

　コンビニエンスストアに陳列されているたくさんのお菓子を目の前にして，どれにしようか悩んで購入を決めたという経験があれば，思い出してほしい。そのお菓子を選択した理由は何だっただろうか。「パッケージの見た目に惹かれたから」「以前食べて気に入ったから」など，さまざまな理由が当てはまるだろう。購入の目的は何だろうか。自分ひとりで食べるためかもしれないし，誰かにプレゼントするためかもしれない。もしくは，SNSに投稿する写真を撮るためかもしれない。購入に至った理由や目的は，多種多様にあるはずだ。

　消費者心理学では，**購買行動**や**消費行動**を総称して，**消費者行動**とよぶ[1]（図25-1）。購買行動は，人が商品[2]の購入を決定する前後の行動をさす。購買前行動とは，「どのメーカーにしよう」「店舗かインターネット，どちらで購入しよう」「どの色にしよう」などと情報検索を行うことである。購買前行動によって評価された選択肢を店舗で買ったり，インターネットで発注したりする行動を購買行動とよぶ。商品を使用したあとに満足度を評価することは，購買後行動にあてはまる。一方，消費行動は，消費者が消費を通してどのような生活をするのかについて判断する行動全般をさす。消費者は，食費，教育費，娯楽費，住居費などへの所得の配分を決定する。また，自分で買った商品ではなかった

1) 杉本徹雄（編）（2012）. 新・消費者理解のための心理学　福村出版

2) 消費者行動の対象には，電化製品や食料品といった形のある商品だけではなく，旅行の企画やレストランの配膳といった形のない「サービス」も含まれる。

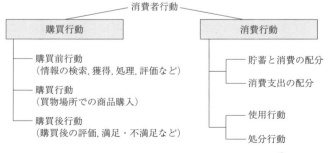

図25-1　消費者行動の分類（杉本，2012に基づいて作成）[1]

としても，ゆずりうけた商品の使用頻度を決めたり，リサイクルにまわす判断をしたりすることは，消費行動に含まれる。購買行動を行う主体と消費行動を行う主体が一致していないこともある。例えば，あなたが友人へのプレゼントを買うのは購買行動といえるが，その場合，消費行動を行う主体は，プレゼントをもらった友人となる。

1.2.消費者心理学が扱うテーマ

冒頭で示したコンビニエンスストアの例のように，消費者は商品の購買や消費の行動を行う際に，さまざまな思考や行動の段階をふむ。そのため，消費者行動はさまざまな心理学の研究領域と密接に関連している（表25-1）。また，消費者行動の研究は，経済学や社会学の分野でも研究が進められてきた歴史があるため，心理学にとどまることなく，他の学問分野とも関連づけることが必要である。

表25-1　心理学の研究領域と消費者心理学のテーマとの関連（杉本，2012に基づいて作成）[1]

領域	テーマ
生理	商品や広告に対する反応と測定（脳活動など）
知覚	商品，広告，価格，店舗等の知覚や判断
認知	ブランドや広告に対する知識や記憶，意思決定のルール
学習	購買の反復性，広告の反復的接触
動機づけ	消費者ニーズ，購買動機，感情の役割
人格	消費者の個人特性，ライフスタイル
社会	消費者の態度形成と変容，製品関与，集団や社会の影響

2.　購入に影響を与える要因

2.1.経験と購入の関係

商品の購入を決定するうえで大きな影響力を与えるのが，消費者の商品に関する知識や経験である[3]。人は，確かに価値があると感じられるものを購入するために，過去に購入した際の記憶や似たほかの商品に関する情報などを手掛かりにして購入を決定する。では，特定の商品カテゴリーの購入経験が全くない消費者は，どのように商品を選択するのだろうか。育児に初めて参加する人がおむつを購入する際，育児が始まった当初は，よく目にする有名なブランドを選択するかもしれない。しかし，消費行動の経験を重ねる中で，より自分や子どもに合っているおむつを求めて情報を収集する。その結果，当初とは違うブランドを選択するようになることがある。商品に関する知識や経験が少ない状態では，リスクを避けることが優先されるため，「多くの人」が使用していることや「有名」であることの影響を受けた選択がなされ，知識が増えると，

3) Heilman, C. M., Bowman, D., & Wright, G. P. (2000). The evolution of brand preferences and choice behaviors of consumers new to a market. *Journal of Marketing Research*, **37**, 139-155.

自らの経験に基づいてブランドが選択されるようになるのである。

2.2. ロイヤルティの形成

　1杯のコーヒーを飲むために自動販売機を素通りして有名コーヒーチェーン店に入店する人を想像してほしい。その人は，こだわりをもってその店を選択していることがわかる。商品やブランドに関する知識や経験が増えた消費者が，他のブランドよりも特定のブランドを好ましく思い，愛着や信頼を形成することを**ロイヤルティ**とよぶ。特定のブランドに対するロイヤルティの**態度**（第19章参照）をもつことで，同じ部類の商品が選択肢にあっても，特定のブランドのみが選択されるという行動が繰り返される。

　ロイヤルティが形成される過程は，4段階に分けることができる（図25-2）。初期の段階では，ブランドのイメージや意味を知る「認知」が形成され，その後ブランドに触れたり経験したりすることで好ましさの「感情」が芽生える。その感情によって，ブランドに積極的にかかわろうとする「意欲」や「関心」が高まる。その結果，そのブランドを選び続ける「ロイヤルティ」が形成される。したがってロイヤルティに基づく選択行動は，単にそのブランドをよく目にするからといった**単純接触効果**（column19参照）や，無意識のうちに選択が促される**プライミング効果**（第17章参照）によるものではなく，自らの知識と経験によって形成された強い意思に基づく行動であるといえる。

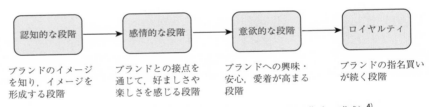

4) 山田一成・池内裕美（編）(2018). 消費者心理学　勁草書房

図25-2　ロイヤルティの形成プロセス（山田・池内, 2018に基づいて作成）[4]

2.3. 消費行動による自己概念の拡張

　高価な時計を身に着けることで経済力がある自分を示したり，無農薬野菜を購入することで環境に優しい自然体の自分を表現したりといったように，自分が何者であるのかを示すために，消費する物や所有物を使うことがある。自分の特性についての自分なりの理解である**自己概念**（第16章参照）は，消費行動によって新たな所有物を得ることによって拡張する。その場合，拡張された自己概念のことを**拡張自己**とよぶ。例えば，新しい車を買うことによって○○車のオーナーという拡張自己を手に入れることができる。一方で，所有物の喪失によって自己概念が欠落したと感じ，精神的苦痛を経験することもある。例えば，大震災で家や家具などの財産を失った被災者は，自己の一部が欠損したか

のように大きな苦痛を感じるという[5]。

　さらに，モノに付与される意味や価値は，消費者にとっての**象徴的便益**となる。象徴的便益とは，ある製品やサービスについてメディアや製造業者が広めたイメージのことである。製品の性能や特徴に関する機能的便益とは異なり，象徴的便益は，その製品を使用しているのはどのようなタイプの人なのかに関する付加価値のことである。個性的な人は○○車に乗っているイメージが強いという象徴的便益が存在するとすれば，消費者はその製品を消費することよって，そのイメージを自己概念に取り入れることができる。

5) 池内裕美・藤原武弘・土肥伊都子(2000). 拡張自己の非自発的喪失──大震災による大切な所有物の喪失　調査結果より. 社会心理学研究, **16**, 27-38.

3. 価値評価のあいまいさ

3.1. 損得の価値評価

　商品についての情報を収集し，評価する際，消費者は客観的かつ論理的に検討することができていないようである（column25参照）。このうち，同じ状況を目の前にしても，思考や認知の枠組みによって異なる解釈がなされることを，**フレーミング効果**（第21章参照）とよぶ。フレーミング効果は，人の金銭感覚にも当てはまり，例えば，同じ金額を失った場合は，同じ金額を得た場合よりも，所得への影響が大きいと感じてしまう。トヴェルスキーとカーネマンは，このような価値評価に関する心理的特徴を，**プロスペクト理論**としてまとめた[6]。プロスペクト理論における価値関数は図25-3のようにあらわすことができる。横軸は利得と損失の客観的な程度をあらわすのに対して，縦軸は，**効用**や**心理的価値**とよばれる。ものごとが望ましく感じられる主観的な程度をあらわしている。

6) Tversky, A., & Kahneman, D. (1981). The framing of decisions and the psychology of choice. *Science*, **211**, 453-458.

　（a）参照点

　1,000円のリンゴは「高い」と感じるが，1,000円の腕時計は「安い」と感じるといったように，商品の価値を評価する際の基準は，暗黙のうちに設定されている。このような暗黙の基準のことをプロスペクト理論では**参照点**とよび，損得の評価を分ける基準となる。「臨時のアルバイトをして2,000円もらえると思っていたのに，渡されたのは1,000円だった」としたら，損をした気分になるだろう。その理由は，「2,000円もらえる」という状態が参照点となり，

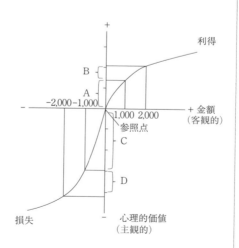

図25-3　プロスペクト理論における価値関数
（山田・池内, 2018に基づいて作成）[4]

1,000円しかもらえなかったことは2,000円からの損失であるととらえられるからである。

（b）損失回避

参照点を基準とした際の金額の心理的価値は，損失と利得で相対的に異なる。例えば，図25-3より，「ポイントを失効して1,000円損した」ことが心理的価値に与える影響（C）は，「タイムセールで1,000円得した」ことが心理的価に与える影響（A）よりも大きいことがわかる。損失と利得における心理的価値の非対称性は，損失の影響をより大きく見積もるという心理的特徴があることを意味している。

（c）効用

ものごとが望ましく感じられる主観的な程度は効用（心理的価値）とよばれ，客観的な金額と単純な関係にあるわけではない。図25-3では，参照点から遠くなるほど，S字型カーブは緩やかになっていることがわかる。何もない状態（参照点）から1,000円もらえたときの効用（A）は，さらに1,000円を追加でもらえたときに感じる効用の変化（B）よりも大きい。同様に，所持金から（参照点），最初に1,000円失ってしまった場合の効用（C）は，そのあとさらに1,000円失った際に感じる効用の変化（D）よりも大きくなる。実際にいくら金額が増減したかという客観的な指標は，「得した」「損した」と感じる主観的な効用の程度に直接反映されるわけではないため，人はときに非合理的な消費の判断をしてしまうのである。

3.2. 無料の魅力

無料（0円・タダ）の商品は，消費者の意思決定に特別な影響力があることもわかっている。例えば，どこでも手に入るようなチョコレートが1個1円で売られていたとしたら，わざわざお金を出してまで買おうとは思わないかもしれない。しかし，同じチョコレートが無料で手に入るとしたら，とたんに欲しくなるのではないだろうか。ある研究では，よく見かける安価なチョコレートと，高級なチョコレートを同時に販売し，客に選択された割合を比較した[7]。どちらも通常よりも割引した価格で販売すると，高級チョコレートのほうが選択される割合が高かった。しかし，安価なチョコレートを「無料」にすると，高級チョコレートよりも安価なチョコレートのほうが選択されやすくなった。このことは，「ゼロ価格」を特に魅力的にとらえる消費者の価値観が，意思決定に影響することを示している。「無料アプリ」や「無料相談会」など，企業が価格ゼロを掲げて消費者の利用を促すことがあるのは，ゼロ価値に惹かれた利用者のその後の購買行動を期待してのことだといえる。

7) Shampanier, K., Maar, N., & Ariely, D. (2007). Zero as a special price: The true value of free products. *Marketing Science*, **26**, 742-757.

商品価値を論理的に判断しているか

　表のライブ会場での出来事に関する文章を，自分が経験しているつもりで読んでほしい。あなたは，どちらの条件の場合でもチケットを買うだろうか。

表　ライブ会場での出来事

チケット紛失条件

あなたは好きなアーティストのライブを観に行こうと思い，3,000円でチケットを買ってからライブ会場に行きました。会場の入口で，あなたは買っておいたチケットをなくしたことに気づきました。あなたはもう一度チケットを買いますか？

現金紛失条件

あなたは好きなアーティストのライブを観に行こうと思い，ライブ会場に行きました。チケットは3,000円でした。会場の入口で，あなたは3,000円をなくしたことに気づきました。あなたはチケットを買いますか？

　この文章は，トヴェルスキーとカーネマンの研究で用いられた文章を模したものである。彼らは，「10ドルの映画チケット」に関してチケット紛失条件と現金紛失条件の文章を作成し，実験参加者にいずれかの文章を読んでもらった[1]。そして，チケットを買うか否かを判断するように求めた。その結果，チケットを買うと答えた実験参加者は，現金紛失条件では88％だったのに対し，チケット紛失条件では46％にとどまった。どちらの条件でも損失した金額は同じなのに，違いがみられたのはなぜだろうか。

　この理由を考えるにあたり，**心理的財布**という考え方を説明する。人は，商品の種類を買うときの状況に応じて，金銭を別々の財布（これは心理的財布とよばれる）から支払うように感じると考えられている[2]。この考え方に基づくと，チケット紛失条件では，チケットに関する心理的財布から2回支出していると感じられるため，出費の痛みが大きく感じられやすい。一方，現金紛失条件では，チケットに関する心理的財布からの支出は1回である。チケットに関する心理的財布からの出費の回数の違いが，チケットを買うか否かの判断に影響したのである。

　トヴェルスキーとカーネマンの研究結果や心理的財布の考え方は，ある商品に対する金銭的な意思決定（**心的会計**）は，その商品にかかる金額のみを考慮しているわけではないことを示している。商品の種類や，どのような状況で支払うのかといった，その商品に対する心理的価値が影響する。したがって，恋人とのデート代で1万円を払うのは惜しくないものの，単位欲しさに受講した授業の教科書を買うために1万円を払うのはためらってしまうといったことが起こる。以上のことから，私たちは商品価値を金額そのものから論理的に判断している場合だけでなく，心理的価値を考慮して主観的に判断している場合も多いといえるだろう。

◎ column 引用文献 ･･･
① Tversky, A., & Kahneman, D. (1981). The framing of decisions and psychology of choice. *Science*, **211**, 453-458.
② 小嶋外弘 (1959). 消費者心理の研究　日本生産性本部

教える・学ぶ──教育・学校心理学

>
> 教育心理学について理解しよう。
> 学校心理学について理解しよう。

1. 教育心理学の着眼点

1.1. 教育心理学とは

　「**教育**」とは何であろうか。「教育」という言葉から，学校場面での学びが思いうかぶかもしれない。『大辞林第3版』によれば，教育とは「他人に対して意図的な働きかけを行うことによって，その人を望ましい方向へ変化させること。広義には，人間形成に作用するすべての精神的影響」と定義されている。この定義から考えると学校場面だけではなく，家庭で行われるしつけや職場で行われる指導も教育の範疇であるといえる。

　では，**教育心理学**とはどのような学問であろうか。『教育心理学ハンドブック』では，「教育という事象を理論的・実践的に明らかにし，教育の改善に資するための学問」とされている[1]。学校や家庭などの教育場面で，教育を受ける人および教育する人のこころの働きを心理学的に研究し，教育活動を効果的に行うために役立つ知識と技術を提供するための学問が教育心理学であるといえる。

1.2.教育心理学が扱うテーマ

　教育心理学の対象となるテーマを教育心理学の歴史から見てみると，20世紀前半には，ソーンダイク[2]が読みや算数などの技能に関する基礎研究を行い，ターマン[3]が知能の個人差を診断するためのテスト開発を行うなど，主に教育測定の領域について研究がなされてきた。

　1950年代に，注意，言語，思考，推論，意思決定などの認知過程を説明する**認知心理学**が発展したことにより，教育心理学の研究対象は，学習指導の問題だけではなく，広範囲な学校教育問題へと拡大した。

　1980年代には，人間は社会的存在であるとして，学習の社会面を重視する**社会的構成主義**の台頭によって，教育心理学の対象は，学校教育だけではなく，家庭教育，高等教育，企業内教育，生涯教育までに広がった。1990年代以降は，

1) 市川伸一（2003）．教育心理学は何をするのか─その理念と目的　日本教育心理学会（編）　教育心理学ハンドブック　有斐閣　pp.1-7.

2) 第4章脇注8)参照。

3) ターマン（Terman, L. M., 1877-1956）は，アメリカの心理学者。フランスの「ビネーシモン知能検査」を改訂して，「スタンフォード=ビネ改訂版知能検査」を作成した。知能検査については第10章参照。

4) 二宮克美 (2009). 教育心理学 二宮克美・子安増生 (編) キーワードコレクション 教育心理学 新曜社 pp. 2-5.

表26-1　教育心理学で扱う領域 (二宮, 2009に基づいて作成) [4]

1 発達	乳幼児の心理，児童心理，青年心理，成人・高齢者の心理，生涯発達など
2 人格	パーソナリティ理論，パーソナリティ測定，自己・自我，アイデンティティ，社会性・道徳性，動機づけ，適応など
3 社会	学校教育，学級集団，家族関係，対人関係，教師－生徒関係など
4 教授・学習・認知	学習理論，授業理論，教科学習，教育工学，知識・概念の獲得など
5 測定・評価・研究法	教育評価，テスト理論，教育統計，尺度構成，データ解析法など
6 臨床	教育相談，学校臨床，不登校，非行・問題行動など
7 特別支援教育	発達障害，特別支援 (特殊教育)，リハビリテーションなど
8 学校心理学	スクールカウンセリング，アセスメント，コンサルテーションなど

　教員養成やカリキュラム開発，教育改革など，従来は教育学の範疇であった課題も教育心理学の対象に含まれるようになっている。このように，今日の教育心理学が扱うテーマは広範囲となっている (表26-1)。ここでは，広範囲のテーマの中から，「教授・学習」に関わるテーマとして，教育や学校場面での学習の成果に影響を及ぼす要因について取り上げ解説する。

2. 学習の成果に影響を及ぼす要因

　教師が中学生に理科を教える場面を考えてみよう。映像を用いて遠隔で教える場合と教師が実際にその場で教える場合と，どちらの教え方が生徒に効果的に学習させられるだろうか。ある生徒にとっては，映像を用いた教え方が効果的だが，ある生徒にとっては教師がその場で教える方が効果的など，どちらの教え方が効果的かは，一概にはいえない可能性がある。個人の適性の違いによって，処遇 (学習方法や教授法) の効果が異なることを**適性処遇交互作用** (aptitude treatment interaction：**ATI**) という [5]。適性には，知能，記憶力，思考力，学力といった「能力の特性」，パーソナリティ，認知スタイル，テスト不安傾向といった「パーソナリティの特性」，学習への意欲，学習習慣といった「態度・意欲の特性」が考えられる。例えば，ある適性が高いという特徴をもつ学生は，教授法A (処遇A) の方が学習に効果的であるが，ある適性が低いという特徴をもつ学生は，教授法A (処遇A) よりも教授法B (処遇B) の方が効果的に学習を進められる可能性がある (図26-1)。

5) Cronbach, L. J. (1957). The two disciplines of scientific psychology. *American Psychologist*, **12**, 671-684.

　スノーらは，大学生に物理学の授業を行う際に，映像を用いて教える授業と，教師が実際にその場で教える授業を行い，その効果を比較した [6]。その結果，これらの教授法の効果に違いはみられなかった。ところが積極的で自信があるという「適性」をもった学生は，教師がその場で教えるという教授法でより高い成績を示したが，「映像を用いて教える」という教授法で

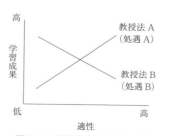

図26-1　適性処遇交互作用の例

6) Snow, R. E., Tiffin, J., & Seibert, W. F. (1965). Individual differences and instructional film effects. *Journal of educational Psychology*, **56**, 315-326.

7) 安藤寿康・福永信義・倉八順子・須藤毅・中野隆司・鹿毛雅治(1992). 英語教授法の比較研究――コミュニカティブ・アプローチと文法的・アプローチ 教育心理学研究, **40**, 247-256.

はそれほど高い成績を示さなかった。一方，消極的で自信がないという適性をもった人は，映像を用いて学習する方法でより高い成績を示したが，教師がその場で教えるという教授法ではあまり高い成績を示さなかった。「能力の特性」について検討した入門期の英語の学習における教授法の効果についての研究[7]も見てみよう。この研究では，英語学習の教授法（処遇）として，会話中心の教授法（コミュニカティブ・アプローチ）と文法中心の教授法（文法的アプローチ）の2種類の教授法（処遇）が用いられた。知能検査の言語性知能の得点が高いという「適性」をもった学習者は，文法中心の教授法を用いた場合に，「読む」，「書く」，「聞く」，及び「文法」能力を測定した筆記試験の成績が高かった（知能検査及び言語性知能については第10章参照）。反対に，言語性知能の得点が低いという「適性」をもった学習者は，会話中心の教授法の場合に試験の成績が高かった。

　紹介した研究が示すように，すべての人に効果的な教授方法があるわけではなく，学習者の適性に合わせた教育が重要である。また，ある指導法や教材では十分な学習の効果がみられない人でも，別の指導法や教材を用いて学習を行えば，効果的に学習できる可能性がある。

　学習に影響を及ぼす個人の特性には，原因帰属の仕方も考えられる（第18章参照）。例えば，試験の成績が悪かったときに，自分の「能力」に原因があると帰属すれば，「自分の能力が低いのだから頑張って勉強しても仕方がない」と思い，勉強しなくなるだろう。原因が外的なものであり「たまたま今回のテストが難しかっただけだと帰属すれば，「次はできるだろう」と勉強を頑張る意欲がわくかもしれない。このような原因帰属の仕方によって，学習に対する動機づけに違いがみられ，その結果として，学習成績に影響を与えるだろう（第8章参照）。

　また，「毎日きちんと復習をしていれば，試験で良い点が取れる」ことがわかっていても，自分がそれをできるという自信がなければ，その行動は行われない。ある結果を導くために必要な行動をどのくらいうまく達成できるかという自分なりの自信や信念のことを**自己効力**という。

8) 第4章 脇注11)参照。

9) Bundura, A.(1977). Self-efficacy: Toward a unifying theory of behavioral change. *Psychological Review*, **84**, 191-215.

　では，どうすれば自己効力を高めることができるだろうか。バンデューラ[8]は，自己効力の高さに影響を与える4つの要因を示している[9]。1つめは，「直接経験」である。成功したという経験が，自己効力の高さに影響する。2つめは，「代理経験」である。他の人がうまくできている場面を観察することで，「自分もできる」という自己効力が高められる可能性がある。3つめは，「言語的説得」である。周囲から「あなたならきっとできる」などと励まされることで自己効力が高められる可能性がある。4つめは，「情動喚起」である。行動する際の感情状態によって自己効力が低下したり高まったりする。例えば，自分が不安や恐怖を感じていると認識すると自己効力は低下し，うまくできていると認識すると自己効力は高まるだろう。

3. 学校心理学

　学校教育現場での問題を検討していくのが**学校心理学**である。学校教育において一人ひとりの子どもが学習面，心理・社会面，進路面，健康面などにおける課題の取り組みの過程で出会う問題状況の解決を援助し，子どもの成長を促進する**心理教育的援助サービス**の理論と実践を支える学問体系が学校心理学であるといえる[10]。心理教育的援助サービスでは，①学習面，心理・社会面，進路面，健康面など，子どもの学校生活がトータルに扱われ，②教師やスクールカウンセラーが保護者と連携し，③すべての子どもを対象とする活動から特別な援助ニーズをもつ子どもを対象とする活動までが含まれる。石隈は，心理教育的援助サービスを，①入学時の適応，学習スキルや対人関係スキルの訓練など，すべての子どもを対象にする**一次的援助サービス**，②登校しぶり，学習意欲の低下など一部の子どもを対象にする**二次的援助サービス**，③不登校，学習障害，非行など特定の子どもを対象とする**三次的援助サービス**に分けている[11]。こうした心理教育的援助サービスの専門家として，**学校心理士**（column序参照）の認定が行われている。

　学校教育が取り組むべき課題は，学ぶ意欲や不登校，発達障害など「子どもをめぐる問題」だけではなく，児童虐待や家庭の危機など「家庭や地域をめぐる課題」，教師の養成や教師のキャリア発達など「教師をめぐる課題」，学級崩壊や危機管理，地域との連携など「学校をめぐる課題」と多岐にわたる[12]。また教育制度や社会状況の変化とともに，新しい課題も増えてきている。学校心理学では，こうした学校教育での課題に対して，主に**アセスメント**，**カウンセリング**，**コンサルテーション**から問題解決を図る。

3.1. アセスメント

　子どもに対してさまざまな指導や援助を行う際に，その子どもが抱える問題を理解し，どのような指導・援助を行っていけばよいかを考える必要がある。そのためにはまず子どもの状態や現状を知らなければならない。**アセスメント**[13]は，学習，対人関係，心理的問題，進路などの各面についての情報を集めるプロセスである。学校場面でのアセスメントの対象は，子ども，子どもと環境（例えば学級など），そして援助者自身である。具体的には表26-2にあげたようなアセスメントが必要になる。

　情報収集の方法は「聞き取り」，「観察」，「検査」の3つに分けられる。聞き取りは，子ども自身や子どもとかかわりのある人（例えば担任，保護者，友だち）から，その子どもについての情報を教えてもらうことである。観察は，授業場面などで観察を行う自然観察法，実験場面を設定して観察を行う実験的観察法などがある。検査は，子どもの能力や心理的特性等を客観的に把握するために

10) 石隈利紀 (1999). 学校心理学—教師・スクールカウンセラー・保護者のチームによる心理教育的援助サービス　誠信書房

11) 石隈利紀 (2007). 学校心理学の領域と学習課題およびキーワード　学校心理学ガイドブック（第2版）風間書房　pp. 24-33.

12) 石隈利紀・大野精一・小野瀬雅人・東原文子・松本真理子・山谷敬三郎・福沢周亮（責任編集）(2016). 学校心理学ハンドブック第2版——「チーム」学校の充実をめざして　教育出版

13) アセスメントとは，評価，査定という意味である。

表26-2　学校心理学で用いられるアセスメントの具体例
（石隈・大野・小野瀬・東原・松本・山谷・福沢，2016に基づいて作成）[12]

アセスメントの種類	具体例
学習面のアセスメント	学力，知能，学習を支える認知，情緒，行動の情報など
心理・社会面のアセスメント	性格，情緒の状況，思考の特徴，行動面での特徴，他者・他者集団とのかかわり方など
進路面のアセスメント	進路成熟度，進路選択家庭での自己効力など
健康面のアセスメント	心身の健康状態，既往症，日常の生活習慣，ストレスなど
学級集団のアセスメント	ソシオメトリックテスト，学級風土など
学級風土のアセスメント	学級風土質問紙（学級活動への関与，生徒間の親しさ，学級内の不和，公平さなど）など
子どもと環境の折り合いのアセスメント	子どもの行動スタイルと環境の要請行動の折り合いなど
援助サービスシステムのアセスメント	援助サービスのシステム評価など

用いられ，パーソナリティ検査（第9章参照），知能検査（第10章参照），適性検査などがある。

3.2.　カウンセリング

　カウンセリングとは，人間と人間のかかわりを通した援助活動である（第28章参照）。カウンセラーなど専門家による相談活動はもちろん，広義では教師やカウンセラーの直接的な援助的かかわりもカウンセリングに含まれる（例えば，授業場面で教師が行う援助）。教師やカウンセラーが学生に対して示すべき心構えや態度を**カウンセリングマインド**[14]という。カウンセリングマインドは，カウンセリングだけでなく教育活動全般の成果を高めるために不可欠である。

<aside>14) カウンセリングマインドは和製英語である。</aside>

3.3. コンサルテーション

　カウンセリングが援助対象である子どもへの直接的援助であるのに対して，**コンサルテーション**は，教師や保護者などが効果的に援助できるように働きかける間接的援助である。異なる専門性をもつ複数の者が，援助対象の問題状況について検討して，よりよい援助のあり方について話し合う「作戦会議」といえる。教師と多様な専門性をもつが「チームとしての学校（**チーム学校**）」を作り，それぞれの専門性を活かして援助のあり方について話し合うことで，よりよい援助が可能になる。

　コンサルテーションが必要になるのは，子どもとのかかわりにおいて，教師や保護者に問題や危機的状況が生じた時である。コンサルテーションにおいて得られた情報には，守秘義務と報告義務が存在する。どの情報を誰に伝えるかについてよく話し合い，確認することが大切である。

心理学小実験〈自己効力〉

　第26章の本文中で述べたように，バンデューラは，「ある結果を導くために必要な行動をうまく実行できるという，自分自身がもつ信念」のことを**自己効力**（セルフ・エフィカシー）とよんだ。ここでは，一般性セルフ・エフィカシー尺度[1]を用いて，あなたの自己効力の程度を測定してみよう。

【方法】

　次の質問項目について，いまの自分にあてはまる場合には「はい」を，あてはまらない場合には「いいえ」を○で囲む。どちらでもないと考えられるときでも，より自分に近いと思うほうに必ず○をつける。どちらが正しいということはないので，深く考えずに回答すること。

一般性セルフ・エフィカシー尺度の項目

1	何か仕事をするときは自信をもってやるほうである	はい	いいえ
2	過去に犯した失敗やいやな経験を思い出して，暗い気持ちになることがよくある	はい	いいえ
3	友人よりすぐれた能力がある	はい	いいえ
4	仕事を終えたあと，失敗したと感じることのほうが多い	はい	いいえ
5	人と比べて心配性なほうである	はい	いいえ
6	何かを決めるとき，迷わず決定するほうである	はい	いいえ
7	何かをするとき，うまくいかないのではないかと不安になることが多い	はい	いいえ
8	引っ込み思案なほうだと思う	はい	いいえ
9	人より記憶力がよいほうである	はい	いいえ
10	結果の見通しがつかない仕事でも，積極的に取り組んでいくほうだと思う	はい	いいえ
11	どうやったらよいか決心がつかずに，仕事にとりかかれないことがよくある	はい	いいえ
12	友人よりも特にすぐれた知識をもっている分野がある	はい	いいえ
13	どんなことでも積極的にこなすほうである	はい	いいえ
14	小さな失敗でも人よりずっと気にするほうである	はい	いいえ
15	積極的に活動するのは，苦手なほうである	はい	いいえ
16	世の中に貢献できる力があると思う	はい	いいえ

【結果】

　1，3，6，9，10，12，13，16の各項目は，「はい」に○がついたときに1点，「いいえ」に○がついたときに0点とする。2，4，5，7，8，11，14，15の各項目は，「いいえ」に○がついたときに1点，「はい」に○がついたときに0点とする。全項目の得点を合計し，得点を算出する。下の表から自己効力の程度を判定する。

　あなたの自己効力の程度はどうであっただろうか。自己効力が高い人は，失敗に対する不安が少なく，自分の意志で積極的に行動すると考えられる。

学生の一般的セルフ・エフィカシー尺度の程度

セルフ・エフィカシー得点	1	2〜4	5〜8	9〜11	12〜
5段階評定点	1	2	3	4	5
セルフ・エフィカシーの程度	非常に低い	低い傾向にある	普通	高い傾向にある	非常に高い

◎ column 引用文献 ••
① 坂野雄二・東條光彦 (1993). セルフ・エフィカシー尺度　上里一郎 (監修) 心理アセスメントハンドブック　西村書店　pp. 478-489.

第27章

危機に対応する――災害心理学

> **学習目標**
> 災害心理学の着眼点を理解しよう。
> 産業場面での事故の発生にかかわる心理的要因を理解しよう。
> 災害発生時の行動と，適切な行動がとれない理由を理解しよう。
> 災害発生後のストレスの影響を理解しよう。

1．災害心理学の着眼点

1.1.災害とは

よい人にはよいことが起こり，悪い人には悪いことが起こる。これは，公正世界信念とよばれる考え方である。この考え方に基づくと，災いは悪い人のみに降りかかることになる。しかし，実際には，誰もが予期せぬ形で災害に巻き込まれることがある。

災害は，「資産に大きな損壊をもたらし，死傷と苦難を引き起こす可能性のある異常な出来事」と定義される[1]。災害の種類には，地震や台風などの自然現象が原因となる**自然災害**，工場での作業中の事故や交通事故などの人間の活動が原因となる**人為災害**がある。

災害を受けた人は，**被害者**や**被災者**とよばれる。災害の直接的な被害を受ける者を一次被害者という。一次被害者のみが災害の被害を受けるわけではない。被害者の家族や親密な者（一・五次被害者），消防職員，医師や看護師，報道関係者など，惨事を目撃しやすい職業にある者（二次被害者），報道で惨事の情報を得た者（三次被害者）も，災害の被害を受ける可能性がある。

1.2.災害心理学が扱うテーマ

災害心理学は，これまでの心理学の研究知見を災害に応用し，災害時に適切な対応をして災害による被害を最小限にする，人為災害を未然に防ぐことを目指す分野である。災害現場における心理や行動を明らかにする，人為災害を引き起こす心理的要因を明らかにしてその要因に対処する方法を検討する研究などが行われている。

1つの災害を時間的段階ごとに分類すると，発生前，発生時，発生後に分けられる（表27-1）。ここでは，災害発生前の段階として，人為災害の1つである，工場での事故などの産業場面での事故の発生に関連する心理的要因について，エラーやリスクの観点から説明する。これらは，産業・組織心理学の分野の1

1) Cohen, R. E., & Ahearn, F. L. (1980). *Handbook for mental health care of disaster victims.* Baltimore, MD: Johns Hopkins University Press.

表27-1　災害の時間的段階ごとに分けた災害心理学の代表的テーマ

災害の時間的段階	代表的な研究テーマ
災害発生前	・人為災害の発生にかかわる心理的要因 ・防災意識，防災教育 ・災害に関する流言（うわさ）と社会的混乱（災害発生後にもかかわる）
災害発生時	・災害時の避難行動 ・密集状況での災害事故
災害発生後	・被災者のメンタルヘルス ・災害時の援助行動

つである，安全衛生に関連が深いテーマである（第24章参照）。続いて，災害発生時の行動，災害発生後の被災者のメンタルヘルスを説明する。

2．産業場面での事故の発生に関連する心理的要因

2.1. 不安全行動

　産業場面では，工場での作業中の事故のような人為災害が起こることもある。産業場面で事故が起こる要因として，人間（men），機械（machine），作業環境（media），組織としての管理（management）の4つのMがあげられる。このうち，どのような事故でも最も多い原因は，人間である。

　事故につながりかねない人間の危険な行動は，**不安全行動**とよばれる。リーズンは，不安全行動を意図的な行動か否かで4つに分類している[2]（図27-1）。

　不安全行動が生じる原因は，その行動が意図的であるか否か以外にも，人間の活動のエラーによるものか，人間が意図的に危険を冒したことによるものか

2) Reason, J. (1990). *Human error*. Cambridge, UK: Cambridge University Press.

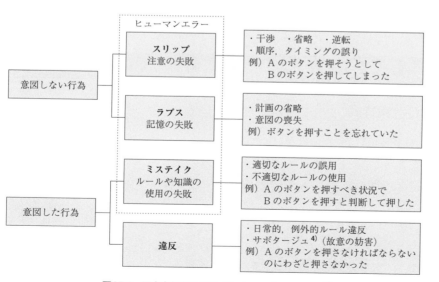

図27-1　不安全行動の分類（申，2007に基づいて作成）[3]

3) 申紅仙（2007）．仕事の能率と安全　山口裕幸・金井篤子（編）よくわかる産業・組織心理学　ミネルヴァ書房　pp.156-171.

4) サボタージュは，労働組合の争議戦術の1つである。職場にはつくものの，仕事の能率を下げて経営者に損害を与え，紛争の解決を迫る方法である。

によっても分類できる。人間の活動のエラーは,**ヒューマン・エラー**[5]とよばれる。ヒューマン・エラーを分類すると,ルールや知識の使用の失敗（**ミステイク**），注意の失敗（**スリップ**），記憶の失敗（**ラプス**）がある。ヒューマン・エラーが生じる背景には,多くの場合,作業に対する不注意があげられる。column27では,不注意が人為災害につながる可能性があることを,自動車の運転中の携帯電話の使用を例に説明する。

　一方,人間が意図的に危険を冒すことは,**リスク・テイキング**とよばれる。**リスク**とは,ある行動をとる（とらない）ことで危険に遭う可能性である。リスク・テイキングは,ある行動に対するリスクの評価が小さいとき,リスクにかかわる行動を実行したときの利益が大きいとき,安全行動のコストが大きいときに生じやすい。また,リスク・テイキングは,組織内のルール違反の形でみられることが多い。ルール違反をするか否かは,ルールを知っているか,ルールに納得しているかといったルールへの理解や,組織内のルールを守る行動の実行率がかかわる。

2.2. リスク・マネジメント

　人為災害を防ぐには,不安全行動のような事故につながる可能性のあるリスクに対処する,**リスク・マネジメント**が必要となる。リスク・マネジメントのために,事故につながると察知した小さな経験[6]を,組織内で収集して事故原因の分析と対策を考える必要がある。事故原因の分析と対策を考える方法の1つに,4M-4Eマトリクスを活用する方法がある。これは,事故の発生要因を,人間,機械,作業環境,組織としての管理の4つのMに分類し,要因ごとに,教育（education），技術（engineering），徹底（enforcement），事例（example）の4つのEを整理し,対策をまとめていく方法である。

3. 災害発生時の行動

3.1. 避難行動

　避難行動は,危険を避けるときの行動である。火災からの避難のような突発的災害が生じたときの行動,震災や噴火後の被災者の行動が該当する。

　避難行動にはいくつかの特徴がある。ここでは,ビル火災における避難行動の特徴を示す（表27-2）。また,少ない出口を目指して大勢の人が殺到する**競合行動**,周りの人の行動に合わせる**同調**（第20章参照）などがみられることも報告されている。加えて,災害に対して,「たいしたことではない」,「自分は大丈夫」と危険を過小評価する**正常性バイアス**により,避難行動が遅れることもある。被災者のこれらの行動によって,被害の程度が大きくなる場合もある。

表27-2 ビル火災における避難行動の特徴（村井, 2001に基づいて作成）[7]

- 高層階から地上へ
- 地下から地上へ
- 追従傾向（人の後を追って避難する）
- 帰巣的傾向（もと来た方向に避難する）
- 開放空間志向傾向（開かれた，広い空間を目指す）
- 明空間志向傾向（明るい方向，灯りのある方向を目指す）
- 煙，火炎回避傾向
- 立てこもり傾向（閉所，狭所に隠れる）
- 狂乱，無謀行動傾向（飛び降り，暴走など）

3.2.パニック

　災害発生時には，**パニック**という混乱行動が生じることもある。パニックが生じると，逃げることばかりに集中して逃走路の経路選択を十分に考えない，情報の評価が不十分になって多くの選択肢を考慮できないなど，情報処理が不十分になる。したがって，パニックは，不適切な避難行動を生じさせる原因の1つであるといえる。

　パニックが生じる状況にはいくつかの種類がある。村井は，パニックを，火災や地震など突発的危険に遭遇したときの人間の混乱した行動（突発的パニック），不正確な情報に接したときの人間の混乱した行動（情報パニック），閉塞的状況，極限的状況におかれたときの人間の混乱した行動（状況パニック）の3種類に分類した[7]。このうち，突発的パニックが生じる条件として，差し迫った危険の認知，正確な情報の不足や欠如，脱出手段の制約の認知，適切な指示の不足や欠如をあげた。震災を例にあげると，避難すべきなのにどこに避難すればよいかわからない，道が壊れてしまった，情報が入ってこないといった状況では，パニックが生じやすいだろう。

　災害発生時に，被災者がパニックに陥るのを防止し，適切な避難行動をとることができるようにするためには，災害発生前に，情報伝達体制や避難経路の準備を整え，災害発生時の適切な行動を確認しておく必要がある。また，災害発生時には，迅速かつ的確に避難指示を連絡することなども求められる。加えて，一人ひとりが日頃から防災を意識することも不可欠である。

7）村井健祐（2001）．災害心理学　村井健祐（編）応用心理学の現在　北樹出版 pp. 216-234.

4．被災者のメンタルヘルス

4.1.惨事ストレス

　災害に遭遇すると，外からの刺激で心身が圧迫されている状態，すなわちストレスがかった状態となる（第29章参照）。災害，事故，事件などの悲惨な出来事（惨事）にかかわる者に生じるストレスは，**惨事ストレス**とよばれる。惨

事ストレスの影響は，直接的な被害を受ける一次被害者だけではなく，被害者の家族などの一・五次被害者，惨事を目撃した二次被害者，惨事の情報を得た三次被害者などにもみられる場合がある。

4.2.惨事ストレスの影響

　惨事を経験すると，惨事ストレスにより長期にわたり精神的な影響を受けることがある。惨事による精神的打撃は，**心的外傷（トラウマ）**とよばれる。心的外傷体験後にはさまざまなストレス反応がみられる（表27-3）。特に，急性ストレス反応のうちの「再体験」，「回避」，「覚醒亢進」の3症状が1か月以上持続し，生活への支障が生じている場合，**心的外傷後ストレス障害**（posttraumatic stress disorder：PTSD）と診断される。

　惨事ストレスによる影響は個人や社会に大きな影響を与えるため，ストレス対処のための多角的な対策が必要となる。そのため，ストレスを受けた者に対してケアを行うといった事後対策だけでなく，ストレス反応に対する理解を高めて対処法を伝えるといった事前対策も重視されている。

8）関谷大輝・畑中美穂（2012）．健康　湯川進太郎・吉田富二雄（編）スタンダード社会心理学　サイエンス社　pp. 247-269.

表27-3　心的外傷体験後の反応（関谷・畑中，2012に基づいて作成）[8]

症状	特徴
急性ストレス反応	
解離	・感情表現が乏しくなる ・自分の周囲に対する注意が減弱する ・自分が身体から離れたように感じる（離人体験） ・世界が非現実的または夢のようだと感じる（現実感喪失） ・外傷にかかわる細部を想起することが困難になる（解離性健忘）
再体験（侵入）	・外傷体験を繰り返し思い出す（イメージ，思考，夢など） ・外傷体験を想起させるもの（場所，人，会話など）に接触すると，強い苦痛を感じる
回避	・外傷体験を思い出させるものを著しく回避する
覚醒亢進（過覚醒）	・睡眠困難，集中力低下，過度の警戒心，落ち着きのない動きなど，外傷を思い出させる刺激に対して過度の覚醒状態にある
心身症状	・胃腸の不調，頭痛などの身体反応が生じる
抑うつ症状	・惨事ストレスによって一時的に気分が沈む，意欲がわかないなどのうつ症状が生じる
その他	・良好な人間関係の維持が困難になる ・アルコールや煙草の量が増加する

自動車の運転中に携帯電話を使ってはいけない理由

　1999年の道路交通法改正により，自動車を運転中に，携帯電話で通話することや，画面を見ることは禁止された。自動車の運転中に携帯電話を使ってはいけない理由を，人間の注意の特徴をふまえて説明する。

　注意とは，ある1つの対象に意識を向ける心的活動である。人間の注意の特徴を表に示す。主な特徴として，人間の注意には容量の限界があり，ある対象に注意を向けるとほかの対象に注意を向けにくくなることがあげられる[1]（表）。注意の特徴をふまえると，携帯電話に注意を向けてしまえば，運転する行為に注意が向きにくくなり，危険を察知しにくくなってしまうと考えられる。実際，ドライビングシミュレーター（画面に映る映像を見ながら自動車の運転を訓練する装置）を用いた研究では，携帯電話を使用しながら運転しているときには普通に運転しているときと比べ，モニターに映る先行車の減速を察知してからブレーキを踏むまでの時間が遅くなること[2]，赤信号に対する反応が遅くなること[3]が示されている。

　自動車が1秒間に進む距離は，時速60kmでは16.7m，時速100kmでは27.8mである。不注意によって，危険を察知してブレーキを踏むタイミングが遅れると，その分だけ自動車が進んでしまう。また，ブレーキが効きはじめてから止まるまでに，自動車が速く動いているほど長い距離が必要である。したがって，不注意による一瞬の判断の遅れが，注意していれば避けられたはずの交通事故を引き起こしてしまう場合もあると考えられる。

　運転中，携帯電話を使ってはいけないのは，運転以外のことに注意を向けることになり，非常に危険であるからである。交通事故の原因は，毎年，安全運転義務違反（運転手の不注意）が大半を占めている。自動車を運転するときには，運転への不注意がヒューマン・エラーの原因となり人為災害につながる可能性があること，意図的に運転以外のことに注意を向けるのはリスク・テイキングになることを肝に銘じる必要がある。

表　注意の特徴 (垣本，2001に基づいて作成)[1]

変動性	注意にはリズムがあり，いつも一定の水準をもっているものではない
選択性	当面の行動にとって有意味な刺激を選択して受け入れ，無関係な刺激は選択されず排除される
方向性	視線の焦点に合っていないところは，よく認知されない
注意の深さ	一点に集中すると他に注意が及ばない
注意の範囲	一瞬にとらえられる対象数には限界がある

◎ **column 引用文献**
① 垣本由紀子(2001). 産業心理学　村井健祐(編)　応用心理学の現在　北樹出版　pp.249-273.
② Strayer, D. L., Drews, F. A., & Johnston, W. A. (2003). Cell phone-induced failures of visual attention during simulated driving. *Journal of Experimental Psychology: Applied*, **9**, 23-32.
③ Strayer, D. L., & Johnston, W. A. (2001). Driven to distraction: Dual-task studies of simulated driving and conversing on a cellular telephone. *Psychological Science*, **12**, 462-466.

第 28 章

こころの問題とケア——臨床心理学

 臨床心理学の着眼点を理解しよう。
こころの病について理解しよう。
こころのケアについて理解しよう。

1.臨床心理学の着眼点

1.1.臨床心理学とは

　臨床心理学は，何らかの心理的な問題がある人々の状態について理解し，心理学の知識や技術によって専門的に援助する分野である。アメリカ心理学会では，臨床心理学を「科学，理論，実践を統合して，人間行動の適応調整や人格的成長を促進し，さらには不適応，障害，苦悩の成り立ちを研究し，問題を予測し，そして問題を軽減，解消することを目指す学問である」と定義している[1]。

1.2.臨床心理学が扱うテーマ

　臨床心理学は，こころの健康をテーマとしており，臨床の場では，さまざまなこころの悩みがある人の不安や緊張，または症状や問題行動を観察・理解し，アプローチしていく。こころの悩みを観察・理解する手法を**アセスメント**とよび，悩みにアプローチする手法を**カウンセリング**や**心理療法**とよぶ。また，実践活動だけではなく，科学的な研究活動も重要である（科学者－実践者モデル）。

2.こころの病

　こころの病にはさまざまな種類がある。それらを分類，診断する基準として，現在，日本では**DSM-5**[2]と**ICD-10**[3][4]がよく用いられている。

　DSM-5は，アメリカ精神医学会が発行している「精神疾患の診断・統計マニュアル（Diagnostic and Statistical Manual of Mental Disorders）」で，2013年に改訂された第5版のことをさし，22のカテゴリーが示されている。ICD-10は，世界保健機関（WHO）の「疾病および関連保健問題の国際統計分類（International Statistical Classification of Diseases and Related Health Problems）」で，1992年に発効された第10版のことである。21章と特殊目的用コードからなり，その中の第5章「精神および行動の障害」が精神保健に関する部分である[5]。

1) 下山晴彦 (2014). 臨床[総説] 下山晴彦・大塚雄作・遠藤利彦・齋木潤・中村知靖(編)誠信 心理学辞典[新版] 誠信書房 p. 351.

2) American Psychiatric Association (2013). *Diagnostic and statistical manual of mental disorders. 5th ed.* Washington, DC: American Psychiatric Association.（髙橋三郎・大野裕（監訳）染矢俊幸・神庭重信・尾崎紀夫・三村將・村井俊哉（訳）(2014). DSM-5精神疾患の診断・統計マニュアル 医学書院）

3) World Health Organization (1992). The ICD-10 classification of mental and behavioural disorders: Clinical descriptions and diagnostic guidelines. Geneva, Switzerland: World Health Organization.（融道男・中根允文・小見山実（監訳）(1993). ICD-10精神および行動の障害——臨床記述と診断ガイドライン 医学書院）

4) 第11回の改訂版であるICD-11が2019年に承認されている。第6章が精神・行動・神経発達の疾患に関する部分である。

5) DSM-5は精神疾患のみ，ICD-10は疾病全般が分類されている。

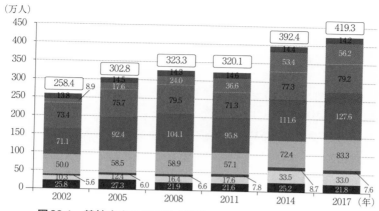

（万人）

凡例:
- 認知症（血管性など）
- 認知症（アルツハイマー病）
- 統合失調症，統合失調症型障害および妄想性障害
- 気分［感情］障害（躁うつ病を含む）
- 神経症性障害，ストレス関連障害および身体表現性障害
- 精神作用物質使用による精神および行動の障害
- その他の精神および行動の障害
- てんかん

※ 2011 年の調査では宮城県の一部と福島県を除いている

図28-1　精神疾患の患者数の変化（医療機関を受診する患者の疾病別内訳）[6]

　日本国内で精神疾患により医療機関にかかっている患者数は，近年大幅に増加しており，2017年には400万人を超えている。内訳としては，気分障害（うつ病等），統合失調症，神経症性障害（不安障害等）が多いが，特に，うつ病や認知症などで著しい増加がみられている[6]（図28-1）。以下に主なこころの病を取り上げる[7]。

2.1. 統合失調症スペクトラム障害

　スイスの精神医学者ブロイラーによって1911年に提唱され[8]，日本では2002年まで「精神分裂病」とよばれてきた。**統合失調症**は，脳の働きが障害されるために起こる病気とされており，①妄想，②幻覚（幻聴が多い），③解体した思考・会話，④ひどくまとまりのない言動，⑤陰性症状（感情の平板化，意欲の欠如など）の5つの中核症状があるとされている。

2.2. 抑うつ障害群と双極性障害

　かつては，躁うつ病や気分障害とよばれ，ドイツのクレペリンによって1899年に概念化され，「気分状態の周期的変動を呈して，人格の崩壊をきたさない精神病」と定義されてきた[9]。気分の変化は，抑うつへの変化を示すうつ状態と，気分の高揚への変化を示す躁状態がある。うつ状態が主な症状であるのが**抑うつ障害群**であり，躁状態とうつ状態の両者が交互に認められるのが**双極性障害**である。うつ状態の精神症状としては，憂鬱感や悲哀感，寂しさ，倦怠感，不安感，焦燥感といった感情や意欲の障害がみられる。身体症状としては，眠れないあるいは寝すぎるなどの睡眠障害や食欲の低下があらわれることが多い。躁状態では，高揚した気分，多動，多弁，自信過剰，疲れを感じない，怒りっぽくなる，睡眠時間の減少，性欲亢進などの症状がみられる。

6) 厚生労働省HP「知ることからはじめよう　みんなのメンタルヘルス」https://www.mhlw.go.jp/kokoro/speciality/data.html より（最終閲覧日：2020年7月7日）

7) 病名，訳語は，日本精神神経学会精神科病名検討連絡会の「DSM-5病名・用語翻訳ガイドライン（初版）」に基づいた。（日本精神神経学会精神科病名検討連絡会（2014）．DSM-5病名・用語翻訳ガイドライン（初版）．精神神経学雑誌，**116**, 429-457.

8) ブロイラーは，精神の分裂が本質であるとし，主症状を①感情（Affect）の障害，②連合（Association）の障害，③自閉（Autism），④両価性（Ambivalence）の4つのAで示した。

9) ドイツの精神医学者であるクレペリン（Kraepelin, E.）が精神病を統合失調症と双極性障害（躁うつ病）に分類し，精神病の基本的体系を築いた。

2.3. 不安症群／不安障害群

愛着をもっている人物からの分離に対して過剰な恐怖や不安を示す**分離不安症（分離不安障害）**，他の状況では話せるが話すことが期待される状況で話すことができない**選択性緘黙**，特定の対象または状況に顕著な恐怖や不安を示す限局性恐怖症，他者の注目をあびる可能性のある社交場面に対して著しい恐怖や不安を示す**社会不安症（社交不安障害）**，パニック発作[10]を繰り返す**パニック症（パニック障害）**などがある。

10) 突然激しい恐怖や強烈な不快感の高まりが生じ，動悸や心拍数の増加，発汗，身震いや震え，息切れ感や息苦しさ，窒息感，胸痛，吐き気，めまい感，寒気や熱気，現実感の喪失や離人感といった症状が起こる。

2.4. パーソナリティ障害群

その人のパーソナリティ（第9章参照）が，その人の属する文化の社会規範や一般常識から著しく偏っていて，柔軟性がないために，苦痛や障害を引き起こすのが**パーソナリティ障害群**である。青年期または成人期早期に始まることが多い。言動が奇妙で風変わりであることが特徴であるクラスターA，演技的，情緒的で，移り気なことが特徴であるクラスターB，不安や心配，恐怖の強さが目立つことが特徴であるクラスターCの，3つのクラスター（まとまり）に分けられている[11]。

11) 文献は脇注2) p.635.

2.5. 神経発達症群／神経発達障害群

DSM-5によれば，「神経発達症群とは，発達期に発症する一群の疾患である。この障害は典型的には発達期早期，しばしば小中学校入学前に明らかとなり，個人的，社会的，学業，または職業における機能の障害を引き起こす発達の欠陥により特徴づけられる。発達の欠陥の範囲は，学習または実行機能の制御といった非常に特異的で限られたものから，社会的技能または知能の全般的な障害まで多岐にわたる」とされている[12]。以下に主な神経発達障害群をとりあげる[13]。

12) 文献は脇注2) p.31.

13) その他に，コミュニケーション症群と運動症群（運動障害群）がある。コミュニケーション症群は，言語，会話およびコミュニケーションの欠陥がみられる。運動症群は，運動技能の獲得や遂行に困難がみられる。

(1) **知的能力障害（知的発達症）**：論理的思考，問題解決，計画，抽象的思考，判断，学校での学習，経験からの学習といった知的機能での欠陥と，家庭，学校，職場，地域社会といった環境への適応機能の欠陥がみられる（column10参照）。

(2) **自閉スペクトラム症（自閉症スペクトラム障害）**：社会的コミュニケーションや対人的なやりとりに困難さがあり，行動や興味の範囲が，限定的で繰り返されるといった特徴がみられる。自閉症やアスペルガー障害，特定不能の広範性発達障害などを含む概念であり，これらは境界線を引くことは難しく，連続したもの（スペクトラム）としてとらえられている。

(3) **注意欠如・多動症（注意欠如・多動性障害）**：不注意，多動性と衝動性がみ

られる。

(4) **限局性学習症**（限局性学習障害）：読字の困難，読んでいるものの意味の理解の困難，書字の困難，数字の概念や計算を習得することの困難，数学的推論の困難など，学習や学業的技能の使用に困難がみられる。

3.こころのケア

3.1. アセスメント

　臨床の場では，どのような対応が適切であるのかを判断するために，適切なアセスメントを行う。アセスメントの領域として，対象となる人がどのような行動上の特徴をもっているかを知る行動のアセスメント，どのような人格的な特徴をもっているかを知るパーソナリティのアセスメント，対象者の発達上の状態を知る発達のアセスメント，訴えられている症状についての病理アセスメントの4つの観点がある。アセスメントの結果，問題解決のために，次項以降で紹介する，適切なカウンセリングや心理療法が選択される。

3.2. カウンセリング

　カウンセリングは，20世紀初頭にアメリカにおいて，職業指導運動，教育測定運動，精神衛生運動を背景に生まれた用語である[14]。この背景から，カウンセリングとは，もともと必ずしも心理的な悩みや問題への援助を意味するわけではなく，健康な人も対象にした具体的な問題解決を目指した相談・助言・指導の意味ももっている。カウンセリングとは，問題解決や人間的成長や健康の促進を目的に行われる心理的援助活動といえる。カウンセリングを行う人を**カウンセラー**，カウンセリングを受ける人を**クライエント**という。

　カウンセリングには多くの理論があるが，わが国で最もよく用いられているのは，ロジャーズの提唱した**クライエント中心療法**である。ロジャーズは，クライエントの自己治癒力を信じる立場から，カウンセリングの主導権はクライエントにあるとした。この立場では，カウンセラーはクライエントの感情を受容し，共感し，それをクライエントに伝え返すことが求められる。カウンセリングでは，クライエントの秘密を厳守すること，クライエントを理解しようとすること，**傾聴**することが大切である。傾聴とは，クライエントが伝えたいことを理解しようと意識して話に耳を傾けることである。

3.3.心理療法

　心理療法は，援助者であるセラピストと被援助者であるクライエントの対人

14) 伊東博 (1995). カウンセリング　誠信書房

関係を基礎とした援助の一形態である。カウンセリングは，先に述べた背景にあるように，比較的問題が軽い人や健康な人を対象とするが，心理療法は問題が重い人や病気の人を対象とし，おもに医療の現場で用いられる。しかし，日本では，カウンセリングと心理療法を明確に区別せず用いられることも多い。

近代の心理療法は，ヒステリーの治療から始まった**精神分析**に起源がある。フロイトは，個人の心的世界を意識と無意識に分け，人間の思考や行動の多くは，無意識の過程によって引き起こされるとした。また人のこころは，**自我**，**イド（エス）**，**超自我**の3つの層から形成されていると考えた。イドは，欲求などこころから望むものを叶えようとするこころの働きである。超自我は，欲求を抑え込み，社会のルールや良心に合わせようとするこころの働きである。自我は，イドと超自我を調整する役割を果たすが，この調整を行うために用いられる方略が**防衛機制**である。抑圧は，最も基本的な防衛機制であり，自分を守るために欲求を無意識下に留めることである。無意識に抑圧されたものを意識化することで症状や問題の解消を図るのが**精神分析療法**である。

問題となっている行動に焦点をあてて，行動修正を行っていくアプローチが**行動療法**である。行動療法では，学習理論（第4章参照）に基づき，問題となる行動を消去し，社会的に望ましい行動を再学習することによって治療を行う。行動療法には，レスポンデント条件づけを応用した**系統的脱感作法**（column4参照）や，オペラント条件づけを応用したトークンエコノミー法[15]などがある。

人のものの考え方や信念が行動の問題を引き起こしていると考えるのが**認知療法**である。近年，行動療法においても認知の役割が重視されるようになってきており，従来の行動論的なアプローチと認知論的なアプローチを統合して**認知行動療法**ともよばれている。エリスの提唱した論理療法では，起こった出来事に対して**不合理な信念（イラショナルビリーフ）**を抱いていることが問題の本質であると考え，クライエントが抱いている不合理な信念に気づかせ，合理的な考え方に修正していくことによって治療を行う。ある出来事によって起こった結果が不快なものであった場合，「起こった出来事」が問題なのではなく，「その出来事に対するその人の考え方や信念」が「不快な結果」を引き起こしていると考える。ベックは，認知の歪みが問題の本質であるとして，認知の歪みを修正することによってうつ病やパニック障害などの治療を目指す認知療法を提唱した。ある状況で自然にわき起こってくる思考（**自動思考**）が望ましくない感情や症状を生み出すと考えられており，この自動思考を合理的な考え方に修正していく。

その他，家族を互いに影響を与え合うひとつのまとまりとしてアプローチの対象とする**家族療法**（第22章参照）など，数多くの療法が存在する。さらに社会的な変化に伴い心理的な問題も多様化したことから，認知療法と治療的瞑想の要素を組み合わせたマインドフルネス認知療法[16]など，異なる心理療法の理論や技法を組み合わせた包括的なアプローチが増えてきている。

15）望ましくない行動を抑えることができた場合には報酬（トークン）を与え，これを繰り返して望ましい行動が自発的にできるようにする心理療法である。

16）マインドフルネスは，パーリ語の「サティ」を英訳した言葉。英語では「注意する」「気をつける」という意味で，「今ここでの経験に，評価や判断を加えることなく，意図的に注意を向けることによってあらわれる気づき」をさす。

幸せな生活とは〈社会福祉の考え方〉

　社会福祉ということばは，「幸せな生活」を意味し，社会的弱者のQOL（生活の質：第29章参照）の維持・向上のために提供すべきサービスや政策をさす①。「障害を理由とする差別の解消の推進に関する法律」（いわゆる「障害者差別解消法」2016年施行）は，全ての人が，障害の有無によって分け隔てられることなく，相互に人格と個性を尊重し合いながら共生する社会の実現に向け，障害を理由とする差別の解消を推進することを目的とした法律である。なお，「害」という漢字にネガティブなイメージがあることから障がいと記されることも多いが，政府が発行する書類では「障害」という表記が用いられている。以下，「障がい」とする。**ノーマライゼーション**は，障がい者と健常者が区別されることなく共通の場において同じように生活を送ることが望ましいとする思想やそれを実現するために行われる活動である。ノーマライゼーションを実現させるための取り組みの1つとして，製品開発や環境整備，情報伝達の設計等，広く用いられる考えに，ロナルド・メイスによって提唱された**ユニバーサルデザイン**がある。ユニバーサルデザインは，障がいの有無に言及せず，あらゆる人々が使いやすいよう設計（デザイン）するという考え方である。

　ユニバーサルデザインに必要な特徴として，①公平性（誰でも使用でき入手できること），②自由度（使ううえで柔軟性があること），③単純性（使い方が容易にわかること），④わかりやすさ（使い手に必要な情報が容易にわかること），⑤安全性（ミスをしても重大な結果にならないこと），⑥身体的負担の少なさ（効率よく快適に使えること），⑦スペースの確保（使用しやすい大きさ・広さであること）の7つがある。

　例えば，安全に配慮して設計された自動ドアやエレベータ，駅のホームの可動式の柵は，ユニバーサルデザインである。ほかにも，シャンプーとリンスを間違えないための印や，アルコール飲料についているお酒であるとわかるための印，文字の代わりに絵文字を使って各種の表示を行うピクトグラムなど，私たちの身の回りには多くのユニバーサルデザインがある。

　あなたの身の回りに，どのようなユニバーサルデザインがあるのか，そのユニバーサルデザインが開発・整備されたことによって生活がどのように快適になったのかを考えてみよう。

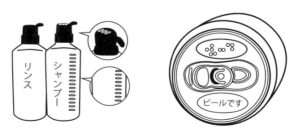

図　ユニバーサルデザインの例

◎ **column 引用文献** ‥‥
① 小林優子 (2014)．社会福祉の基本理念　下山晴彦・大塚雄作・遠藤利彦・齋木潤・中村知靖（編）心理学辞典（新版）　誠信書房，pp.665-667.

第29章

こころの健康——健康心理学

学習目標
健康心理学の着眼点を理解しよう。
健康維持に役立つ行動や，健康に関連するパーソナリティを理解しよう。
ストレス反応が生起するプロセスを理解しよう。

1. 健康心理学の着眼点

1.1.「健康」の考え方

　「健康」を考える視点には，以下の2つがある。1つは，健康を病気がない状態としてとらえる，**生物医学モデル**に基づく視点である。この視点では，病気は，病原菌，ウイルス，遺伝といった生物学的要因によってもたらされると考える。もう1つは，健康を生物学的要因に加え，心理的，社会的要因によってもたらされるととらえる，**生物心理社会モデル**に基づく視点である。この視点では，健康は病気ではない状態ではなく，心理的，社会的要因が満たされた，環境に適応[1]している状態であると考える。このような状態は，**ウェルビーイング**とよばれる。

　心理学では，生物心理社会モデルの視点に基づき，心理的，社会的によい状態を健康として考える。すなわち，病気にかかっていないだけでなく，心理的にも満たされて健やかに生活しているウェルビーイングの状態にあることを，「健康」とみなすのである。

　心理的な健康状態の高さは，**生活の質**（Quality Of Life：**QOL**），**主観的幸福感**（人生全般に関する主観的な満足感）を測定することで確認される。ここでは，主観的幸福感を測定する尺度[2]の項目例を示す（表29-1）。この尺度では，主観的幸福感を，人生に対する前向きな気持ち（項目A），自信（項目B），達成感（項

1) 適応とは，個人が環境とうまく調和していることである。

2) 伊藤裕子・相良順子・池田政子・川浦康至(2003).主観的幸福感尺度の作成と信頼性・妥当性の検討　心理学研究,**74**, 276-281.

表29-1　主観的幸福感尺度項目例（伊藤・相良・池田・川浦，2003に基づいて作成）[2]

A. あなたは人生が面白いと思いますか
1.まったくそう思わない　2.あまりそう思わない　3.ある程度はそう思う　4.非常にそう思う
B. 今の調子でやっていけば，これから起きることにも対応できる自信がありますか
1.まったく自信はない　2.あまり自信はない　3.ある程度は自信がある　4.非常に自信がある
C. 自分がやろうとしたことはやりとげていますか
1.まったくできていない　2.ほとんどできていない　3.ときどきはできている　4.ほとんどいつもできている
D. 将来のことが心配ですか（R）
1.まったく心配ではない　2.あまり心配ではない　3.ある程度は心配である　4.非常に心配である

注）得点が高いほど主観的幸福感が高いことを示すように得点化する。Rは得点を逆にして考える逆転項目である。

目C），人生に対する失望感のなさ（項目D）の4領域で測定する。

1.2. 健康心理学が扱うテーマ

　健康心理学は，これまでの心理学の研究知見を私たちの健康増進に応用する分野である。心理的要因に着目し，病気の原因を特定して病気に対するこころの役割を理解すること，健康行動や病気からの回復に役立つ行動を促すことを目指した研究などが行われている。ここでは，健康心理学の主なテーマである，健康に関連する心理的要因と，ストレスについて説明する。

2. 健康に関連する心理的要因

2.1. 健康行動

　生物心理社会モデルに基づくと，健康であるか否かには，心理的，社会的要因がかかわると考えられる。ここでは，心理的要因について説明する。なお，社会的要因とは，人間関係，家庭，地域などの，個人を取り巻く環境である。
　心理的要因は，健康に対する態度を構成する認知，感情，行動の側面（第19章参照）に分けられる。認知の側面は，病気や健康に対する知識や考え方である。感情の側面は病気や健康に対する感じ方である。そして，認知や感情に基づく行動の側面は，健康の維持増進にかかわる**健康行動**である。
　健康行動を行う習慣，すなわち**健康習慣**には，喫煙をしない，定期的に運動することなどが含まれる[3][4]（表29-2）。これらの健康習慣に含まれる行動を多く行っている人ほど，心身の健康度が高いことや死亡率が低いことが報告されている。健康行動を促すため，健康行動に影響する心理的要因が検討されている（column29参照）。

3) Belloc, N. B. & Breslow, L. (1972). Relationship of physical health status and health practices. *Preventive Medicine*, **1**, 409–421.

4) 星旦二・森本兼 (1986). 日常生活習慣と身体的健康度との関連性　日本公衆衛生誌, **33**, 72.

　表29-2　よい健康習慣（Belloc & Breslow, 1972；星・森本，1986に基づいて作成）[3][4]

◎ 喫煙をしない
◎ 過度（ほぼ毎日）の飲酒をしない
◎ 毎日朝食を摂る
◎ 毎日平均7〜8時間眠る
◎ 定期的（週2回以上）に運動する
□ 適正体重を維持する
□ 間食をしない
◇ 毎日平均9時間以下の労働にとどめる
◇ 栄養バランスを考えて食事をする
◇ 自覚的ストレスが多くない

注）「◎」は Belloc & Breslow（1972）と星・森本（1986）がともにあげたものを示す。また，「□」は Belloc & Breslow（1972）があげたもの，「◇」は星・森本（1986）があげたものを示す。

2.2. パーソナリティ

　健康に関連する心理的要因には，その個人のパーソナリティ（第9章参照）もある。病気と関連するパーソナリティとして，タイプA，タイプCがあげられる。フリードマン[5]とローゼンマンは，心筋梗塞や狭心症などの心臓にかかわる病気[6]にかかりやすい人として，タイプA行動パターン傾向のある人（以下，**タイプA**）をあげている[7]。タイプAには，怒りやすく敵意が強い，時間に追われて切迫感を感じやすい，競争心や達成欲が強いなどの特徴がある。加えて，日本人のタイプAには，勤勉で仕事熱心という特徴がある[8]。タイプAが心臓にかかわる病気にかかりやすいのは，タイプAの特徴である，怒り，敵意が原因であるとされている。また，テモショックは，がんにかかりやすい人として，タイプC行動パターン傾向のある人（以下，**タイプC**）をあげている[9]。タイプCには，他人に気を遣って行動する，怒りや不快感情を抑制する，葛藤や緊張状態の対処が苦手などの特徴がある。タイプCががんにかかりやすいのは，タイプCの特徴が，免疫機能の働きを抑制するためであるとされている。

　一方，健康を促進するパーソナリティもある。代表的なものとして，楽観主義，ハーディネス，自己効力があげられる。**楽観主義**は，ものごとがうまく進むという信念をもつ傾向である。楽観主義が高い人は，否定的な出来事からの立ち直りが早いという特徴がある。**ハーディネス**は，ストレスへの耐性の高さである。ハーディネスが高い人は，身のまわりの出来事を自分自身が統制することへの自信がある，困難に積極的に挑戦するという特徴がある。**自己効力**（column26参照）は，ある結果を生み出すために必要な行動をとることができるという確信である。自己効力が高い人は，積極的に行動し，心理的に健康であるという特徴がある。

3. 健康とストレス

3.1. ストレスとは

　ストレスとは，もとは「圧力」，「圧迫」を意味する，物理学や工学の分野で用いられる用語である。心理学では，**ストレス**を，外からの刺激で心身が圧迫されている状態として考える。ストレスのうち，人間関係がストレッサーになるストレスは対人ストレス，災害，事故，事件などの悲惨な出来事（惨事）にかかわる人に生じるストレスは惨事ストレス（第27章参照）とよばれる。

　ストレスの原因となる外からの刺激は，**ストレッサー**とよばれる。特に強いストレッサーとなるライフイベント（日常生活上の重大な出来事）として，配偶者の死，離婚，夫婦の別居がある[10]。結婚などの望ましいと思われるライフイベントや転勤，進学などの環境の変化をともなうライフイベントも，緊張や興

5) フリードマン (Friedman, M., 1910-2001)：アメリカの心臓内科医。タイプA行動パターンを修正して心筋梗塞を予防するプログラムの作成に着手した。

6) これらの病気は，冠状動脈に血の固まりができて血流が悪くなるために生じる。

7) Friedman, M., & Rosenman, R. H. (1959). Association of specific overt behavior pattern with blood and cardiovascular findings. *Journal of American Medical Association*, **169**, 1286-1296.

8) タイプAとは対照的な行動パターン傾向のある人は，タイプBとよばれる。

9) Temoshok L. (1987). Personality, coping style, emotion and cancer: Towards an integrative model. *Cancer Surveys*, **6**, 545-567.

10) Holmes, T. H. & Rahe, R. H. (1967). The social readjustment rating scale. *Journal of Psychosomatic Research*, **11**, 213-218.

奮をともなうことがあるためにストレッサーとなる。また大学生にとっては，親友の死，いじめ，留年も特に強いストレッサーとなるとされている[11]。

ストレッサーの多くは予期できないものであり，**偶発的ストレッサー**とよばれる。偶発的ストレッサーには4つの刺激の種類がある。このうち，情動的刺激は，友だちとのケンカ，大勢の人の前での発表など緊張や不快な情動を喚起させる出来事である[12]。一方，進学，就職など，人間の発達段階の過程（第11章参照）で生じるストレッサーもあり，**発達的ストレッサー**とよばれる。

ストレッサーによって引き起こされる反応は，**ストレス反応**とよばれる。不安や怒りを感じる，息苦しくなる，無気力になる，自律神経の機能が低下するなど，情動，生理，認知，身体的機能にストレス反応が生じる。

11）夏目誠・大江米次郎（2003）．大学生のストレス評価法（第3報）──大阪樟蔭女子大学の学生を対象に　大阪樟蔭女子大学人間科学研究紀要，**2**, 93-105.

12）その他の刺激は，極端に寒い，騒音があるなどの物理的刺激，酸素が不足しているなどの化学的刺激，ウイルスなどの生物学的刺激である。

3.2. ストレス反応の個人差

同じストレッサーにさらされても，ストレス反応が生じる人と生じない人がいる。ストレス反応の個人差は，どこから生じるのだろうか。

ラザラスとフォルクマンは，ストレス反応の個人差を，認知的評価，コーピングによって説明している[13]（図29-1）。認知的評価は，ストレッサーに対する主観的な評価であり，第1次評価，第2次評価に分けることができる。最初に，第1次評価として，ストレッサーが自分にとって脅威か否かが評価される。脅威ではないと認知されれば，そのストレッサーはストレスにはならない。脅威であると認知された場合，第2次評価として，そのストレッサーに対処することが可能であるか否かが評価される。対処不可能であると判断されると，ストレス反応が生じる。対処可能であると判断されると，ストレッサーに対する対

13）Lazarus, R. S., & Folkman, S. (1984). *Stress, appraisal, and coping*. New York: Springer. （本明寛・春木豊・織田正美（監訳）（1991）．ストレスの心理学──認知的評価と対処の研究　実務教育出版）

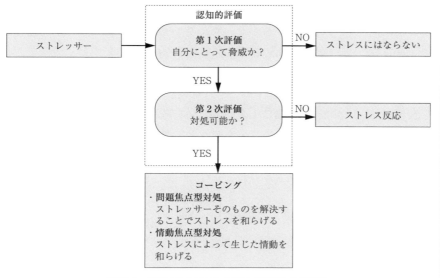

図29-1　ラザラスとフォルクマン（1984）のモデル

処行動がなされる。

　ストレッサーに対する対処行動は，**コーピング**とよばれる。コーピングによって適切に対処できた場合，ストレス反応が生じなかったり，減少したりする。一方，適切に対処できなかった場合，ストレス反応が生じる。コーピングには，ストレッサーそのものを解決することでストレスを和らげようとする**問題焦点型コーピング**と，ストレスによって生じた情動を和らげようとする**情動焦点型コーピング**がある。重要なテストがストレッサーとなる場合，テスト勉強してテストの準備をすることが問題解決型コーピング，気晴らしでゲームをすることが情動焦点型コーピングである。ストレッサーに対処するため，それぞれのコーピングを柔軟に使う必要がある。

　コーピングの選択に個人差を生み出す要因の1つに，**コーピング資源**がある。コーピング資源とは，個人がコーピングのために利用可能なものである。コーピング資源には，経済状態，健康状態，パーソナリティ，ソーシャル・サポートがあげられる。このうち，**ソーシャル・サポート**とは，家族，友人，臨床心理学の専門家など，周囲の他者からの支援である。作業，お金，物品などの物理的な助けとなる道具的サポート，問題の対処に有益な情報となる情報的サポート，不安や不快な情動を和らげる情緒的サポートがある。重要なテストがストレッサーとなっていても，**自己開示**（自分自身のことを正直に話すこと）できる友人がいれば，その友人から情緒的サポートや情報的サポートが得られる可能性があるため，友人に話すというコーピング資源を使うことができる。使うことができるコーピング資源が少ない場合，ストレッサーに適切に対処しにくくなるため，ストレス反応が生じやすくなる。

　ストレス反応に関するラザラスとフォルクマンの説明を整理すると，ストレス反応の個人差は，認知的評価やコーピングの個人差であると考えられる。同じストレッサーにさらされていても，そのストレッサーを脅威と感じるか，どのようなコーピングを選択するかは，個人によって異なる。その結果，ストレス反応の生じ方や健康状態への影響に個人差がみられるのである。

　人は日々の生活や成長の過程で，多くの偶発的，発達的ストレッサーにさらされる。多くの場合，そのストレッサーに対処し，ストレスを乗り越えていく。しかし，ストレッサーが非常に大きい場合や連続する場合は，ストレスを乗り越えられない場合もある。また，否定的な出来事の理由を自分のせいであると考えやすい**抑うつ的帰属スタイル**のような，ストレスに弱いパーソナリティをもっている人も，ストレスを乗り越える際に困難を経験しやすい[14]。ストレスを乗り越えられないと，ウェルビーイングが低下し，不適応な状態となる。このような状態になることが，さまざまな心理病理の原因となる（第28章参照）。

14) パーソナリティに一定の素因をもった人がストレッサーを経験すると心理病理が生じやすいとする考え方は，素因ストレスモデルとよばれる。

ダイエットを途中でやめてしまう理由

　健康を維持するためには，健康行動をとることが重要である。しかし，例えば，ダイエットをはじめても，途中でやめてしまうこともあるだろう。中には，ダイエットする必要があると思っていながら，ダイエットしない人もいる。このように，健康行動を望ましく思っており，必要だと自覚していても，健康行動をとらないことがあるのはなぜだろうか。ここでは，ある行動の生起にかかわる心理的要因を整理した代表的なモデルである，アイゼンの**計画的行動理論**[①]（図）に基づき，理由を説明する。

　計画的行動理論では，行動の生起にかかわる行動意図に影響する要因として，以下の3つの要因を想定している。1つめは，行動に関する態度である（第19章参照）。行動に関する態度は，行動の結果に関する予期，行動の結果への価値判断によって影響を受ける。2つめは，その行動をすることに関する主観的規範である。主観的規範は，家族，親しい友人などの自分にとっての重要な他者（重要他者）の考えに対する信念，重要他者にしたがう動機づけによって影響を受ける。3つめは，主観的行動統制感（統制認知）である。これは，自分がその行動をとることができると感じられることである。

　以上をまとめると，仮に，「ダイエットは望ましい」という態度と「ダイエットすることを恋人は望んでいる」という主観的規範をもっている人がいたとする。この人が，「ダイエットのためにスイーツを我慢したくない！」と，自分の行動統制感が低いと感じているとすれば，ダイエットをはじめても途中でやめてしまう，あるいはダイエットしようとはしないだろう。

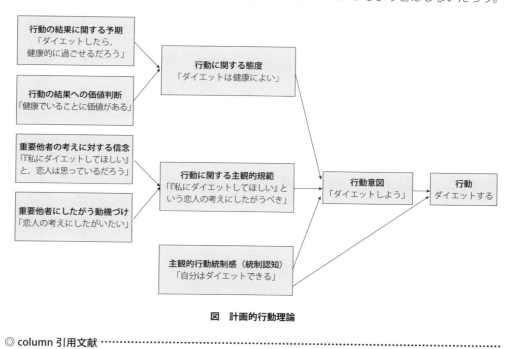

図　計画的行動理論

◎ **column 引用文献** ·······································
① Ajzen, I. (1991). The theory of planned behavior. *Organizational Behavior and Human Decision Processes*, **50**, 179-211.

犯罪に立ち向かう──犯罪心理学

学習目標
> 犯罪心理学の着眼点を理解しよう。
> 犯罪が起こる原因に対するとらえ方の多様性を理解しよう。
> 犯罪捜査の手法や，犯罪捜査の中で起こる問題点を理解しよう。

1. 犯罪心理学の着眼点

1.1. 犯罪とは

　毎日，全国での数多くの犯罪が報道されている。日本は治安のよい国だといわれているものの，刑法犯の認知件数[1] は年間200万件前後を推移している。この数字から，犯罪は私たちの身近にあるといえる。

　犯罪は，ある文化や社会内で，人々が共通して公的な処罰をしなければならないと認める行為をさす，法律的概念である[2]。例えば，殺人，窃盗，詐欺などの法律に違反する行為である。

　犯罪は，罪種（犯罪の種類）で分類することができる。警察庁による警察統計では，刑法に違反した罪種を表30-1のように6種類に分類されている。column22では，粗暴犯の1つであり近年被害が多く報告されている，ドメスティック・バイオレンス（DV）を説明する。

1.2. 犯罪心理学が扱うテーマ

　犯罪心理学は，これまでの心理学の研究知見を犯罪に応用し，犯罪者と犯罪行動を理解し，犯罪の防止や対処のための知見を得ることを目指す分野である。犯罪の原因を探る，罪種ごとに犯罪や犯罪者の特徴を探る，犯罪捜査や裁判の中で生じる心理学的問題を検討する，犯罪者を矯正する，犯罪防止のための方策を探るなどの研究が行われている。ここでは，犯罪の原因と犯罪捜査に関する研究について説明する。

2. 犯罪の原因

2.1. 犯罪原因論

　犯罪が起こる原因は，生物学的側面，心理的側面，社会的側面から考えられ

1) 犯罪が発生したと警察等の捜査機関に認識された件数をさす。

2) 14歳未満の少年が行う犯罪は，非行とよばれる。本章では，非行も犯罪に含めて説明する。

表30-1　警察統計での犯罪の種類

罪種	主な犯罪
凶悪犯	殺人，強盗，放火，強姦
粗暴犯	暴行，傷害，脅迫，恐喝，凶器準備集合
窃盗犯	窃盗
知能犯	詐欺，横領，偽造，汚職，背任
風俗犯	賭博，わいせつ
その他の刑法犯	公務執行妨害，住居侵入，逮捕監禁，器物損壊，占有離脱物横領など

表30-2　犯罪と関係するとされる主なパーソナリティ

パーソナリティ	説明
敵意帰属バイアス	外的な刺激を自分に対する挑発や攻撃ととらえやすい
自己統制の低さ	欲望や感情を抑えることができない，自分本位で他者を思いやるのが苦手
サイコパス傾向	極度の自己中心性，衝動性，共感性や罪悪感の欠如
反社会性パーソナリティ障害	ルールを無視する，平気でうそをついたり人をだましたりする，無責任，短気で暴力的

ている。生物学的側面については，犯罪と遺伝子の関係について，犯罪者の家族を調べる家系研究，双生児（双子）の類似性を調べる双生児研究（第11章参照）によって検討されている。その結果，犯罪にかかわる遺伝的な要因は，環境との相互作用によってあらわれるようになると考えられている。

　心理的側面については，犯罪と関係するパーソナリティ（第9章参照）や生育環境の影響が検討されている。パーソナリティとしては，外的な刺激を自分に対する挑発や攻撃ととらえやすい**敵意帰属バイアス**や，極度の自己中心性や罪悪感の欠如などの特徴がある**サイコパス傾向**が，犯罪と関連するとされている（表30-2）。生育環境としては，家族関係や**暴力メディア**が着目されている。家族関係については，劣悪な家族関係は非行や犯罪を助長すると考えられている。暴力メディアについては，暴力メディアの視聴が直後の攻撃行動を促すといった，短期的影響がみられることが示されている[3]（第4章参照）。また，男子では小学生時の暴力的なテレビ番組の視聴が多いほど10年後の攻撃性が高いといった，長期的影響がみられる可能性があることを示す研究もある[4]。

　社会的側面については，犯罪者を取り巻く社会環境の影響について，社会学の観点からさまざまな理論が提唱されている。それらの理論は，**統制理論，緊張理論，下位文化理論**の3つの理論に分けられる（図30-1）。統制理論では，人間の本性を利己的な存在であるという性悪説でとらえ，犯罪に対する社会的圧力が弱まると犯罪行為をしやすくなると考える。緊張理論では，人間の本性を周囲の人に気を遣うという性善説でとらえ，失業や差別などによりストレスがかかると他者への配慮が欠如するため犯罪行為をしやすくなると考える。下位文化理論では，犯罪を実行させる価値観や信念の影響を受けた人が犯罪行為をしやすくなると考える。

3) Bandura, A., Ross, D., & Ross, S. A. (1963). Imitation of film-mediated aggressive models. *Journal of Abnormal and Social Psychology*, **66**, 3-11.

4) Eron, L. D., Walder, L. O., & Lefkowitz, M. M. (1971). *Learning of aggression in children*. Boston, MA: Little, Brown.

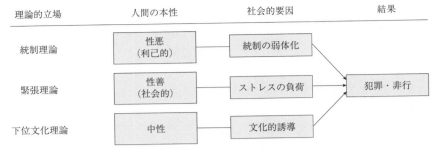

理論的立場	人間の本性	社会的要因	結果

図30-1　犯罪の社会的側面に着目する視点に関する3つの理論的立場

（大渕，2006に基づいて作成）[5]

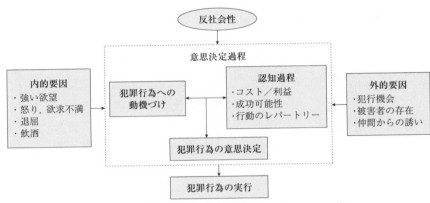

図30-2　犯罪意思決定モデル（大渕，2006に基づいて作成）[5]

2.2.犯罪意思決定モデル

　2.1.で説明した犯罪原因論の3つの視点は，犯罪が起こる原因を別々の視点から説明している。一方，犯罪の原因を統合的に整理したモデルも提唱されている。例えば，大渕は，犯罪全般に共通してみられる，個人が犯罪行為を実行する判断過程に関する**犯罪意思決定モデル**を提唱している[5]（図30-2）。このモデルでは，犯罪者の**反社会性**が犯罪行為の実行の根底にあり，犯罪への動機づけ，認知過程，意思決定が犯罪行為の実行にかかわると想定している。そして，個人の怒りや欲望といった内的要因，犯罪行為を促す環境といった外的要因が，犯罪行為への動機づけにかかわるとしている。

5) 大渕憲一(2006).犯罪心理学――犯罪の原因をどこに求めるのか　培風館

3．犯罪捜査

3.1.犯罪捜査の手法

　犯罪捜査では，心理学の知識に基づいて犯人を見つけ出すことを目的としている。代表的な手法として，プロファイリングとポリグラフ検査を紹介する。

反応あり

モニター

心拍, 脈拍など

本人が考えていること（＝隠そうとしていること）の質問でグラフに反応がある

図30-3　ポリグラフ検査

　プロファイリングは，犯行状況や犯人の行動から，犯人の年齢や職業などの属性を推定する捜査手法である。プロファイリングが最初に開発されたアメリカでは，殺人犯のデータから犯行の特徴と犯人の属性に関連があることが見いだされ，捜査に活用された[6]。例えば，計画的に犯行に及ぶ秩序型の犯人は職についており，無計画に犯行に及ぶ無秩序型の犯人は職についていない傾向があるとされた。一方で秩序型，無秩序型にあてはまらない犯罪も多い。そのため，現在，数多くの犯行のデータベースに基づき，犯行の類似性を図示して捜査に活用する**マッピング**という手法を用いたプロファイリング[7]が，日本を含む世界各国で活用されている。

　ポリグラフ検査は，皮膚電気活動（Electro Dermal Activity：EDA），心臓血管系活動，呼吸運動などの末梢神経系（第1章参照）の生理的反応を測定する検査である。ポリグラフ検査は，検査対象者が犯人か否か，うそをついているか否かを直接判断する道具ではない。検査対象者が犯人しか知りえない記憶をもっているか否かを調べる，記憶検査の道具である[8]（図30-3）。現在の日本の犯罪捜査では，ポリグラフ検査は，**隠匿情報検査**（Concealed Information Test：**CIT**）の中で用いられる。例えば，犯行で使われた凶器が包丁であり，それがマスコミで報道されていないならば，凶器が包丁であることは犯人しか知りえない。CITでは，検査対象者に「凶器は金槌ですか？」「犯行の凶器は包丁ですか？」などと質問していき，検査対象者にはすべて「いいえ」で答えてもらう。そして，犯人しか知りえない裁決質問への答え（上の例では「凶器は包丁ですか？」）と，それ以外の非裁決質問に関する答え（上の例では「凶器は金槌ですか？」）での，末梢神経系の生理的反応を調べる。裁決質問を示したときに非裁決質問を示したときよりも，EDAの増大，呼吸運動の抑制，心拍数の減少などがみられた場合，検査対象者は事実に関する記憶をもっていると判断する[9]。

6) アメリカ連邦捜査局（Federal Bureau of Investigation：FBI）で開発された。

7) イギリスのリヴァプール大学のカンターが開発した方法であるため，リヴァプール方式のプロファイリングとよばれる。

8) 財津亘（2014）．ポリグラフ検査に対する正しい理解の促進に向けて　立命館文学，**636**，1144-1155.

9) CITでのポリグラフ検査の精度は90%程度であると報告されている（財津，2014）。

3.2. 目撃証言

　犯罪捜査において，目撃者の「犯罪を目撃した」という**目撃証言**は非常に重要である。それでは，目撃証言の正確性は高いのだろうか。

　ロフタスとパーマーは，犯罪に関する記憶は犯罪目撃後の情報によって変化する，**事後情報効果**がみられることを示している[10]。彼女たちは，実験参加者に交通事故に関する映像を見せ，ビデオ内で起こったことについて質問した。このとき，事故を起こした車のスピードを見積もってもらう質問で，「車が激突したとき」，「車がぶつかったとき」，「車が接触したとき」などと表現を変えて質問した。その結果，「車が激突したとき」と質問した場合はほかの表現を用いて質問した場合に比べ，実験参加者が回答した車のスピードの見積もりがより速くなっていた。別の実験では，1週間後，実験参加者に「車のガラスが割れたのを見ましたか？」と質問したところ，実際には割れていなかったのにもかかわらず，「車が激突したとき」と質問した場合は「車がぶつかったとき」と質問した場合に比べ，「見た」と答えた人が多かった。これらの結果から，目撃証言の正確性は必ずしも高いとはいえないと考えられる。

　また，子どもや高齢者の場合，事後情報効果以外の要因によっても目撃証言が不正確になりうる。1つの要因は，誘導的な質問によって，目撃証言の内容が変わるという，**被誘導性**の問題である。例えば，犯人の写真として別の人物の写真を見せられると，相手の期待している質問に答えなくてはならないと感じ，相手の質問に合わせた答えをしやすくなるとされている。また，高齢者に多くみられる要因として，記憶の起源を思い出すための情報処理過程である，**ソース・モニタリング**のエラーが生じやすくなることがあげられる。高齢になると記憶力などの流動性知能は低下するため（第10章，第15章参照），エラーが生じやすくなる。例えば，犯行現場ではない場所で見た人物を，犯行現場で見たと誤って答えてしまうことがある。これは，犯罪に関係するものを見たことは覚えているものの，どこで見たのかを思い出せないというエラーによって生じる。子どもや高齢者の証言が捜査の唯一の手がかりとなることも考えられるため，被誘導性やソース・モニタリングの失敗によって目撃証言がゆがむ可能性があることを考慮しなければならない。

　以上のことをまとめると，目撃者にうそをつく意図がなくても，目撃証言は不正確になりうるといえる。不正確な目撃証言に基づいて犯罪捜査を進めると，捜査が遅れる可能性や，冤罪を生み出す可能性がある。したがって，捜査面接で目撃証言を聞く際，目撃者から信頼できる情報を得られるように，面接者は目撃者に不必要な情報を与えない工夫が必要である。また，可能なかぎり，多くの目撃情報を収集し，実際に起こったことを明らかにしていくことも必要である。

10) Loftus, E. F., & Palmer, J. C. (1974). Reconstruction of automobile destruction: An example of the interaction between language and memory. *Journal of Verbal Learning and Verbal Behavior*, **13**, 585-589.

司法面接

犯罪捜査において事件の当事者から正確な証言を得ることは，事件の解決だけでなく，誤認逮捕や冤罪を防ぐうえでも重要である。しかし，言語や記憶の能力が発達途上の子どもは，自分の経験を適切に理解することや，それを覚えておくこと，また，思い出して言葉で説明することが難しい。そのような中で証言を得ようとすると，面接者は質問を繰り返してしまい，面接者が子どもの記憶を暗に誘導してしまう**被誘導**の影響が懸念される。特に虐待事件では，子どもが被虐待経験を話すことをためらう場合がある。家族に迷惑や心配をかけてしまうかもしれないという不安や罪悪感，ならびに加害者からの口止めが，子どもが面接者に自分の経験を話すことをためらう理由である。

そこで，米国立小児健康人間発達研究所（National Institute of Child Health and Human Development: NICHD）で開発されたのが，**NICHD プロトコル**とよばれる子どもに対する**司法面接**の技法である[①]。司法の手続きに採用可能な精度の高い情報を得る目的で開発された面接技法であり，同時に子どもの精神状態や人権に配慮したものとなっている。日本でも，NICHDプロトコルが翻訳され，普及が推進されている。NICHDプロトコルには，以下にあげる4つの特徴がある。

1．**自由報告**：面接者は原則として，自ら情報を提供せず，子ども自身の言葉を聞くことを重視する。例えば，「何があったか最初から最後まで（あるいは全部）話してください」といったオープン質問とよばれる質問形式を多用し，応答には制約を設けない。子どもの話すペースに合わせて，「それから」「そして」と問いかけ，発言を促しながら情報を収集する。

2．**面接の構造化**：司法面接では，自由報告の効果を高めるために，あらかじめ質問の内容や方法を設定する**構造化面接**（終章参照）の形式をとる。

3．**録画・録音**：司法面接の手続きにもとづいた面接は録音・録画されるため，可視化されている。客観的な方法で記録された情報は，後に司法の手続きに用いられる。

4．**多職種連携**：事件の初期報告の多くは，家庭，学校，病院で発生し，その後警察や児童相談所などに通告されることから，その過程で多くの職種の専門家が関わることになる。さまざまな専門家が共同で面接を行い，録画・録音したものを共有することで，何度も面接を重ねる必要がなくなり，子どもの負担を軽減することができる。

上記のように，NICHDプロトコルを用いて面接することは，子どもの利益や権利を保護することにもつながる。さらに，NICHDプロトコルは子どもだけではなく，知的障害や発達障害を持つ被面接者に対しても有効であることが指摘されていることから[②]，今後多くの事件の面接に用いられることが期待されている。

◎ **column 引用文献** ･･
① Lamb, M. E., Orbach, Y., Hershkowitz, I., Esplin, P. W., & Horowitz, D. (2007). A structured forensic interview protocol improves the quality and informativeness of investigative interviews with children: A review of research using the NICHD Investigative Interview Protocol. *Child Abuse and Neglect*, **31**, 1201-1231.
② 公益社団法人日本発達障害連盟（2018）．厚生労働省平成29年度障害者総合福祉推進事業 指定障害福祉サービス事業者等への指導監査の在り方に関する調査研究報告書，https://www.mhlw.go.jp/content/12200000/000307948.pdf（最終閲覧日：2020年7月6日）

終 章

こころの調べ方──データの収集と分析

心理学ではどのような方法でデータを収集しているのかを知ろう。
収集したデータの分析法を理解しよう。
引用文献の検索の仕方，引用文献の書き方を学ぼう。

1．データの収集法

　心理学ではさまざまな方法を用いてデータを収集する。その方法の代表的なものについて，手短に紹介しよう。

1.1.実験法

　特定の心理的な現象を明らかにするために，ある一定の条件のもとで，実験者が何らかの操作を加え，その反応を測定する。このときの操作を加えた要因を**独立変数**といい，その操作の結果として測定されたものを**従属変数**という。実験の効果をみるためには，実験に組み込んだ要因以外の影響を統制する。具体的には，独立変数と従属変数以外の変数の影響がないようにする。

　最もよく使われるのは**統制群法**である。等質な2群を用意して，一方の群に対してのみ独立変数を操作する。この独立変数を操作した群を実験群という。実験群と比較するために操作を全く行わない群を統制群という。この2つの群の従属変数に違いがみられれば，独立変数が影響を与えたと考えるのである。実験法は独立変数と従属変数との**因果関係**を明らかにする方法といえる。

1.2.観察法

　研究対象を注意深く見ることを観察という。**観察法**のうち，日常起こっている場面をありのまま観察する場合を自然的観察法という。一方，統制された条件のもとで行動を観察する場合を実験的観察法という。観察法の基本はできるだけ研究対象を客観的にとらえることである。

1.3.質問紙法

　研究の目的に適合した個人あるいは集団を選び，必要とされるデータ・資料の収集を行い，研究対象の事象や現象の記述・解明に資する情報を提供するた

めの方法である。

多くの質問項目について，対象者に自記式で回答してもらう方法で，**質問紙法**という[1]。あらかじめ設定された選択肢の中から回答する形式と回答欄に自由に記入する形式の2つがある。一度に多くの人に質問紙を配布し，多くのデータを収集できる点が長所である。従来の集団調査や郵送調査などに加え，インターネットを利用したオンライン調査も増えている。

一方，質問紙に書いてあることの理解が困難な人（例えば乳幼児や識字が困難な人など）には実施できないのが短所である。また質問の意図を誤って解釈される可能性があるという問題点もある。

因果関係を検討するのとは違い，質問項目間の関連，つまり相関関係を調べることが主となる。

1.4.面接法

対象者に直接質問して，口頭で回答してもらう方法を**面接法**という（第9章参照）。質問者（面接者）とのやり取りが可能なため，質問の意味を十分に理解してもらい，回答が不十分な場合には補ってもらうこともできる。

構造化面接は，あらかじめ質問する内容を設定しておく方法である。一方，**非構造化面接**は，ある程度聞きたいことだけ質問を設定するが，聞き方は自由であり，反応に応じて柔軟に質問を展開できる方法である。いいかえて質問したり，より深くたずねたりすることも可能である。これらの中間として，**半構造化面接**があり，あらかじめ質問項目を用意しているが，会話の流れに応じて質問の順番の変更や場合によって質問の追加をする方法である。

1.5.心理検査

パーソナリティ，知能，学力などの心理学的な特徴を一定の手続きで測定する方法である。心理検査は，多数の人に施行した結果が整理され標準化されている。個人がその所属集団の中で，どの位置にあるか，どのような特徴をもっているかを標準化された手続きで調べる。パーソナリティ検査，知能検査，発達検査，適性検査などがある。

2．データの分析法

図終-1に，心理統計の大まかな流れを示した[2]。心理学では，1.で述べた実験や調査などの方法を使ってデータを収集し，統計的な検定を行う。

1) アンケートともいうが，それはフランス語での言い方である。

2) 二宮克美・山田ゆかり・譲西賢・山本ちか・高橋彩・杉山佳菜子（2016）ベーシック心理学第2版　医歯薬出版

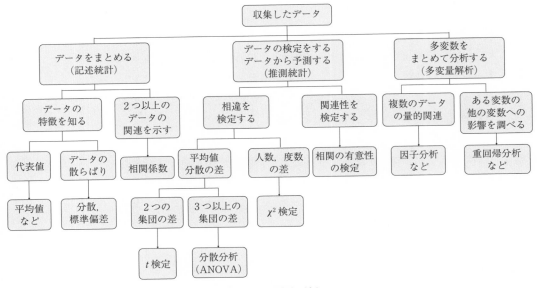

図終-1　心理統計の流れ

2.1.記述統計

　記述統計はデータのもつ性質を要約して記述することを目的としている。表にしたり図に示したりする。また，代表値を求める，2つの変数の関連を**相関係数**で示すなどがある。

　(a) 代表値

　代表値とは，ある集団の数量的分布の中心的位置をあらわす数値である。

　最頻値（モード）は，最も多い度数を示す測定値（データ）の値である。**中央値**（メディアン）は，データを順番に並べたときの真ん中の測定値の値である。

　平均値は，個々の測定値の和を測定値の個数で割った値であり，この算術平均が最もよく使用される。

　標準偏差は，データの分布の広がりの程度を示すために用いられる。標準偏差の自乗が**分散**である。この値が大きいほど分布の散らばりが大きいことを意味している。

　(b) 相関係数

　2つの変数の直線的な関連性を相関という概念を用いて，関連の程度を数値によってあらわす。代表的な相関係数として，ピアソンの積率相関係数(r)があり，$-1 \leqq r \leqq 1$の値をとる。

2.2.推測統計

　(a) 仮説検定

　仮説検定の基本的な考え方は，次の3つである。

①本来主張したいこととは逆の仮説である**帰無仮説**を設定する。具体的には，「○○と□□とに相違はない」，「○○と××とは関連性はない」というように，主張したい事柄とは逆の仮説を設定する。

②この帰無仮説が正しいという仮定のもとで，データがどの程度の低い確率で得られるのかを統計量（例えばt検定，F検定，χ^2検定など）を用いて算出する。

③その確率が事前に定めた基準（有意水準，一般的には5%以下）よりも小さければ，帰無仮説のもとではめったに起こらないものであり，そうした珍しいデータが得られたのは帰無仮説が間違っていたためであると判断する。そして帰無仮説を棄却する，つまり「○○と□□とに相違がある」，「○○と××とは関連性がある」という結論に結びつける。当然ながら，偶然に得られたデータとは判定できない場合は，帰無仮説を採択することになる。

(b) 平均値の差の検定

ある集団と別の集団の相違を調べる代表的な方法は，平均値を比較することである。その統計的手法には，**t検定**や分散分析がある。t検定は，2つの集団（例えば，男子と女子）の平均値の差が，意味のある差かどうかを判断する検定である。3つ以上の平均値の差を検定するには，**分散分析**（analysis of variance：ANOVA）を用いる。

(c) 度数の検定

データが平均値などの連続変量ではなく，カテゴリー度数といった離散変量である場合は，χ^2（**カイ二乗**）**検定**を行う。

2.3. 多変量解析

人の行動やこころの状態を検討したいとき，1つの変数ではとらえられないことが多い。そのために**多変量解析**が用いられる。2つ以上の変数が関与するデータが得られたときに，これらの変数間の相互関連を分析する手法である。心理学でよく用いられる多変量解析には，因子分析（第9章参照），重回帰分析，クラスター分析などがある。

因子分析とは，複数の変数間の関係性を探る分析手法であり，観察された各種変数の変動をより少ない数の因子とよばれる仮想的な潜在変数を用いて説明する方法である。

重回帰分析は，1つの結果変数を複数の説明変数から予測し説明する際に用いる手法の1つである。

また**クラスター分析**とは，多変量データに基づいて，各個体をクラスターとよばれる互いに類似した個体から成るグループに分類する手法である。

3. 引用文献

3.1. 文献検索

　心理学の研究を行ううえで，最も基本は「疑問点の把握」（リサーチ・クエスチョン）である。関心のある事柄について疑問をもち，調べ考えることが出発点である。調べたいテーマが決まれば，過去にどのような研究が行われたかを検索し，参考にすることが大切である。そのテーマについて，何がわかっていて，何がまだわかっていないのかを点検する。

　心理学に関連する学会（序章の表序-2）が発行している学術雑誌，学会発表論文集あるいは公刊されている著書を調べる。国立情報学研究所の学術情報データベース（CiNii），科学技術振興機構が運営する電子ジャーナル無料公開システム（J-STAGE），アメリカ心理学会（APA）のPsycINFOによる文献検索などを利用する手段もある。

3.2. 引用文献の書き方

　心理学の論文では，読者が検索・参照できるように論文の最後に一括して示すことになっている。一般的な書き方（概略）は次の通りである[3]。この書き方に慣れることで，心理学の文献がより身近なものに感じるであろう。

　①文献の表題は副題も含めて原著の通り略さずに書く。

　②刊行年次には（　　）.をつける

　③記載順は，雑誌の場合は，著者名，刊行年次，表題，雑誌名，巻，ページ。

　④著書の場合は，著者名，刊行年次，著書名（ページ），出版社（出版社が外国の場合は所在地を含む）。

　⑤著書の分担執筆の場合は，著者名，刊行年次，表題，編者名，著書名（ページ），出版社（出版社が外国の場合は所在地を含む）。

　⑥日本語文献と欧語文献を分けず，著者の姓のアルファベット順に配列することを原則とする。

　⑦文献番号はつけない。

　以上，さらに細かいルールは各学会の投稿規程に書いてある。心理学に関するレポートなどを書くときに，基本的な書き方のルールを知っておくと役に立つだろう。

最後に引用文献を
入れたら
出来上がりだ

3) よりくわしくは，日本心理学会「執筆・投稿の手びき」（2015年改訂版）を参照のこと。

心理学小実験〈ミュラー＝リヤーの錯視〉

【目的】

　私たちが知覚している世界は，客観的・物理的世界のたんなるコピーではない。このことを
ミュラー＝リヤーの錯視図形（第3章参照）を使って実験的に確かめる。

【方法】

⑴ 実験器具：図のような器具を作成し，矢羽が閉じている図形の下に，矢羽が開いてい
　る図形を差し込む。ここでは図版として，用いた矢羽の挟角が60°（矢羽が閉じてい
　るほう）および300°（矢羽が開いているほう）で，矢羽の長さが3cm，主線の長さ
　が10cmのものを使用する。

⑵ 刺激図形が自分の視線に対してほぼ直角になるようにする。左側（矢羽が閉じている
　ほう）の刺激図版を片方の手で支え，もう一方の手で右側（矢羽が開いているほう）
　を静かに変化させる。主線（囲まれている直線）の長さが，ほぼ等しいと思われる点
　で止め，その長さを求める。

　両方の主線の長さが明らかに異なるところからはじめる必要があるが，その際次の2つの場
合がある。①左側（矢羽が閉じているほう）が右側（矢羽が開いているほう）に比べ，明らか
に長いところからはじめる。②両者が明らかに短いところからはじめる。また，矢羽が開いて
いる図形を左側に，矢羽が閉じている図形を右側にして実施する条件も設定する。

【結果】

　一般に，矢羽が閉じているほうが短く見え，矢羽が開いているほうが長く見える。各自の測
定結果は，どうであろうか。

【発展課題】

⑴挟角を15°，30°，45°，60°などと変化させると錯視量がどう変化するか調べる。

⑵矢羽の長さを1.5cmと短くした場合と，4.5cmと長くした場合で，錯視量が変化するか
　調べる。

⑶主線の太さ，線の色など図形の条件によって，錯視量が変化するか検討する。

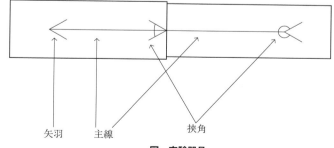

図　実験器具

索　引

事 項 索 引 （太字は用語の意味が載っているページ）

著者紹介

二宮克美（にのみや　かつみ）

略歴など：1951年2月愛知県生まれ。名古屋大学教育学部卒業，名古屋大学大学院教育学研究科教育心理学専攻博士後期課程修了。教育学博士。名古屋大学教育学部助手を経て，1985年愛知学院大学教養部着任。1989年〜1990年カリフォルニア大学バークレー校客員研究員，1998年情報社会政策学部教授，その後総合政策学部長，総合政策研究科長，図書館情報センター館長，学長補佐を歴任，現在は愛知学院大学名誉教授。学校心理士。

趣味は学生時代から音楽演奏・鑑賞。

主な著書：『パーソナリティ心理学ハンドブック』（共編集，2013年，福村出版），『新・青年心理学ハンドブック』（共編集，2014年，福村出版），『青年期発達百科事典』（共監訳，2014年，丸善出版）など。

山本ちか（やまもと　ちか）

略歴など：1974年7月三重県生まれ。愛知学院大学文学部心理学科卒業，愛知学院大学大学院文学研究科心理学専攻博士後期課程修了。博士（総合政策）。2005年名古屋文理大学短期大学部講師，現在は名古屋文理大学短期大学部教授。学校心理士スーパーバイザー・臨床発達心理士・公認心理師。

趣味はマラソン，旅行，美味しいものを食べること。

主な著書：『最新歯科衛生士教本　心理学』（共著，2007年，医歯薬出版），『ベーシック心理学』（共著，2008年，医歯薬出版）など。

太幡直也（たばた　なおや）

略歴など：1978年8月埼玉県生まれ。一橋大学社会学部卒業，筑波大学大学院人間総合科学研究科心理学専攻一貫制博士課程修了。博士（心理学）。日本学術振興会特別研究員，東洋大学社会学部助教，常磐大学人間科学部助教を経て，2015年より愛知学院大学総合政策学部准教授。2018年4月〜2019年3月ポーツマス大学客員研究員。

趣味はスポーツ観戦，温泉めぐり，街歩き。

主な著書：『嘘と欺瞞の心理学——対人関係から犯罪捜査まで　虚偽検出に関する真実』（共監訳，2016年，福村出版），『懸念的被透視感が生じている状況における対人コミュニケーションの心理学的研究』（単著，2017年，福村出版），『パーソナリティ心理学入門——ストーリーとトピックで学ぶ心の個性』（共著，2018年，ナカニシヤ出版）など。

松岡弥玲（まつおか　みれい）

略歴など：1978年11月愛知県生まれ。南山大学文学部教育学科卒業，名古屋市立大学大学院人間文化研究科修士課程修了，名古屋大学大学院教育発達科学研究科博士後期課程修了。博士（心理学）。2022年より愛知学院大学心理学部准教授。2015年4月～2016年3月コロンビア大学心理学部客員研究員。

趣味は雑貨屋・図書館・カフェめぐり，子どもと遊ぶこと。

主な著書：『発達心理学——周りの世界とかかわりながら人はいかに育つか』（共著，2009年，ミネルヴァ書房），『看護心理学——看護に大切な心理学』（共著，2013年，ナカニシヤ出版）など。

菅さやか（すが　さやか）

略歴など：1981年3月富山県生まれ。神戸大学文学部卒業，神戸大学大学院文化学研究科博士課程修了。博士（学術）。日本学術振興会特別研究員，カリフォルニア大学サンタバーバラ校客員研究員，東洋大学社会学部助教，科学技術振興機構岡ノ谷情動情報プロジェクト研究員，愛知学院大学教養部講師，慶應義塾大学文学部助教を経て，2021年より慶應義塾大学文学部准教授。

小学校から大学院まで，吹奏楽でテナーサックスを演奏。2014年から2018年まで愛知学院大学吹奏楽団の顧問を務めた。

主な著書：『心のしくみを考える——認知心理学研究の深化と広がり』（共著，2015年，ナカニシヤ出版），『新しい社会心理学のエッセンス——心が解き明かす個人と社会・集団・家族のかかわり』（共著，2020年，福村出版）など。

塚本早織（つかもと　さおり）

略歴など：1985年5月兵庫県生まれ。University of Victoria, B. A. in Psychology 卒業，名古屋大学大学院環境学研究科博士後期課程修了。博士（心理学）。フルブライト奨学生，名古屋大学大学院環境学研究科助教，日本学術振興会特別研究員（PD）を経て，現在は愛知学院大学心理学部講師。

高校時代をマレーシアのクアラルンプールで過ごし，大学は単身カナダのビクトリアに渡った。大学では副専攻として女性学（Gender Studies）を修了した。

主な著書・論文："Perceived threat to national values in evaluating stereotyped immigrants"（共著，2018，*Journal of Social Psychology*, 158），『差別や偏見はなぜ起こる？』（共著，2018，ちとせプレス）。

エッセンシャルズ 心理学【第2版】
心理学的素養の学び

2021年3月25日　初版第1刷発行
2023年4月10日　　　　第3刷発行

著　者　　二宮克美　山本ちか　太幡直也　松岡弥玲　菅さやか　塚本早織
発行者　　宮下基幸
発行所　　福村出版株式会社
　　　　　〒113-0034
　　　　　東京都文京区湯島2丁目14番11号
　　　　　TEL　03-5812-9702
　　　　　FAX　03-5812-9705
　　　　　https://www.fukumura.co.jp
印刷・製本　中央精版印刷株式会社

©Katsumi Ninomiya, Chika Yamamoto, Naoya Tabata, Mirei Matsuoka, Sayaka Suga, Saori Tsukamoto 2021　Printed in Japan　ISBN978-4-571-20086-1　C3011
定価はカバーに表示してあります。
乱丁本・落丁本はお取り替えいたします。

福村出版◆好評図書

藤田主一 編著
新 こころへの挑戦
●心理学ゼミナール

◎2,200円　　ISBN978-4-571-20081-6　C3011

脳の心理学から基礎心理学，応用心理学まで幅広い分野からこころの仕組みに迫る心理学の最新入門テキスト。

藤田主一・板垣文彦 編
新しい心理学ゼミナール
●基礎から応用まで

◎2,200円　　ISBN978-4-571-20072-4　C3011

初めて「心理学」を学ぶ人のための入門書。教養心理学としての基礎的事項から心理学全般の応用までを網羅。

加藤 司 著
正しく理解する教養としての心理学

◎2,200円　　ISBN978-4-571-20085-4　C3011

本来の心理学とは何かを追究し，学問として必要な心理学を「基礎」「応用」「本質」の三方向から平易に解説。

米谷 淳・米澤好史・尾入正哲・神藤貴昭 編著
行動科学への招待〔改訂版〕
●現代心理学のアプローチ

◎2,600円　　ISBN978-4-571-20079-3　C3011

行動科学は現代社会で直面するさまざまな問題の解決に有効である。より学びやすく最新情報を盛り込んで改訂。

行場次朗・箱田裕司 編著
新・知性と感性の心理
●認知心理学最前線

◎2,800円　　ISBN978-4-571-21041-9　C3011

知覚・記憶・思考などの人間の認知活動を究明する新しい心理学の最新の知見を紹介。入門書としても最適。

E. H. マーギュリス 著／二宮克美 訳
音楽心理学ことはじめ
●音楽とこころの科学

◎2,400円　　ISBN978-4-571-21042-6　C3011

専門家から一般の読者まで，皆が抱く音楽に関する疑問を解明する音楽心理学の最新の研究成果と方法を紹介。

松井 豊・宮本聡介 編
新しい社会心理学のエッセンス
●心が解き明かす個人と社会・集団・家族のかかわり

◎2,800円　　ISBN978-4-571-25055-2　C3011

社会心理学のオーソドックスな構成は崩さず，最新のトピックと公認心理師カリキュラムに必要な内容を網羅。

桐生正幸・板山 昂・入山 茂 編著
司法・犯罪心理学入門
●捜査場面を踏まえた理論と実務

◎2,500円　　ISBN978-4-571-25053-8　C3011

実際の犯罪捜査場面を踏まえた研究を行う際に確認すべき法的手続き，理論，研究方法，研究テーマ等を詳説。

A. ヴレイ 著／太幡直也・佐藤 拓・菊地史倫 監訳
嘘と欺瞞の心理学
●対人関係から犯罪捜査まで 虚偽検出に関する真実

◎9,000円　　ISBN978-4-571-25046-0　C3011

心理学の知見に基づく嘘や欺瞞のメカニズムと，主に犯罪捜査で使われる様々な虚偽検出ツールを詳しく紹介。

◎価格は本体価格です。